AF552194

Uwe Ebbinghaus

DAS BUCH VOM BIER

Seine Geschichte
Sein Potenzial

Mit Genussempfehlungen von Hans Wächtler
und Texten von Frank Geeraers, Sebastian Sauer,
Jaroslav Rudiš und Tillmann Neuscheler

ars vivendi

Einige Textpassagen dieses Buchs erschienen zuerst in Blogbeiträgen, Artikeln und Interviews des Autors in unterschiedlichen Medien der *Frankfurter Allgemeinen Zeitung*.

Der Beitrag *Liebeserklärung an das Pils* von Jaroslav Rudiš ist die leicht veränderte Fassung des in der *F.A.Z.* vom 11.11.2017 erschienenen Artikels *Das letzte Bier*.

Originalausgabe

1. Auflage März 2024

Bauhof 1, 90556 Cadolzburg

www.arsvivendi.com

Umschlaggestaltung: finken&bumiller unter Verwendung eines Fotos von Katharina Pflug
Satz: Christine Richert; finken&bumiller
Kartografie: Christine Richert

Druck und Bindung: Pustet, Regensburg
Gedruckt auf Papier Munken Premium Cream, 90 g/m² Werkdruck holzfrei gelblichweiß 1,50-faches Volumen FSC Mix

Printed in Germany

ISBN 978-3-7472-0530-3

Uwe Ebbinghaus

DAS BUCH VOM

BIER

Inhalt

Vorwort

Wie kommt die Magie ins Bier?

»Er trank Bier – sieben Becher.
Sein Geist entspannte sich, er wurde ausgelassen.
Sein Herz war froh, und sein Gesicht strahlte.«
Gilgamesch-Epos

Jedes Jahr am 23. April ist in Deutschland nicht nur der Tag des Buchs (Shakespeare starb 1616 an diesem Datum, Cervantes wurde am selben Tag begraben), sondern auch der des Biers. Wobei man sich bei Letzterem auf das im Jahr 1516 in einer bayerischen Landesordnung niedergeschriebene »Reinheitsgebot« bezieht. Mit allerlei Zusatzstoffen getrunken wird Bier schon seit Jahrtausenden, gepriesen wird es bereits im babylonischen *Gilgamesch-Epos*. Das Bier hat die Geschichte der Menschheit seit der Frühsteinzeit begleitet. Doch es ist seltsam: Obwohl Bier in Deutschland und anderswo mit seinen Festen, Saisonspezialitäten, Gasthausschildern und Werbebanden noch immer das Jahr strukturiert, obwohl es neben dem Wein das Kulturgetränk schlechthin ist, werden seine geschichtliche Bedeutung und sein Potenzial unterschätzt.

Die Deutschen hätten, so schrieb einmal der einflussreiche britische Autor Michael Jackson, keine echte Bierkultur entwickeln können, weil Bier immer etwas Selbstverständliches für sie gewesen sei. Hinzu kommt: Das, was Bier so faszinierend macht, liegt oft im Verborgenen.

Dem amerikanischen Dokumentarfilmer Matt Sweetwood ist recht zu geben, wenn er in seinem lustigen Film *Beerland* verwundert feststellt, die Deutschen hätten es irgendwie geschafft, sich Bier als eine Art Wellnessgetränk einzureden, das man sich verdientermaßen nach

Feierabend allein oder in Gemeinschaft genehmigt – und das, jetzt kommt die eigentliche Spitze, »von heiligen Mönchen gebraut« wird. Dabei stehen Mönche heute kaum noch an der Sudpfanne, wie wir im Verlauf des Buchs erfahren werden.

Bier ist für viele Deutsche letztlich eine romantische Vorstellung – mit der wir uns in diesem Buch aber nicht begnügen wollen. In den meisten pittoresken Kupferkesseln gläserner Brauereien steckt ein Edelstahltank, hinter so manchem Retroetikett ein Hybridbier neueren Datums. Und doch wäre es schön, diese Bierromantik nicht nur zu durchschauen, sondern sie auf anderer Ebene auch zu bewahren.

Welche Traditionen sind echt? Wo gibt es noch eine lebendige Bierkultur, wo Ansätze zu einer neuen? Diesen Fragen werden wir bei Brauereibesuchen und Städtetouren sowie in Interviews und Recherchen nachgehen.

Das zweite Hauptthema des Buchs ist das (unterschätzte) geschmackliche Potenzial des Biers. Dieses lässt sich schon in einem einfachen Experiment offenlegen. Man lasse zunächst ein Stück mürben, aber nicht zu würzigen Käse, mittelalten Gouda etwa, auf der Zunge zergehen. Anschließend nehme man einen Schluck stark gehopftes Bier dazu, ein Düsseldorfer Alt, ein »Pilsner Urquell« oder ein herbes Craftbier. Jetzt zwei Sekunden warten, das Bier auf dem porösen Käsefilm wohlig versickern lassen und sanft durch die Nase ausatmen. Omhh – ein elementares, fast magisches Erlebnis mit handelsüblichen Produkten.

Im Verlauf des Buchs werden wir fünfzig solcher Genusstipps vorstellen und mit Karten geografisch verorten: »Perfekte Schlucke« zu passendem Essen, in berühmten Brauereigasthöfen oder an besonderen Bierorten – manche dieser Schlucke lassen sich auch leicht zu Hause erleben.

Beraten haben wir uns bei der Auswahl mit ausgewiesenen Biersommeliers wie Hans Wächtler, der im Buch immer wieder in den farblich unterlegten Passagen analysieren wird, warum die ausgewählten Biere zu bestimmten Speisen so gut passen. Grundsätze des »Foodpairings« haben wir im letzten Kapitel versammelt, Fachbegriffe aus dem Brauwesen, die mit kleinen Pfeilen versehen sind, werden im Glossar erklärt.

Insgesamt kommen in diesem Buch etwa hundert bemerkenswerte Brauereien und zweihundert Lieblingsbiere vor. Konzentriert haben wir uns dabei auf Deutschland und seine Nachbarländer sowie auf Brauereien, die dem (traditionellen) Handwerk einen besonderen Stellenwert einräumen.

Begegnet sind wir bei unseren Recherchen einer Biervielfalt, die uns immer wieder überrascht hat. Hinzu kommt: Noch nie gab es so viele gute, auch internationale Biere im Supermarkt oder dem Onlinehandel zu kaufen. Doch im Jahr 2024 verfestigt sich gleichfalls der Eindruck, dass sich der Biermarkt in einer Umbruchszeit befindet, in der die seit etwa zehn Jahren mit viel Idealismus und Engagement erkämpfte Vielfalt gefährdet erscheint. Vor allem den Craftbrauern haben die Corona-Pandemie sowie die Auswirkungen von Klimawandel und Ukraine-Krieg stark zugesetzt. Und die Tatsache, dass in der Gastronomie inzwischen massiv Personal fehlt, hat selbst alteingesessene fränkische Brauereigasthöfe zu einer Anpassung ihrer Öffnungszeiten gezwungen.

Möglicherweise beschreibt dieses Buch, in das Recherchen aus fast einem Jahrzehnt eingeflossen sind, einen besonders günstigen Zeitpunkt in der Geschichte des Biers – einen, den man möglichst lange auskosten und durch gezieltes Konsumverhalten verlängern sollte. Um welches Potenzial es dabei geht, wollen die folgenden Kapitel zeigen.

Bamberg – Franken

Rauchzeichen im *Schlenkerla*

Der erste deutsche Gerstensaft war wohl ein Rauchbier, wie es heute nur noch in Bamberg erzeugt wird. Was die einen zum Schwärmen bringt, verschenken andere zum »Freunde erschrecken«. Besuch in der weltberühmten *Brauerei Schlenkerla*.

Wer in Bamberg auf sein Navigationsgerät hört, wird durch ein abenteuerliches Gassengewirr geführt. Auf dem Stephansberg, oberhalb des Doms, nahe dem Vierkirchenblick, lernt man zum Beispiel die Kroatengasse kennen, durch die ein Auto gerade noch hindurchpasst, bevor es sich über ein Straßengewirr in den Oberen Stephansberg vorarbeitet. Die *Brauerei Schlenkerla* ist dann schon von Weitem daran zu erkennen, dass ein einzelner Schornstein am Horizont viel stärker und weißer qualmt als alle anderen auf den umliegenden Biberschwanzdächern.

Die im Stil einer Burganlage erbaute Brauerei stammt aus dem 19. Jahrhundert – der unterhalb des Anwesens liegende Stollenkeller im Stephansberg wird schon 1387 erwähnt. Der Name Schlenkerla geht der Legende nach auf den 1905 verstorbenen Braumeister und Gastwirt Andreas Graser zurück, der, unter eine Pferdekutsche gekommen, anschließend ausgreifend mit den Armen zu schlenkern begann, um seinen Gehfehler auszubalancieren.

Wir sind verabredet mit seinem Ururenkel Matthias Trum, einem blonden Endvierziger in Jeans und Schnürschuhen, der uns im großen Innenhof empfängt und an Paletten von Bierkästen und allerlei Fässern vorbei – deren kleinste bis nach China gehen – in ein Büro führt, das mit seinem voluminösen Schreibtisch und den wenigen antiken Möbeln eher an eine Mönchszelle erinnert. Hier wird nicht lange rumgesessen, das merkt man. Mehr als dreihundert Tonnen Rauchmalz↗ und rund zwanzigtausend Hektoliter Bier werden in dem Betrieb jährlich mit zehn Mitarbeitern produziert.

Trum, der nach einem BWL-Abschluss in Bamberg Brauwesen in Weihenstephan studierte, führt die Geschäfte der Brauerei mit eigener Mälzerei und angeschlossener Traditionsgaststätte seit 2003 in sechster Generation. »Bräu« nennt man diese alte Position, die heute auch das Beobachten und die Pflege von sozialen Netzwerken und Bierbewertungsplattformen wie ratebeer.com umfasst.

Beim *Schlenkerla* (früher *Brauerei Heller*, noch früher *Zum Blauen Löwen*) kreuzen sich die unterschiedlichsten Bierphänomene. Das ursprünglichste ist das hauseigene Rauchbier↗, bei dem das Malz nach dem üblichen Aufweichen und Keimen durch Buchenholzrauch getrocknet (»gedarrt«) wird und im Bier eine ungewöhnlich pikante Note erzeugt. Nur die ebenfalls in Bamberg angesiedelte *Brauerei Spezial* stellt ihr Bier, das etwas milder im Geschmack ist, noch nach einem ähnlichen Verfahren her.

Das *Schlenkerla* in der Dominikanerstraße 6 ist eine Bamberger Institution.

Vor Jahrhunderten war das noch anders. Matthias Trum sieht es nach seinen Recherchen als erwiesen an, dass Braumalz in den nördlichen Breiten schon früh durch Holzfeuer getrocknet wurde, was den günstigen Nebeneffekt hatte, dass der Rauch auch Schimmelbildung verhinderte und Schädlinge abstieß. Der Rauchbiergeschmack, der im Bier heute so fremd erscheint, war früher Standard. Warum hat das Rauchbier, das in fast jeder Beziehung so ziemlich das Gegenteil des im Jahr 1842 erfundenen und seither immer erfolgreicher gewordenen Pilsener Bieres↗ darstellt, gerade in Bamberg überlebt?

Matthias Trum schmunzelt und erklärt es mit den Beharrungskräften des altehrwürdigen Erzbistums. Ein Bild davon kann man sich in einer Reportage des *Bayerischen Rundfunks* aus dem Jahr 1963 machen.

Da sitzen Pfarrer, Arzt und »der Herr Rat« am Stammtisch im bis heute fast unveränderten *Schlenkerla*-Gasthof in der Dominikanerstraße, rauchen und schnupfen alles, was die Tabakpflanze hergibt, halten ihren Konservatismus hoch und schildern den typischen Bamberger Alltag folgendermaßen – Zitat: »Der Bamberger Dageslauf beginnt sehr früh, bereits mit der Frühmesse, danach natürlich ein kleiner Spaziergang und dann zum Frühschoppen, am Stammtisch, hier beim *Schlenkerla*. Und dann am Nachmiddag, da geht man zum Bierkeller, zur Leberkäsbrotzeit, und am Abend wieder hier am Stammtisch im *Schlenkerla*, ned? Aber nur hier, Männer unter sich. Wir Bamberger sind etwas rückschrittlich in der Hinsicht noch.« Bei der Menge von Bier, die dabei Tag für Tag geflossen sein muss, fragt man sich, was denn wohl zuerst da war: Die Bamberger Genügsamkeit – oder das Bier, das eine solche Genügsamkeit ganz naturgemäß hervorruft? Und wie konnte Bamberg bei alldem eigentlich so schön werden?

Matthias Trum, dessen Vater und Großvater in dem Film ebenfalls zu sehen sind – Letzterer damals noch als Mitglied des Bayerischen Senats –, macht für den weggefallenen Modernisierungsschritt (Malz wird heute vorwiegend mit hochtechnisierten Heizsystemen getrocknet) darüber hinaus die verzögerte Industrialisierung in Bayern und die preisgünstige Versorgung mit Buchenholz durch den nahe gelegenen Steigerwald verantwortlich. Als herausragende Persönlichkeit in der Geschichte des Familienunternehmens betrachtet Trum seinen Urgroßvater Michael Graser, einen Schöngeist, der Venedig liebte,

Kupferstiche erwarb, das Fachwerk an der berühmten Familiengaststätte unterhalb des Dombergs freilegen ließ und sich in einer Zeit, in der viele in Bamberg von der alten Malzgewinnung abkamen, aus Prinzip dafür entschied.

Zu Beginn des 20. Jahrhunderts war Rauchbier dann schon etwas Besonderes, selbst in Bamberg. Heute ist das *Schlenkerla*, wo der Ausschank von Eichenholzfässern hochgehalten wird, noch immer ein wichtiger Treffpunkt für die Einheimischen und mit seinen knapp dreihundert Sitzplätzen inklusive Biergarten zugleich ein Touristenmagnet, in dem die unterschiedlichsten Gesichtsausdrücke nach dem ersten Probeschluck »Aecht Schlenkerla« zu studieren sind.

Wie schmeckt das dutzendfach, auch international ausgezeichnete Rauchbier nun, das im *Schlenkerla* am meisten als Märzen gezapft wird? Samuel Beckett notierte 1937 nach einem Besuch in der Dominikanerstraße: »excellent«, Georg Lohmeier beschreibt den Geschmack in der bereits erwähnten *BR*-Reportage augenzwinkernd mit einer »kalten geselchten Suppe«. Der Bierautor Michael Jackson, der das »Schlenkerla« als bestes Rauchbier der Welt und als »Klassiker unter allen alkoholischen Getränken« bezeichnete, stellte es in seiner Fernsehserie *Beerhunter* Ende der Achtzigerjahre (Folge »The Fifth Element«) als die Bier-Antwort auf den Single Malt Scotch und als perfekte Ergänzung zum fränkischen Räucherschinken vor.

Einen wichtigen Verkostungshinweis geben die Bierdeckel im *Schlenkerla*. Auf einem steht in altertümlicher Schrift und vermeintlich ungelenkem Altdeutsch: »Dieweilen aber das Gebräu beim ersten Trunk etwas fremd schmecken könnt, laß Dir's nit verdrießen, denn bald wirst Du innehaben, daß der Durst nit nachläßt.«

Diese Paradoxie ist wohl der Schlüssel zum bleibenden Erfolg dieses Biers. Wird der Geruch nach Rauch heute vor allem mit fetten Lebensmitteln wie Speck, Räucherfisch oder Grillfleisch assoziiert, geht der »Schlenkerla«-Geschmack, dessen Bittere durchaus dem eines Pils entspricht, in ein trocken-malziges Mundgefühl über. Der Effekt erinnert fast schon an die Molekularküche: Buchenrauch in flüssiger Form.

Und noch einen zweiten Verkostungshinweis zum »Schlenkerla« gibt es. Demnach soll man zum Kennenlernen mindestens drei Seidla (Halbliterkrüge) des immerhin 5,1-prozentigen Märzenbiers hintereinander trinken. Denn nach dem ersten schmecke man nur den Rauch, beim zweiten schon die Malzaromen und erst beim dritten die ganze Vielfalt. Stammgäste bringen es auf eine zweistellige Seidla-Zahl am Abend – was die wohl alles schmecken?

Neben dem Buchenrauchgeschmack, der auch das Fastenbier, das Kräusen↗, den Urbock, das Rauchweizen und – vermittelt über die wiederverwendete Hefe – ebenfalls das Helle prägt, spielt der Eichenrauch eine wichtige Rolle, der im achtprozentigen Doppelbock↗ mit dunkler Bernsteinfarbe steckt.

Zum Probetrunk steigen wir – vorbei am Herzstück der Brauerei, einem eigentlich unspektakulären Holzgrundofen, der die Mälzerei befeuert – über fünfzig Treppenstufen hinab in den mehr als sechshundert Jahre alten Stollen. Es ist der letzte in Bamberg, der noch für die Bierlagerung verwendet wird. In seinem Gängegewimmel herrscht eine gleichbleibende Temperatur von acht bis zehn Grad Celsius. In einem der weiß gekalkten Räume stehen aufrecht die leicht beschlagenen, viertausendsechshundert Liter ummantelnden Edelstahlfässer, in denen gerade mehrere für den Export bestimmte Sude↗ ins letzte Reifestadium übergehen. Trum nennt die Formation »Bamberger Kathedrale«, und tatsächlich hat der Anblick etwas Erhabenes. Draußen im Bamberger Spätsommer hatten wir etwas geschwitzt und spüren plötzlich die empfindliche Kälte des energieeffizienten Kellerreichs.

Die »Eiche«, der Rauchbier-Doppelbock, den Matthias Trum im Jahr 2009 entwickelte, ist in seinem derzeitigen Stadium noch ein klein wenig süßer als im finalen. Doch Schwere und Komplexität sind schon voll ausgeprägt. Der Abgang ist trotz einer erheblichen Bittere weicher als beim klassischen Rauchbier, der Spalter Aromahopfen ist deutlich wahrzunehmen.

Seit 2020 hat die Brauerei auch zwei alkoholarme Biere namens »Hansla« und »Heinzlein« nach historischen Rezepten im Angebot. Die neuesten Kreationen sind ein Schwarzbier↗ mit Räuchermalz auf der Grundlage von Erlenholz und ein Rotbier↗ namens »Weichsel«, bei dem, wie der Name zumindest dem Franken verrät, ein mit Kirschholz geräuchertes Malz Verwendung findet.

Beim Verlassen der Brauerei raucht der Schornstein noch immer, und durch die Lüftung dringt ein Geruch nach Bierwürze↗, der irgendwie »an früher« erinnert. Die Hälfte der Produktion geht in den Export. Längst ist »Schlenkerla« unter Bierliebhabern in aller Welt eine Berühmtheit, lebhaft diskutieren Amerikaner und Asiaten auf den Bewertungsplattformen im Internet über den unerschöpflichen Geschmack des Sortenklassikers. Einer schrieb anerkennend: »blows your socks off.«

Im nächsten Kapitel wollen wir den Radius auf die ganze Stadt ausweiten und die *Schlenkerla*-Biere zusammen mit einigen anderen berühmten Bamberger Brauerzeugnissen sowie dem passenden Essen verkosten.

Alle Wege führen zum Bier: Untere Brücke über die Regnitz in Bamberg

Es wird deftig – durchs Bamberger Bierlabyrinth

Zweite Annäherung an die Biermetropole mit den sieben Hügeln und den zehn Brauereien: Auch wer in Bamberg mit dem meist vollen Regionalzug einfährt – ICE halten hier zum Glück kaum, denn sonst käme die Stadt überhaupt nicht mehr zur Ruhe –, merkt sofort, wie die alte Kaiserstadt Bier lebt und atmet. Das geht schon damit los, dass man, von Norden her kommend, kurz vor dem Bahnhof die riesige, mit einer mächtigen Kaminhaube gekrönte Malzfabrik der Firma Weyermann erblickt, Weltmarktführer für Spezialmalze – die weißen Säcke mit dem charakteristischen roten Weyermann-Logo findet man in Brauereien rund um den Globus. Ein angenehmer Duft von Malz weht fast rund um die Uhr um das rote Backsteingebäude, ein Hauptwerk des Architekten Gustav Haeberle vom Ende des 19. Jahrhunderts.

Am Bahnhof angekommen, kann man dann im Kiosk über das Kühlregal staunen, in dem eine Handvoll außerhalb Frankens nur schwer zu bekommende Weltklassebiere einträchtig nebeneinanderstehen. Und folgt man der recht schmucklosen Luitpoldstraße in Richtung Stadtzentrum, wird man in jedem Imbiss und den meisten Hotellobbys wie selbstverständlich Kühlschränke mit einer Auswahl handwerklich gebrauter Bamberger Biere finden.

Wir biegen rechts in die Obere Königstraße ein, wo sich zwei Bamberger Traditionsbrauereien mit altfränkischer Fassade, Blumen unter den Fenstern, goldenen Lettern und großen Auslegern unmittelbar gegenüberliegen: das *Fässla*, 1649 gegründet – ein Jahr nach Ende des Dreißigjährigen Krieges, wie es auf den Flaschenetiketten heißt –, und die *Brauerei Spezial*, wo sogar schon seit 1536 an der alten Handelsstraße Bier gebraut wird.

Über die »Schwemm«, den unbeheizten Ausschankbereich – meist ein überdachter Innenhof vor der eigentlichen Gaststätte –, betreten wir das schon um halb neun Uhr morgens geöffnete *Fässla* und fragen am Bierdurchreichfenster tourimäßig, welche Sorten es denn vom Fass gebe. Die Frage ist eigentlich überflüssig, denn die Antwort ist neben dem »Fensterla« angeschlagen, doch wir wollen ein wenig mit der Kellnerin ins Gespräch kommen. Was diese erwidert, trifft direkt ins Herz der verwinkelten fränkischen Bier-Begriffswelt. Sie sagt nämlich: »Zwergla, Pils oder Lager.« Pils *oder* Lager↗? Pils ist doch selbst ein Lagerbier – ein Bier also, das mit einer untergärigen Hefe↗ gebraut und vor dem Ausschank über Wochen gelagert wird.

Zweite überflüssige Frage an die Kellnerin: Welches Bier denn im *Fässla* am meisten getrunken werde. Die Antwort: »Pils und Lager gleich.« Genug geredet. Wir bestellen das Bier, das wir schon von früheren Besuchen her kennen und in einer bauchigen Tulpe mit goldenem Rand serviert wird. Das »Gold-Pils« ist mit 5,5 Volumenprozent Alkohol ein ziemlich starkes deutsches Pils. Eine Augenweide im Glas ist der natürlich-launige Schaum, in dem sich feine und grobe Poren völlig unsymmetrisch miteinander verbinden.

Hans Wächtler: In Franken gibt es ganz unterschiedliche Bezeichnungen fürs Bier, die zum Teil die Kategorien durcheinanderwerfen. Der Begriff »Lagerbier« zum Beispiel fasst ja eigentlich die untergärigen Biersorten↗ Helles↗, Pils↗, Export↗, Märzen↗, Bock↗ und einige mehr zusammen. Es gibt in Franken aber auch Biere, die »helles Lager« oder nur »Lager« heißen und irgendeinem Bierstil des Lager-Spektrums entsprechen, genauer wird es nicht spezifiziert.

Das »Gold-Pils« von *Fässla* mag ich, weil es etwas vollmundiger als ein normales Pils ist, aber dennoch typisch trocken und herb bleibt. Ich trinke es gerne als eine Art Aperitif, ohne Essensbegleitung. Denn meine feste, durch viele Experimente bestätigte Überzeugung ist, dass ein herbes Pils nicht zu salzigen oder überhaupt zu herzhaften Speisen passt. Ich weiß, diese Aussage wird viele überraschen, weil solche Biere gerade in Kneipen, auf Volksfesten, in Stadien oder nach Feierabend

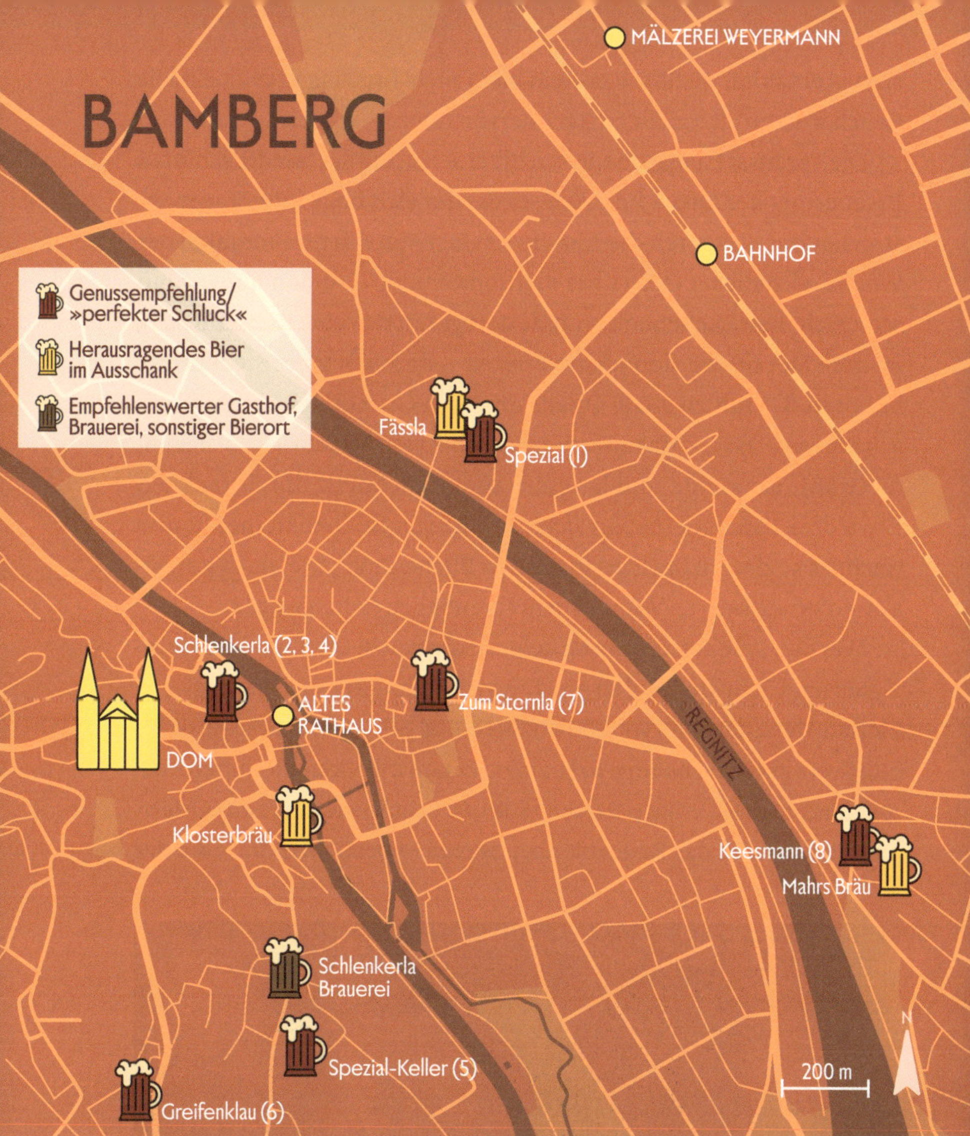

von Hunderttausenden Menschen täglich genau zu solchen Speisen getrunken werden, aber eigentlich gibt es fast nur bessere Entscheidungen für eine Bier-Essen-Kombination. Deshalb steht für mich fest: Im *Fässla* das Pils nur als Solobier.

Gegenüber im *Spezial*, das um neun Uhr öffnet, gibt es das neben dem »Schlenkerla« zweite berühmte Bamberger Rauchbier aus hauseigenem Malz. Brauereichef Christian Merz ist, wie er uns bei einer Führung einmal erzählte, wichtig, dass sein Bier »nicht brenzlig« schmeckt, die Raucharomen also nicht zu stark hervortreten.

Die Voraussetzungen dafür schafft er schon bei der handgeschürten Befeuerung des Ofens im Erdgeschoss der sich über fünf Etagen erstreckenden Brauerei, die hinter der Gaststätte liegt. Einmal in der Woche wird dieser Ofen über vierundzwanzig Stunden hinweg mit Meterscheiten Buchenholz wohldosiert gefüttert – eine Kunst für sich, weitere Details werden nicht verraten –, damit er zwei Stockwerke höher in der mit zwanzig Quadratmetern Grundfläche recht überschaubaren Darre↗ das auf einem geschlitzten Metallrost ausliegende Grünmalz sachte und langsam zum Rauchmalz durchtrocknet. Etwa drei Tonnen ergeben sich pro Charge. In dem kleinen Raum riecht es so dezent nach verbranntem Buchenholz, wie man es angesichts der schwarzen Wände nicht für möglich halten würde.

Wer hier arbeitet, bekommt keinen Bierbauch. Etwa fünfundzwanzigtausend Schritte werden pro Tag in der Brauerei zurückgelegt, hat Florian Merz, der Sohn von Christian, einmal gemessen. Diese Anstrengung verbindet die heutige Brauergeneration mit ihren Vorfahren: Seit 1742 besteht diese Braustätte, seit 1898 ist sie im Besitz der Familie Merz. Noch heute wird das Rauchbier bei *Spezial* – ebenso wie die Biere der

Christian Merz von der *Brauerei Spezial* verteilt in der Darre das Grünmalz, das im Rauch getrocknet wird.

meisten anderen Bamberger Brauereien – nicht pasteurisiert, also zur Haltbarmachung schonend erhitzt. Das riecht und schmeckt man und sieht es an dem knapp bemessenen Mindesthaltbarkeitsdatum auf den Flaschen. Der Geschmack ist derart natürlich intensiv – die Aromen erinnern zuweilen stark an Fermentationsgerüche aus der Landwirtschaft –, dass man sich erst daran gewöhnen muss, dann aber möchte man diese Wahrnehmung um nichts in der Welt mehr missen.

In der aufgeräumt-gemütlichen Gaststätte der *Brauerei Spezial* mit dem grünen Kachelofen und den langen Ahornholztischen – weiße Gardinen an den Fenstern, Hirschgeweihe an den holzgetäfelten Wänden – gibt es einen perfekten Rundumschluck zu erleben. Das Pils im *Fässla* mochte noch ein typisches Solobier gewesen sein, das Rauchbier von *Spezial* mit dem Namen »Lager« schreit, obwohl man es auch gut ohne alles trinken kann, mit seinem Räucheraroma geradezu nach einer Essensbegleitung.

Hans Wächtler: Das »Lager« von *Spezial* (1) – es gibt auch noch ein etwas kräftigeres Märzen, einen Bock, ein Weissbier und ein sogenanntes »Ungespundetes« (ein Bier mit wenig Kohlensäure) von der Brauerei, nicht alle werden mit Rauchmalz hergestellt – hat eine Farbe, bei der mir einfach warm ums Herz wird. Es ist ein Haselnussbraun oder Bernstein, es ist glanzklar und hat einen wunderschönen weißen, kompakten, feinporigen Schaum. Beim Reinriechen nimmt man einen Mix aus Nuss, Nougat, Karamell, Rauch und Kaffee wahr. Im Antrunk ist das »Lager« sehr spritzig, richtig rauchig, kräftig, aber meiner Meinung nach ist der Rauch so schön eingebunden, dass er nicht dominiert. Das Bier ist erfrischend, samtweich im Abgang, und dieses Wechselspiel von Rauch, einer leichten Bitteren und der Süße bringt schon die Vorfreude auf den nächsten Schluck. Die komplexen Aromen so einzufassen, dass ein Rauchbier angenehm rüberkommt, so wie es den Brauereien *Spezial* und *Schlenkerla* gelingt, das ist wirklich eine Kunst.

Zum »Lager« esse ich, wenn wir von einer Vorspeise reden, am liebsten einen Gerupften. Hierzu wird ein Camembert mit einem Löffel

Butter (bei *Spezial* sogar etwas mehr), einem Löffel Frischkäse und etwas Paprika vermengt. Die Kombination mit diesem Bier ist einfach, aber genial. Wir haben im Käse einen hohen Fettanteil, der von der Wahrnehmung her den Rauch einschließt. Dadurch bekommt das Bier eine noch größere Samtigkeit. Es entsteht der Eindruck einer noblen Rauchigkeit, und der Käse wirkt zugleich cremiger.

Als Hauptgericht nehme ich am liebsten ein Gulasch dazu, das eigentlich immer auf der Karte steht. Dabei korrespondieren die Räuchernoten des Paprikas wunderbar mit denen des Biers.

Gibt es einen schöneren Fußweg von einer Weltklassebrauereigaststätte zur anderen? Nach Verlassen des *Spezial* gehen wir über die Kettenbrücke und den rechten Arm der Regnitz am Maximiliansplatz, dem Neptunbrunnen und dem Obstmarkt vorbei über die Obere Brücke durchs Alte Rathaus hindurch – eine unfassbar malerische Ecke –, vorbei an den Antiquitätengeschäften der Karolinenstraße in die Herrenstraße, die in die Dominikanerstraße und die Obere Sandstraße mündet. Beide liegen auf einer Linie zu Füßen des Dombergs.

In diesem Straßenzug bekommen wir auf fünfzig Metern alles, was wir für einen der besten Frühschoppen der Welt brauchen. Die Leberkässemmel und den Zwetschgenbames – ein über Pflaumenholz geräucherter, magerer Rinderschinken – kaufen wir bei der Metzgerei Max Liebold in der Oberen Sandstraße 10, wo die Chefin dem Kunden, sobald er seine Bestellung aufgegeben hat, ganz viele Fragen stellt: den Leberkäs warm oder kalt, das Brötchen mit Kümmel oder ohne, die Scheibe Leberkäs schon im Brötchen oder separat, den Zwetschgenbames eher hell oder dunkel? Am Schluss kassiert dann der mit einer Fleischermütze beschirmte Thomas Liebold – »der Leberkäsmillionär«, wie er in Bamberg genannt wird – in markigem Fränkisch ab, wobei man jedes Mal aufs Neue ob der Höhe der Summe für die beiden Kaufartikel erschrickt. Doch zur Beruhigung mag der Werbespruch der Liebolds zum Leberkäs dienen: »Woanders macht man Parmaschinken daraus.«

Ein anderer nützlicher Satz prangt an der Eingangstür der Metzgerei: »Bitte beachten Sie unsere ungewöhnlichen Öffnungszeiten.« Denn man muss entweder sehr gut informiert sein oder viel Glück haben, um das Leberkäseparadies offen vorzufinden.

Zur Begleitung des Zwetschgenbames holen wir noch eine Käsestange in der Hofbäckerei Seel (Dominikanerstraße 8) und betreten das *Schlenkerla*, also die Gaststätte der Brauerei, direkt nebenan. Es ist immer wieder ein erhebendes Gefühl, den verwinkelten, ein ehemaliges Kloster umfassenden Gebäudekomplex zu betreten. Morgens zwischen halb neun und elf Uhr, wenn nur das »Alte Lokal« geöffnet hat, ist es besonders speziell. Denn dann lässt sich eine schöne, unzeitgemäße Besonderheit dieser bayerischen Stadt erleben, in welcher zwischen der Öffnung einer Gaststätte und der Aufnahme des Küchenbetriebs am Tisch zum Bier eine mitgebrachte Brotzeit verzehrt werden darf.

Einheimische sind in den Morgenstunden, außer samstags und sonntags, nur wenige anzutreffen, dafür aber zuverlässig Amerikaner oder Italiener (sie gelten in Bamberg als besonders große Rauchbierliebhaber). Beim Frühschoppenritual werden wir in der 1405 erstmals urkundlich erwähnten guten Stube mit der niedrigen dunklen Decke aufmerksam beobachtet. Dass man hier schon so unglaublich früh gesellschaftlich anerkannt Bier trinken kann, das wissen die meisten

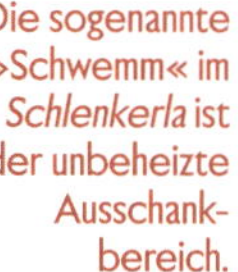

Die sogenannte »Schwemm« im *Schlenkerla* ist der unbeheizte Ausschankbereich.

Touristen bereits, aber: Darf der das – seine Semmel in der Kneipe auf einer Serviette auspacken und den dunklen Rinderschinken mit eigenem Besteck vom Papier essen?

Man darf – und das Geschmackserlebnis grenzt jedes Mal an Zauberei. Das Raucharoma des dunklen Märzenbiers, welches vom Holzfass etwas kohlensäureärmer ist als aus der inzwischen fast deutschlandweit erhältlichen Flasche, wird durch den Fleischkäse auf wundersame Weise zurückgedrängt. Und probiert man den fein geräucherten Zwetschgenbames, hat man wieder eine neue Wahrnehmungspalette. Es gibt kaum ein Bier, das sich in der Essensbegleitung so faszinierend verändert wie die Rauchbiere im *Schlenkerla*.

Hans Wächtler: Ein Klassiker in Bamberg ist das »Aecht Schlenkerla Märzen« vom Holzfass (2) mit dem Liebold-Leberkäs im Sauerteigbrötchen. In Letzterem gibt es zunächst ganz viele würzige Noten: Majoran, Kümmel, die Aromen aus dem Sauerteig. Diese verbinden sich durch den hohen Fettanteil des Leberkäses im Rauch des schweren Biers zu einem einmaligen Gesamterlebnis. Alkohol und Fett bezeichne ich in solch einem Zusammenhang als Joker, sie sorgen für Intensivierung, der Rauch wird tendenziell weggeschoben und es entsteht eine Vollmundigkeit auf der obersten Skala der Würzigkeit. Es ist eigentlich mehr ein Kick- als ein Harmonieerlebnis. Man vermisst einfach nichts, wenn man das isst und trinkt, man fängt an und kann nicht aufhören.

Die »Aecht Schlenkerla Eiche« (3) ist eher etwas für abends und wird zusammen mit Zwetschgenbames und fränkischem Gewürzbrot (Anis, Kümmel, Koriander, Fenchel) mit Butter ebenfalls zu einem komplett neuen Erlebnis. Beim Rinderschinken, der relativ trocken und stark geräuchert ist, haben wir durch die verwendeten Kräuter und die stark pfeffrige Note wieder eine besondere Würzigkeit, die sich auch im Brot findet. Zusammen mit dem Bier verbinden und homogenisieren sich zunächst die Raucharomen. In der Wahrnehmung bleibt ein rauchiges Fleisch übrig und eine angenehme Süße vom Bock – eine würzige Süße, die Harmonie ausstrahlt.

Bei vielen vollmundigen Bier-Essen-Kombinationen kommt schnell ein Gefühl von Mächtigkeit auf. Das ist hier anders, weil man immer auch die würzigen und pfeffrigen Noten wahrnimmt. Es ist ein komplexes Wechselspiel, das einem nie zu viel wird.

Die »Aecht Schlenkerla Erle« (4), ein Nachwuchs aus dem Hause Trum, ist für mich ein großer Gewinn: Dieses Schwarzbier riecht wunderbar nach dunklem Kakao, nach Schokolade, ein Hauch von Kaffee ist wahrnehmbar und ein samtweicher Rauch. Dazu eine Käsestange aus Mürbeteig ist ein Hochgenuss. Sie schafft es, die Aromen des Biers cremig abzurunden.

Das ebenfalls neu eingeführte, betont weiche »Weichsel Rotbier«, geräuchert mit Kirschholz, finde ich auch sehr gelungen. Normalerweise ist es sehr schwierig, Bier mit rohem Fleisch zu kombinieren. Mit dem »Weichsel« gelingt es. Zu ihm kann man gut einen Tatar bestellen, der sogar die Kirscharomen noch stärker herausarbeitet.

Das »Helle Lager« mit seiner leichten Rauchnote ist für mich das perfekte Trinkbier, ein vollkommener Durstlöscher im Sommer.

Das *Schlenkerla* ist der zentrale Anlaufpunkt in Bamberg, sowohl für Einheimische als auch für Touristen. Letztere können hier, gerade im Sommer, lernen, wie man als Gast auch gegen alle Wahrscheinlichkeit die Aufmerksamkeit der Bedienung gewinnt. Einheimische vernehmen hier Sprachen, die sie zuvor noch nie gehört haben, und treffen sich zum Stehbier, zum Feierabend-Seidla, zum Stammtisch oder zur Familienfeier. Im Sommer und vor allem zur Sandkerwa – der Kirchweih rund um die Sandstraße – gibt es vor dem *Schlenkerla* kaum ein Durchkommen: Eine Menschenmasse mit Willibecher in der Hand vereint sich hier im Zeichen des dunklen Rauchbiers.

Direkt gegenüber dem *Schlenkerla* geht es den Katzenberg über viele Treppenstufen hinauf zum Dom und der Neuen Residenz. Oben angelangt merkt man, dass die Stadt, die der fromme Kaiser Heinrich II. wegen seiner an Rom erinnernden sieben Hügel hier gründete, in die Beine geht.

Wer das immer wieder beeindruckende Dom-Ensemble schon gut kennt und sich auf die Biertour konzentrieren möchte, spart sich diesen besonderen Hügel und geht am besten über die Ringleinsgasse und die Judenstraße zum *Klosterbräu* im Mühlenviertel zwischen Böttingerhaus und dem Wasserschloss Concordia, in unmittelbarer Nähe zum linken Regnitzarm. Es ist die älteste, urkundlich auf das 14. Jahrhundert zurückzuführende Braustätte Bambergs, die sich seit 1533 »Fürstbischöfliches Braunbierhaus« nannte. Inzwischen seit 1790 eine Privatbrauerei, ist man noch immer auf die selten gewordenen Stile Braunbier↗ und Schwarzbier spezialisiert. Das vielfach preisgekrönte »Bamberger Schwärzla«, ein appetitlich aussehendes, stumpfschwarzes Bier mit leicht bräunlicher Haube, das in der Nase feine Noten von Karamell, Kaffee und Zartbitterschokolade wahrnehmen lässt, kann man sehr gut als Solobier genießen, aber auch ein deftiger Braten passt dazu, am besten ein Schäuferla, ein Schweineschulterbraten am Knochen (es sollte in Bamberg angesichts der vielen möglichen Bierkombinationen mit diesem Gericht auch halbe oder viertel Schäuferla geben!).

In den wärmeren Monaten muss der nächste Weg zum *Spezial-Keller*, also dem Biergarten der Merz'schen Rauchbierbrauerei *Spezial*, führen.

Die Terrasse des *Spezial-Kellers* bietet einen einzigartigen Blick über die Stadt.

Er liegt hoch über Bamberg, noch ein Stück oberhalb der *Brauerei Schlenkerla*. »Keller« heißen die Biergärten in Franken, weil sie meist über den von Bäumen beschatteten Lagerkellern der Brauereien angesiedelt wurden. Der *Spezial-Keller*, auf den das ebenfalls zutrifft, auch wenn die unterirdischen Lagerflächen nicht mehr genutzt werden, wird von Christian Merz' Schwester geführt und zählt mit Sicherheit zu den drei schönsten Deutschlands, auch eine Gaststätte ist angeschlossen.

Die Aussicht auf den Dom, auf Kloster Michaelsberg und die zum Teil mehr als tausend Jahre alten Kirchtürme der Stadt sowie der weite Blick auf die Fränkische Schweiz sind atemberaubend und führen zu unmittelbarer Entspannung.

Ein besonderes Erlebnis ist der Bockbieranstich hier oben im späten Herbst, der bei offenem Feuer unter freiem Himmel zelebriert wird. Zu dem herausragenden »Bock« von *Spezial* (5) passen viele Speisen vom kalten Braten bis zur geräucherten Forelle.

Es ist schwer, sich vom »Spezi-Keller«, wie die Bamberger sagen, loszureißen, aber auf einem kurzen Fußweg kann man in zehn Minuten zur *Brauereigaststätte Greifenklau* weiterziehen, wo das nächste unverwechselbare Bamberger Bier wartet. (In den kälteren Monaten kommt man vom *Klosterbräu* über den Mittleren und Oberen Kaulberg ans Ziel, es lohnt sich.)

Dort oben am Laurenziplatz Nummer 20 gibt es ebenfalls einen außergewöhnlich schönen Biergarten, unter dem sich auf drei Etagen im Verborgenen ein großer Felsenkeller ausbreitet und von dem aus man über Wäldchen hinweg auf die mittelalterliche Altenburg blickt. Bei *Greifenklau*, im 16. Jahrhundert erstmals erwähnt, benannt nach dem adeligen Domherrn Franz Friedrich von Greifenklau, trinken die Bamberger aus dem Tonkrug ein Lager, das in Richtung Märzenbier geht, und essen dazu Blaue (also in Essigsud eingelegte) Gelbwurst oder Zipfel (saure Bratwürste), die es in Bamberg nur hier gibt.

Hans Wächtler: Ein besonderes Pairing ist für mich der »Greifenklau-Bock« (6) mit »Knöchla« – einem Eisbein, das gute zwölf Stunden lang gekocht wurde und mit Sauerkraut und Kartoffelbrei serviert wird. Der hohe Alkoholgehalt (6,9 Volumenprozent) bietet dem Fett des Eisbeins Paroli, die Süße des Bocks geht gut mit dem milden Sauerkraut zusammen. Übrig bleibt ein umfassendes Empfinden von Harmonie.

Wahrscheinlich kann oder sollte man die bisherigen Stationen nicht alle an einem Tage ansteuern, man will ja nicht enden wie die jungen Leute, die im Sommer in Bamberg wagemutig irgendeiner ausgedruckten Gasthausliste aus dem Internet folgen und meist schon am Mittag nicht mehr gerade stehen können. Auch die Essensempfehlungen streckt man am besten über mehrere Tage.

Auf jeden Fall aber sollte man zum Abschluss des Tages einen Besuch im *Sternla* einplanen, dem ältesten Gasthof Bambergs aus dem Jahr 1380. Uwe Steinmetz, sein Besitzer seit 2008, hat 2019 aus- und eine moderne Hausbrauerei eingebaut, in der das Bier aus den Lagertanks des ersten Stocks ohne zusätzliche Anreicherung von CO2, das man normalerweise zum Zapfen braucht, allein durch den Druck in den Tanks direkt und unverfälscht in die Hähne läuft.

Es gibt zwei gemütliche Innenräume und eine große Terrasse, von der aus man in die Brauerei blicken kann. Hier ist immer die Hölle los, die Atmosphäre ist ungezwungen, das Publikum gut gemischt, Stammkunden sitzen auch mal mit Touristen am Tisch und führen diese in die heimische Lebensart ein: »Das Hähnchen wird *Gögäla* ausgesprochen.« Für Kinder zwischen sieben und dreizehn Jahren gibt es im *Sternla* an drei Sonntagen im Jahr eine Schafkopfschule mit anschließendem Mittagessen. Dort kann man sie dann wie die Alten fluchen hören. Das ist meine Stammkneipe in Bamberg, zusammengehalten von Uwe Steinmetz mit seinem ansteckenden Lachen. Ich mag die gute Laune hier, immer laufen irgendwelche Projekte, in regelmäßigen Abständen gibt es etwas Neues aus der Küche oder dem Braukessel zu probieren.

Das *Sternla* ist fränkisch-modern-ungekünstelt, die Küche ist frisch wie das beliebte naturtrübe helle Export, das in Bamberg eine Biersortenlücke schließt. Außerdem gibt es vom Fass noch ein Märzen und immer wechselnde Saisonbiere.

Das Schäuferla wird hier puristisch mit Salz, Pfeffer, Wacholder, Lorbeer, Nelke und Kümmel gewürzt und lange gegart, die Sauce wird mit Bier verfeinert. Serviert wird mit Fasskraut und Kloß, dazu passt das Export.

Hans Wächtler: Mit dem Märzen von *Sternla* (7) gehen hervorragend die eingeschnittenen Klöße zusammen, die in Bamberg nur noch in wenigen Gasthöfen auf der Karte zu finden sind. Das fleischlose Essen hat deutliche Röstnoten, die zusammen mit den karamelligen Noten des Märzen eine durch und durch wohlige Wahrnehmung ergeben.

Erstaunlich früh werden die Brauereigasthöfe hier geschlossen: Wochentags wird schon um zweiundzwanzig Uhr die letzte Runde eingeleitet, um dreiundzwanzig Uhr wird zugesperrt. Aber Bamberg ist eine Studentenstadt, und man findet auch zu später Stunde noch ein gutes Bier. Etwas länger geöffnet hat zum Beispiel das *Ahörnla* in der Sandstraße, das sich als jüngste Kleinbrauerei Bambergs bezeichnen kann.

Nun fehlen nur noch zwei der Bamberger Traditionsbrauereien, die man ohne große Anstrengung – der Weg dorthin ist vom Zentrum aus hügelfrei und nicht allzu weit – am Folgetag besuchen kann. Im Stadtteil mit dem schönen Namen Wunderburg liegen sie einander gegenüber.

Mahrs Bräu hat unter der Hausnummer 10, direkt neben der Maria-Hilf-Kirche, ein schmuckes altes Lokal mit Biergarten. Die Brauerei ist bekannt für ihr Ungespundetes, genannt »U«, was zugleich dem denkbar kürzesten Namen für ein Bier entspricht – und die kürzeste Bestellung dazu lautet »a U«.

Bei *Keesmann* (Wunderburg 5) trinken die Bamberger am liebsten das »Herren Pils«, die regionale Küche hat viele Freunde.

Hans Wächtler: Um Ostern gibt es für kurze Zeit den »Hellen Josefi-Bock« von *Keesmann* (8), der sehr gut zu den sauren Nieren passt, die man in Bamberg nur hier bekommt. Diese Kombination ist für mich ein Highlight: Aus dem Bock kommt die Süße mit einer ordentlichen, aber nicht störenden Hopfigkeit, aus den Nieren eine Säure und leichte Bitterkeit. Daraus entsteht ein tolles Wechselspiel.

Auch wenn es das deutsche Bier – wegen seines Schwerpunkts auf der industriellen Herstellung – nicht, wie das belgische, zum Weltkulturerbestatus brachte: die handwerklich gebrauten Bamberger Biere hätten ihn verdient, und viele in der Nachbarschaft auch. Im folgenden Kapitel werden wir den Radius ein weiteres Mal vergrößern und verkosten originelle und traditionelle Biere im Bamberger Umland und in Bayreuth.

Bierwandern durch Franken, oder Wie ich Export und »Lager« zu lieben lernte

Vom Frühling an gehen die schlauen Bamberger aufs Land zu den dörflichen Brauereigasthöfen, die es dort in rekordverdächtiger Menge gibt. So haben sie ihren Spaziergang, entkommen den Touristen, und ein Geschäft machen sie auch. Die Hauptgerichte kosten zum Teil unter zwölf Euro und das Seidla um die drei. Abends geht es dann zu Fuß oder mit Fahrdiensten zurück. Mit Hans Wächtler war ich Ostern 2023 im Bamberger Umland unterwegs – hier einige Notizen.

Der echte Dorfbrauereigasthof

4. April. Wir beginnen unsere Exkursion fränkisch ungerührt mit einem späten Frühstücksbier, freilich nur aus ethnologischen Gründen. Etwa fünfzehn Kilometer südwestlich von Bamberg sitzen wir in der Wirtschaft zur *Brauerei Kaiser*, einem ochsenblutfarbigen, gepflegten alten Gebäude in Grasmannsdorf/Burgebrach. Sie wurde als Schlossbrauerei 1783 gegründet, hat eine eigene Quelle und eines der seltenen noch im Betrieb befindlichen Kühlschiffe Deutschlands. Seit fast hundertfünfzig Jahren ist die Brauerei familiengeführt.

Der Stammtisch tagt schon länger, ein alter Meisterbrief hängt an der Wand, und Hans Wächtler, der in einem Nachbarort aufgewachsen ist, lässt mich in die von mir selbst gewählte Pils-Falle tappen. Denn ich bestelle zum herben Gerstensaft einen Teller mit dünn geschnittenem Zwetschgenbames – und plötzlich schmeckt das »Kaiser-Pils«, das eben noch mundete, metallisch. »Da trinkst kein zweites«, sagt Hans Wächtler und ordert einen kleinen hellen Bock zur Gegenprobe. Und plötzlich, durch die naturtrübe Süße und den höheren Alkoholgehalt, gehen die Geschmacksknospen auf. Das Essen wird rund.

Die Einheimischen am Nachbartisch sprechen über Probleme mit Schafen und der Müllabfuhr. Am Mittag gehen sie nach Hause zum Essen, ist zu erfahren, am Nachmittag kommen einige wieder. Zu den Brauereifesten und dem Anstich der Spezialbiere ist hier und im platanenbestandenen Biergarten viel los, regelmäßig finden Führungen durch die Brauerei statt. Und noch eine Besonderheit gibt es in Grasmannsdorf: Jeden Dienstag von acht bis elf Uhr kann jeder, der ein Fass hat, sich dieses beim sogenannten Hausbräu füllen lassen. Den Termin haben wir knapp verpasst, doch bei unserer nächsten Station an diesem Tag steht das Schauspiel – nach einer kleinen Wanderung – noch aus.

Bierfassen: ein fränkisches Happening

Die *Brauerei Büttner* in Untergreuth, etwa zehn Kilometer westlich von Grasmannsdorf, besteht seit 1780 und ist seit acht Generationen in Familienbesitz. Die dazugehörige Gaststätte hat recht unregelmäßig, aber meist am Wochenende und an jedem zweiten Dienstag von fünfzehn Uhr an geöffnet. Dann werden im Hof zwei lange Eisenstangen auf Metallfüßen befestigt, worauf die mitgebrachten Fässer abgelegt und für etwa einen Euro pro Liter langsam mit Jungbier↗ mittels Gießkannen befüllt werden. Das Bier im Fass kann dann zu Hause nach Belieben nachreifen. Das Tanken dauert eine Weile, dabei wird Bier getrunken, es wird gewitzelt, die Stimmung ist recht ausgelassen.

Drinnen wird derweil das »Helle Vollbier« von *Büttner* (9) ausgeschenkt. Dazu gibt es, solange der Vorrat reicht, hausgemachten Gerupften und Hackepeter, also Mett, mit rohem Ei. Was für ein Bier ist das eigentlich genau? Bei dieser Frage scheitere ich. Hans

Wächtler ordnet es »in Richtung Export« ein. Das Bier und der frische Hackepeter fügen sich zu einer ungewöhnlichen Harmonie. Es sind nicht nur die Geschmäcker, sondern auch die weichen Konsistenzen, die sich verbinden. Wenn etwas so »runtergeht« wie dieses Pairing, sagt der Bamberger: »Es löfft«.

Der Gasthof ist schon kurz nach Öffnung brechend voll – Einheimische, Bamberger, jeder kennt hier jeden. Wie Jugendliche über Fußballmannschaften tauscht man sich am Tisch über andere Brauereigasthöfe, persönliche Vorlieben, neue Biere und Gerichte aus.

Auf dem »13-Brauereien-Weg« durch die Fränkische Schweiz

5. April. Den gut ausgeschilderten, knapp fünfunddreißig Kilometer langen Wanderweg zerlegt man am besten in mehrere Etappen. So kann man sicherstellen, dass die Brauereigasthöfe, die man besuchen will, auch wirklich geöffnet haben und man sich ausreichend Zeit für die Biere nehmen kann.

Der Ausgangspunkt ist Memmelsdorf, wo sich gleich zwei Braustätten mit Hotelbetrieb befinden. Zum einen gibt es den seit 1783 familiengeführten *Brauereigasthof Höhn*, bekannt für seine gute Küche und das nach historischem Rezept über Holzfeuer, mit Kühlschiff und offener Gärung gebraute, naturtrübe, dunkle »Görchla«.

Ein paar Häuser weiter befindet sich der auf das 15. Jahrhundert zurückgehende *Brauereigasthof Drei Kronen*, der eine Braumeisterin hat und über ein eigenes Craftbierprogramm verfügt.

Die Anfangsstrecke des Brauereienwegs ist etwas schmucklos, aber nach vier Kilometern erwartet uns, vorbei an grasenden und scharrenden Tieren, das etwas abgelegene Merkendorf, überregional berühmt für seine beiden Brauereien *Wagner* und *Hummel*, die ein herausragendes, von Aromahopfen↗ geprägtes Pils brauen. Beide haben zum Teil fast wohnzimmergemütliche Wirtshäuser und bieten ansprechende

Gastronomie, in der mittags gerne auch die Handwerker der Gegend zum Essen vorfahren.

Nach einer weiteren Etappe kommen wir nach Drosendorf zur *Brauerei Göller*, wo wir uns, da der Gasthof geschlossen hat, auf der teilüberdachten Außensitzfläche das Lagerbier schmecken lassen. Von Mittwoch bis Sonntag gibt es hier »fränkische Küche wie bei Oma«, so die Eigenwerbung, wobei auffällt, dass es in den Brauereigasthöfen der Gegend überall auf positive Weise »wie bei Großmutter« schmeckt. Hans Wächtler hat dazu eine interessante Theorie: Er macht dafür die Bamberger Sonntagsschule verantwortlich, in der junge Frauen, die unter der Woche in der Landwirtschaft beschäftigt waren, im Hauswirtschaftsunterricht das Kochen lernten – alle nach denselben erprobten Rezepten. Das erworbene Wissen wurde dann von Generation zu Generation weitergegeben und prägt noch heute die Gastronomie. Aus diesem Grund schmeckt zum Beispiel die fränkische Kartoffelsuppe mit ihrer deutlichen Majorannote fast überall gleich. Für viele Gerichte prägend ist der traditionelle »Salatsud«, der nur aus Wasser, Essig, Salz, Pfeffer und Zucker besteht. Fürs Salatdressing kommt noch Öl hinzu, für den Kartoffelsalat wird er mit Knoblauch, Zwiebeln und extra Pfeffer angereichert, auch für eingekochtes Gemüse wird er verwendet.

Als Nächstes erreichen wir Schammelsdorf mit seiner *Brauerei Knoblach*, einem Traditionsbetrieb seit 1880, und können einem kleinen Pfannenpresssack mit Bratkartoffeln und Kraut nicht widerstehen. Dazu passt das hausgebraute Rauchbier »Räuschla Märzen«.

Im Anschluss folgt eine etwas längere, aber besonders schöne Strecke auf dem Brauereienweg, an den Quellen am Gänsberg vorbei zum idyllisch gelegenen Tiefenellern, wo die *Brauerei Hönig* mit dem angeschlossenen *Gasthof zur Post* liegt. Das Braurecht wurde hier bereits 1478 beurkundet, seit 1748 befindet sich die Braustätte in Familienbesitz – kaum zu glauben, dass es so etwas noch gibt.

Spezialität des Hauses ist das preisgekrönte »Posthörnla«, ein dezentes, rundes Rauchbier, zu dem die Hausmacherplatte mit selbst gebackenem Brot und die geschnittenen Klöße zu empfehlen sind. Man sollte jedoch nicht so naiv sein wie der Autor, der bei früherer Gelegenheit einmal beides zusammen bestellte. Denn es ist falsch zu denken, dass es sich wegen der günstigen Preise um kleine Portionen handle –

und keinesfalls anders verhält es sich bei den regelmäßig stattfindenden Schlachtschüsselessen. Der Biergarten der *Post* ist riesig und ein wenig wie ein Amphitheater am Hang angelegt, daneben befindet sich ein großzügiger Spielplatz.

Weiter geht's durch den noch bäuerlich geprägten Ort auf einem Vorzeigeweg zur *Brauerei Reh* in Lohndorf, wo man ein Pils im Stehen nehmen kann. Auf der Strecke liegt auch der *Brauereigasthof Hölzlein*, bekannt für seinen Feuervogel (ein scharf-pikantes Hähnchen) zum Vollbier↗.

Später in Geisfeld trinken wir im Biergarten der *Brauerei Griess* ein naturtrübes Kellerbier↗ – es ist das am stärksten gehopfte in der Gegend, sehr nahe am Pils. Hans Wächtler entwickelt am Beispiel des typischen, am Hang liegenden Kellers eine kurze fränkische Bier- und Gastronomiegeschichte: Die Brauereien hatten zunächst nur ein Schankrecht für die Fläche auf den Kellern. Die traditionellen, ungefilterten Biere wurden meist in Krügen ausgeschenkt, die Bierkellerbesucher brachten ihre Brotzeit mit, bestehend aus heimischen Produkten, die zum Bier passten – Hausmacherwurst, Schinken, Käse und Brot. Mit der Zeit bauten die Brauereien eine eigene Gastronomie auf, unterstützt oft von einem Bäcker oder Metzger in der Familie; das Konzept »Brauereigasthof« entstand. Dann kam im Jahr 1842 die Pils-Revolution, die filtriertes, helles, im Glas glänzendes Bier in Mode brachte. Das setzte die fränkischen Brauereien zunehmend unter Druck, und im 20. Jahrhundert bekamen sie massive Absatzprobleme. Gleichzeitig wollte die Sorte Pils mit dem harten fränkischen Wasser nicht recht gelingen, die Biere wurden zu kantig (die heutigen bekannten fränkischen Pils-Biere verdanken sich der Möglichkeit zur Wasseraufbereitung, also der Umwandlung von hartem in weicheres Wasser).

Da viele fränkische Brauer in der Gesellenzeit Station in Dortmund gemacht hatten, so Hans Wächtler weiter, und wussten, wie ein Export-Bier gebraut wird, das sich in seiner Vollmundigkeit gut mit dem heimischen Wasser verträgt, wurde das Export in vielfacher Variation zu einer Art fränkischem Pils-Ersatz. Bei der Benennung der entstehenden neuen Biere wurden dann oft dehnbare Begriffe wie »Lager« oder Kunstwörter wie »Original« und »Landbier« verwendet. Eine willkommene Begleiterscheinung dieser Entwicklung war, dass diese Biere auch zu den angestammten Keller-Gerichten gut passten.

In der urgemütlichen Gaststube der seit 1784 familienbetriebenen *Brauerei Sauer* in Roßdorf beenden wir kulinarisch die »13-Brauereien-Wanderung«. »Unser Bier, immer ein köstlicher Trinkgenuss« lautet die drollige Hauswerbung, und das »Braunbier« von *Sauer* (10) passt mit seinen Karamellnoten hervorragend zur gebackenen Leber mit Röstzwiebeln und Bratkartoffeln.

Hans Wächtler und ich verabreden für den nächsten Tag, die Gegend rund um den Staffelberg zu erkunden.

Das Kultbier aus dem Wurstkessel

6. April. Der Name hat mich schon länger fasziniert, jetzt stehe ich vor dem *Metzgerbräu* in Uetzing bei Bad Staffelstein, das Manfred Reichert, der 2002 mit dem Brauen in seinem Wurstkessel begann, zehn Jahre später zum regionalen Brauhaus mit fünf Gär- und Lagertanks ausbaute. So handgreiflich der Name der Brauerei ist, so gewunden ist ihr Werbespruch: »Im Land der Nüsse [so wird die Gegend wegen der vielen Walnussbäume genannt] gibt es hier bei Reichert Schinken und auch Bier.«

Was Manfred Reichert geschaffen hat, geht dabei längst über den Hobbyraum eines craftbrauenden Metzgers hinaus. Entstanden ist ein kleines Biergasthof-Selbstversorgungs-Dorf (im Dorf), zusammengehalten durch den Lebensmittelladen in der Metzgerei, in dessen Nebenraum das Bier gezapft wird.

Man muss es gesehen haben: Über die Wursttheke gereicht wird zusammen mit einem Schinkenteller ein dunkles, naturtrübes »Metzgerbräu Lagerbier« (11), dem Reichert vier Wochen Haltbarkeit gibt. Zu welchem Stil gehört es genau? »Egal!«, sagt Hans Wächtler,

»das ist einfach Kult«, spießt genüsslich eine Scheibe hausgeräucherten Lendenschinken auf die Gabel und wirkt dabei wie ein Franke unter Franken, ganz bei sich: an der Quelle des Lagerns, umringt von Tanks und zwei Räucherkammern. Der Faszination dieses Konzepts auf derart engem Raum kann man sich nicht entziehen.

Unsere nächste Station, die Wallfahrtskirche von Vierzehnheiligen, habe ich einmal angefahren und einmal erwandert, und ich muss zu meiner Schande gestehen, dass ich noch nie in der berühmten Basilika nach Plänen von Balthasar Neumann war, obwohl ich stets die feste Absicht dazu hatte. Einmal habe ich sie wegen der im Folgenden beschriebenen Bierprobe vergessen, ein anderes Mal war sie wegen eines Konzerts geschlossen.

Beweisführung mit zwei Schnitten

Seit mindestens 1803 besteht die »Alte Klosterbrauerei« direkt gegenüber der Wallfahrtskirche, seit 1989 befindet sie sich als *Brauerei Trunk* im Besitz der gleichnamigen Familie. Das Bräustüberl verströmt noch den Charme der Siebzigerjahre, der Biergarten ist rustikal geschottert, das Bier ist klasse.

Reges Treiben herrscht an der Verkaufsrampe, wo Bierkästen und Partyfässer in Kofferräume verladen werden. Die Sonne scheint, und wir bestellen ein rotbraun leuchtendes »Nothelfer Export Dunkel« (12) nach altem Rezept, das die Brauerei selbst als »das Urbier der Franken« bezeichnet, das man aber auch als Bayerisch Dunkel deklarieren könnte.

Als mögliche Essensbegleitung werden auf der Homepage knusprige Braten, Ente, grobe Bratwürste, Schokolade, Kuchen oder ein

Schoko-Nuss-Eisbecher empfohlen, und doch gibt es all das hier nicht. Hans Wächtler bestellt eine Hausmacherplatte und bringt zwei Halbe »Export Dunkel« und einen Schnitt vom »Nothelfer Lager«, bei dem das Bier bis etwa zur Hälfte eingeschenkt wird, der Rest ist Schaum.

Das Ganze ist eine nachgeholte Bestätigung der in Geisfeld entwickelten These von der natürlichen Verwandtschaft zwischen Lager, Export und Hausmacherwurst. Jeder Bissen bringt mit den unterschiedlichen Biersorten andere Nuancen hervor, aber alle sind sie gut.

Radikal regionale Familienunternehmen

7. April, Karfreitag. Die *Brauerei Grasser* in Huppendorf blickt auf eine fünfhundertjährige Tradition zurück, seit 1750 befindet sie sich im Besitz der Familie, die alte Werte hochhält. Vor Ostern empfängt sie den Besucher mit dem Schild: »Wir sind eine katholische Brauerei, daher gibt es am Karfreitag bei uns kein Fleisch« – ein fast schon trotzig wirkendes Bekenntnis.

So konsequent wie möglich verfolgen die Grassers den Selbstversorgergedanken. Es wird noch hausgeschlachtet, das Wild kommt aus der eigenen Jagd, das Gemüse vom eigenen Feld oder aus der nahen Region, Energie aus Hackschnitzeln, die zum Teil aus dem eigenen Wald stammen, und einer Photovoltaikanlage. Das Motto des Familienunternehmens wird auf der Homepage wie folgt beschrieben: »Modernität ja, aber ohne weiteren Kapazitätsausbau.« All das scheint in Kurzform eine in der Gegend verbreitete Mentalität zu treffen, die herausragende Biere hervorbringt.

In der Wirtschaft der *Brauerei Zehendner* wird urig im Flur gezapft.

Die *Brauerei Grasser* produziert vier Sorten übers ganze Jahr: Pils, Zwickel↗, Weizen und das beliebte kupfergoldene »Huppendorfer Vollbier« (13), das in der Eigenwerbung als »perfektes fränkisches Lagerbier« bezeichnet wird und farblich wie aromatisch einem Märzen nahekommt.

Zu den Spinatknödeln mit Parmesan am Karfreitag ist es eine Offenbarung. Hans Wächtler: »Das Besondere an dem Bier ist, dass man es mit fast allem kombinieren kann. Die merkliche Süße mit einer gut eingebundenen Hopfenbitteren macht es möglich.«

Ähnlich entschieden familiengeführt ist die *Brauerei Zehendner* in Mönchsambach mit dem gut gelaunten Mönch auf dem Etikett. Das stellenweise fast mediterran wirkende Anwesen mit Brauerei, schmuckem Gasthof, großzügigem Biergarten, einem Teich und sogar Störchen ist, ähnlich wie *Metzgerbräu* und *Grasser*, ein Dorf im Dorf, ein Kraftwerk.

Die Gaststätte hat leider noch geschlossen, als wir beim Bierkastenverkauf (ab sieben Uhr!) vorfahren. Aber Hans Wächtler hat eine große Tüte Wurst- und Schinkenspezialitäten in der benachbarten Metzgerei Dorn zusammengestellt, die wir jetzt zu dem ungemein ausgewogenen 5,5-prozentigen »Mönchsambacher Lager« (14) verspeisen, wobei jeder Bissen von dem hellen Märzenbier locker aufgefangen wird.

Im Gasthof empfiehlt Hans Wächtler zum Lager den geräucherten Saibling und die hausgemachte Sülze mit selbst gebackenem Sauerteigbrot, das für sich genommen eine Augenweide ist.

Es wäre noch vieles zu erkunden in Bamberg und um Bamberg herum: *Eichhorn* in Dörfleins oder die den Dorfkern halb ausfüllende *Gasthof-*

brauerei Will in Schederndorf, die ihr Bier seit Corona in Weinflaschen abfüllt (die Stammkunden kommen mit Zwei-Liter-Bierkannen zum Nachfüllen). Nicht zu vergessen ist *Krug Bräu* in Breitenlesau, eine Brauerei mit Tanzsaal und einem köstlichen Bier. Mehr als sechzig Brauereigasthöfe gibt es in der Gegend insgesamt, einer uriger als der andere. Aber wir müssen langsam den Absprung finden, bevor wir noch komplett frankonisiert werden.

Eine Bierinstitution steht aber noch aus – wir vergrößern den Radius ein letztes Mal in diesem Kapitel und fahren zu *Maisels Liebesbier* nach Bayreuth.

Die Welt des Biers auf einem Hof

Den Altbau der *Brauerei Gebr. Maisel* an der Kulmbacher Straße in Bayreuth sieht man schon von Weitem: ein denkmalgeschützter Backsteinkoloss vom Ende des 19. Jahrhunderts. Auf dem Gelände befinden sich heute ein Biermuseum, ein Urban Art Hotel, ein Café, ein Biershop und das *Liebesbier*, ein Restaurant mit Bar im Zeichen des Gersten- und Weizensaftes, dem ein sehenswerter Biergarten vorgelagert ist. Durch die Street Art, die das Hotel und einige Wände der alten Brauerei ziert, wird nicht nur internationales Flair verströmt, sondern auch angedeutet, dass man sich auf hohem Niveau für Pop und den Mainstream interessiert.

Und das zeichnet auch die Craftbiersparte von *Maisel* aus: dass sie Sorten wie Pale Ale↗, IPA↗ oder Stout↗ auf einen qualitativ hochwertigen gemeinsamen Nenner bei günstigen Preisen bringt. Kostet eine Drittelliterflasche aus einer Craft-Kleinbrauerei und auch aus mancher Großbrauerei inzwischen nicht selten um die drei Euro, bietet *Maisel & Friends* vergleichbare Biere durch geschickte (Hopfen-)Kalkulation und die Erzeugung großer Mengen für die Hälfte an.

»Die Spezialitätenbier-Sparte wächst«, sagt Jeff Maisel am Telefon. Und dass es weitaus mehr Biertrinker gibt, die ab und zu »etwas mehr Druck auf der Zunge« haben wollen, als viele denken, darauf setzt er schon seit Jahren. Im *Liebesbier* werden die neuen Stile mit den traditionellen zusammengeführt.

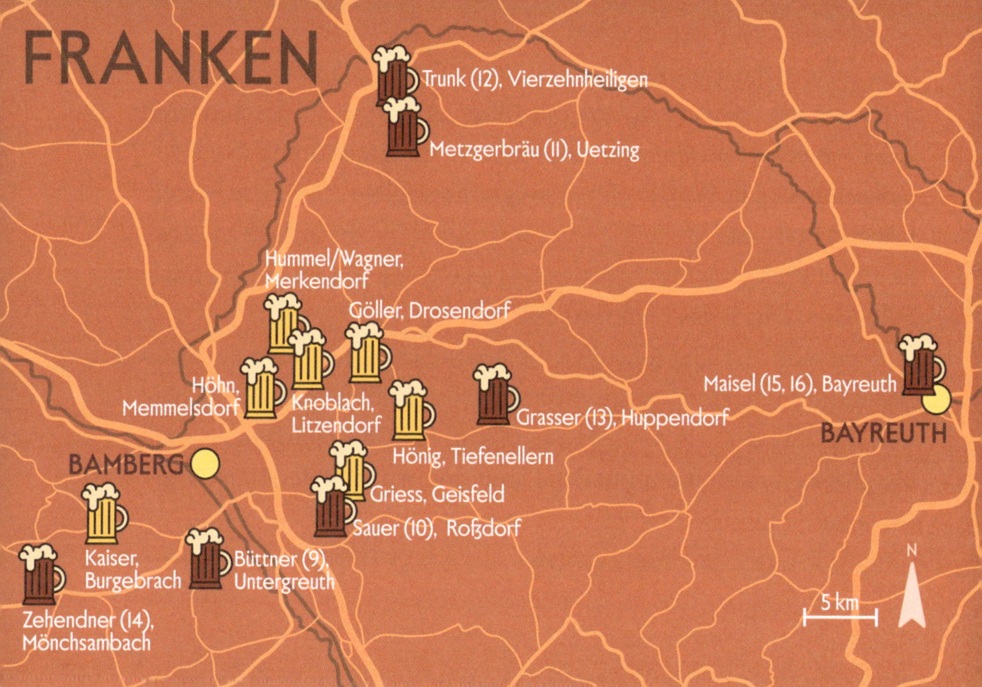

Die erste Idee zum *Liebesbier* entstand im Jahr 2011, eröffnet wurde es 2016. Inspiriert ist das moderne Braurestaurant zum einen von amerikanischen Craftbier-Locations wie *Stone Brewing World Bistro & Gardens* nördlich von San Diego mit seinen vielen Zapfhähnen, offenen Räumen und großen Fensterfronten, aber auch von fränkischen Brauereigasthöfen zum Anfassen, die Jeff Maisel, der eine amerikanische Mutter hat, schon als junger Mann mit Begeisterung erkundete.

Wichtig war ihm, all das zusammen in die alte Bausubstanz von 1887 einzufügen. Mit Interesse beobachtete Maisel 2013 die Eröffnung des ebenfalls in roten Backstein eingebetteten modernen Brauereigasthauses *Altes Mädchen* von *Ratsherrn* in Hamburg (siehe Kapitel »Comeback einer Biermetropole?«), das in vielem, vor allem im gläsernen Konzept, eine Art Parallelaktion darstellt.

Innen wirkt das *Liebesbier* durchdacht, großzügig, es gibt einige alpine Anklänge, insgesamt viel massives Holz und Leder. Auf der Karte steht den veganen Gerichten – der Brauereichef selbst ernährt sich rein pflanzlich – ein großes Steak- und Burgerangebot gegenüber. Das Pairing wird durch die nahezu einhundert vorgehaltenen Biere erleichtert, um die zwanzig davon kommen vom Fass.

Ein belgisches »Rodenbach Grand Cru« als Aperitif lassen wir in die Vorspeisenplatte mit Oktopus-Carpaccio, geschmorter Bete, einem Hummus aus Lupinen- und Hanfsamen sowie Topinambur-Crème brulée mit Enten-Saté übergehen. Zu alldem passen fast durchweg das »Maisel's Weisse Original« (15) sowie das hauseigene alkoholfreie Pale Ale. Zu den Burgern lässt sich sowohl das fruchtige Pale Ale als auch das betont trockene IPA von *Maisel & Friends* (16) kombinieren, darüber hinaus ist die Auswahl an internationalen Ales beeindruckend. Zum Nachtisch dann noch ein halbflüssiger Schokoladen-Haselnuss-Kuchen mit hausgemachtem »Chocolate Bock«, und ein großer Bogen ist nur mit den Eigenproduktionen der Maisels geschlagen.

Nach dem Verlassen des Restaurants läuft man direkt auf den Biershop zu und kann sich mit amerikanischen, belgischen und fränkischen Bierklassikern eindecken.

Ob in Bamberg oder Bayreuth: Das Leben in Franken hat paradiesische Seiten. Das hat niemand besser verstanden als der seine letzten Lebensjahre in Bayreuth verbringende Jean Paul, für den das fränkische Bier »Seelentrank« und »Weihwasser« war.

Backsteinmonumentalität das historische Gebäude der *Brauerei Gebr. Maisel* in Bayreuth.

Bierhistorie

Von den ersten Brauern zur Craftbewegung

Bier hat die Geschichte der Menschheit spätestens seit der Sesshaftwerdung begleitet. Doch die Industrialisierung des Brauwesens war sicher nicht die letzte Entwicklungsstufe. Aus vergangenen Bierkulturen gibt es viel zu lernen.

Bier wird heute vorwiegend industriell durch Zufuhr großer Energiemengen (etwa beim Mälzen, Maischen↗, Würzekochen↗ und Herunterkühlen) produziert. Dabei unterliegt es im Grunde einer einfachen Definition: Bier ist ein durch Gärung↗ stärkehaltiger Stoffe gewonnenes Getränk. Der Weg dorthin ist in einer natürlichen Umwelt, in der Getreide- und Reissamen oder andere stärkehaltige Pflanzen zur Verfügung stehen, nicht weit. Es genügt in der Regel, dass ein Mensch ein paar Getreidekörner in ein mit Wasser gefülltes Gefäß oder eine Mulde gibt und dort ein paar Stunden in Wärme belässt – und schon entsteht ein einfaches Bier, gelblich trüb mit etwas Schaum auf der Oberfläche. Kaltmaischung nennt man diesen Prozess, der ohne vorhergehende Malzherstellung, ohne Zerkleinern des Korns, ohne Erhitzung von Wasser, ohne Hopfen auskommt.

Dass die Getreidekörner durch die Hände eines Menschen gegangen sein sollten, ist insofern wichtig, als sich am menschlichen Körper (wahrscheinlicher als in der Luft) fermentierende Mikroorganismen befinden, die alles Nötige für den Gärungsprozess mitbringen, wie der Brauhistoriker Martin Zarnkow im Gespräch erklärt. Die Enzyme – Speichel ist besonders effizient – spalten die Stärke in Zuckermoleküle auf, die von den Hefepilzen im eigentlichen Gärungsprozess in Alkohol und Kohlensäure umgewandelt werden.

Wollte man versuchen einzugrenzen, wann diese Voraussetzungen für die Biererzeugung kulturell zum ersten Mal mit hoher Wahrscheinlichkeit gegeben waren, müsste man wohl die Phase der Jungsteinzeit und der menschlichen Sesshaftwerdung um 10.000 vor Christus ins Auge fassen, im Zuge derer Gräser zu Getreide domestiziert wurden. Möglicherweise hat das Bier bei der Sesshaftwerdung sogar eine entscheidende Rolle gespielt.

Göbekli Tepe: die ersten Biertrinker?

Diese Meinung vertritt zum Beispiel der Evolutionsbiologe Josef H. Reichholf in seinem 2008 veröffentlichten Buch *Warum die Menschen sesshaft wurden* – vom Wissenschaftsjournalisten Mark Forsyth wurde die Annahme in seiner erstmals 2017 erschienenen *Kurzen Geschichte der Trunkenheit* variiert.

Josef H. Reichholf fasst seine Hauptthesen im Gespräch über die frühe Bierherstellung wie folgt zusammen:

»Die gängige These vor meinem Buch besagte: Die Menschen erfanden im Vorderen Orient, dem sogenannten Fruchtbaren Halbmond, den Ackerbau, weil das jagdbare Wild stark zurückgegangen war und sie deshalb Bedarf nach einem Ersatz hatten. Daher, so die Theorie weiter, begannen sie mit der Nutzung der Körner von Wildgräsern, die systematisch gesammelt und ausgesät wurden, sodass mit der Zeit Felder entstanden, deren Ertrag geerntet wurde. Die Feldarbeit war so aufwendig, dass feste Ansiedlungen nötig wurden. Dagegen spricht aber: Aus der fraglichen Zeit, also dem Ende der letzten Eiszeit, ist nicht der geringste Hinweis überliefert, dass ausgerechnet in der betreffenden Region das Jagdwild knapp geworden wäre. Im Gegenteil, der Einsatz von Reusen spricht für die Existenz großer Herden von Gazellen. Das ökologische Ausgangsargument vom äußeren Zwang ist also nicht haltbar. Und ein zweiter Punkt kommt hinzu: Es ergibt wenig Sinn, den Menschen zu unterstellen, sie hätten systematisch einen komplexen Prozess wie die Erntewirtschaft entwickelt – weil man diesen Vorgang ja erst begreifen kann, wenn man die entsprechende Tätigkeit eine Weile lang ausgeübt hat. Gar von Massenbewegungen in diesem Bereich auszugehen, ist wenig überzeugend.

Die Ausgrabungen im türkischen Göbekli Tepe förderten u. a. Gefäße mit Bierstein-Ablagerungen zutage.

Wenn ich nun aber – dritter Aspekt – nicht die Ernährung, sondern den Genuss als Intention für die Sesshaftwerdung zugrunde lege, spielen die beiden zuvor genannten Argumente keine Rolle mehr.«

Vor der Landwirtschaft stand nach Ihrer These der Wille zum Biergenuss?

»Ja, zumal das durch die Vergärung stärkehaltiger Pflanzenstoffe entstehende Bier ein berauschendes Getränk ist, das sich besonders gut zum gemeinschaftlichen Genuss eignet. Und meine These deckt sich auch mit neueren Befunden archäologischer Art. Die ältesten nachweisbaren Ansiedlungen, wie Göbekli Tepe in der heutigen Türkei, waren ganz offensichtlich Kultstätten, für die riesige Steine bearbeitet wurden – eine Gemeinschaftsanstrengung, für die es einen plausiblen Grund geben musste. Ohne den gemeinschaftlichen Genuss als Ziel, verbunden mit Ritualen, ergibt dieser Kraftaufwand für mich keinen Sinn.«

In Göbekli Tepe wurden zudem große Steingefäße gefunden, in denen sich Ablagerungen von Oxalat, auch Bierstein genannt, befanden.

Für eine planbare Bewirtung einer großen Gruppe hat Bier, wie schon die Menschen der Jungsteinzeit feststellen konnten, wegen seiner Eigenschaft, das Wachstum von Keimen und schädlichen Bakterien zu hemmen, in Sachen Haltbarkeit und Sicherheit erhebliche Vorzüge vor dem Wasser. Und es gibt noch ein weiteres Indiz dafür, dass Bier schon um 9.500 vor Christus in Südostanatolien eine wichtige Rolle gespielt haben könnte: Auf dem nahe gelegenen Vulkanhügel Karacadağ wurde, wie Wissenschaftler herausfanden, die Getreidesorte Einkorn, Vorläufer von Emmer und Weizen, domestiziert – bestens geeignet für die Kaltmaischung.

Dass in Göbekli Tepe dem Ackerbau die Sesshaftwerdung vorausging, deckt sich übrigens mit neuesten archäologischen Erkenntnissen von der Fundstätte. So stellte der Grabungsleiter Necmi Karul 2023 im Gespräch fest, dass bisher in »den ersten dauerhaften Dörfern [...] keine Anzeichen für den Anbau von Pflanzen gefunden« wurden, zudem sei das Aufkommen von Jagdtieren sehr hoch gewesen.

Schon Jahrhunderte vor Göbekli Tepe gab es in der Höhle von Rakefet im heutigen Israel, die der Natufien-Kultur (etwa 12.000 bis 9.500 vor Christus) zuzurechnen ist und in der wohl Beerdigungsriten stattfanden, gute Voraussetzungen für eine simple Bierproduktion mit zumindest wilder Gerste. Auch dort wurden in Steingefäßen Ablagerungen gefunden, die auf frühe Biererzeugung hindeuten könnten. Gleichfalls denkbar ist jedoch, dass die in Göbekli Tepe und Rakefet analysierten Rückstände (inklusive Oxalat/»Bierstein«) auch bei anderen Verarbeitungsprozessen von frühem Getreide oder sonstigen stärkehaltigen Pflanzen entstanden sind. Darauf weist Martin Zarnkow hin, der an den biochemischen Untersuchungen in Göbekli Tepe beteiligt war: »Es kann sich in den Gebinden auch um eine Grütze gehandelt haben. Gibt man Früchte hinzu, hat man ein Müsli. Das ist auch ein gutes Produkt.«

Allerdings stellt sich zumindest für Göbekli Tepe die Frage: Wäre ein Müslibrei Motivation genug für Zusammenkünfte zur Errichtung riesiger Monumente gewesen, wo doch der Schritt zum Bier nicht weit war und der Bezug zwischen gegorenem Getreidesaft und kultischen Riten in späteren Zeiten und Kulturen immer wieder deutlich wurde?

Bier in den frühen Hochkulturen – Mesopotamien, Ägypten und China

Auch durch den 2016 veröffentlichten Fund eines fünftausend Jahre alten »Werkzeugsatzes zur Bierproduktion« in der chinesischen Provinz Shaanxi – es handelte sich um einen Ofen, einen Topf, einen Trichter und eine Amphore – sieht sich Josef H. Reichholf in seiner Theorie bestätigt, dass sich bestimmte »Nutzpflanzentechniken« vom Vorderen Orient aus über Jahrhunderte hinweg nach Zentral- und Ostasien ausgebreitet haben:

»Das Fundgebiet ist die Fortsetzung der spät- und nacheiszeitlichen Löss-Steppe, die sich an den großen Gebirgen vorbei vom Vorderen Orient bis nach China durchzieht.« Reichholf weiter: »In den chinesischen Funden sind die Hauptprozesse [der Bierproduktion] deutlich erkennbar, auch der Gärungsvorgang unmittelbar auf Basis der vorliegenden stärkehaltigen Pflanzen- und Knollenzutaten. Wobei interessant ist, dass die gefundenen fünfhunderteinundvierzig Körner eine Mischung von allen möglichen Ingredienzien darstellen. Man hat also experimentiert – mit Gerste, Hiobsträne, Kolbenhirse, Rispenhirse, Kürbis und Lilie. Ein weiterer Befund ist, dass Gräser und vor allem die Gerste mit ihrem hohen Mälzwert eine besondere Rolle spielten. Außerdem: Man trennte sozusagen die Spreu vom Weizen, man entfernte unbrauchbare pflanzliche Reste – Schalen und Grannen etwa – vom Gebräu. Das ist eindeutig mehr, als dass man etwas zusammengeworfen hat, das vergoren und anschließend weggesüffelt wurde.«

Der Fund von Shaanxi, der auf ein nach Rezept erzeugtes Getränk mit mehreren Fermentationssträngen hindeutet, kann dabei auch in Verbindung zu einer Untersuchung des Archäologen Patrick McGovern von 2004 gebracht werden, derzufolge in China bereits vor neuntausend Jahren ein »gemischt fermentiertes Getränk aus Reis, Honig und Obst« hergestellt wurde.

Ungefähr aus derselben Zeit wie die chinesische Kleinbrauerei, noch vor Errichtung der Pyramiden, in einer Phase, in der sich die frühen Schriftsysteme ausdifferenzierten, stammt eine 2021 freigelegte Braustätte am Nil, die wegen ihrer Ausmaße verblüfft, auch wenn frühere Funde im ägyptischen Hierakonpolis schon ähnliche Dimensionen erahnen ließen. Fand man dort Dutzende braurelevante Gefäße, die auf ein Biervolumen von mehreren Tausend Litern schließen lassen, stieß man in Abydos, knapp fünfhundert Kilometer südlich von Kairo, laut ägyptischem Antikenministerium auf acht Räume mit Platz für jeweils vierzig Steinguttöpfe, in denen mehr als zweiundzwanzigtausend Liter Bier produziert werden konnten, wie Matthew Adams von der New York University erklärt, der die archäologische Untersuchung gemeinsam mit Deborah Vischak aus Princeton leitete. Wie diese Masse an Bier, die schon an die Kapazität heutiger Großbetriebe heranreicht, abgefüllt werden konnte und ob zur Produktion Feuer eingesetzt wurde, ist aber noch unklar.

Vermutet wird, dass die Brauerei in Abydos aus der Zeit von Pharao Narmer stammt, der um 3.000 vor Christus die beiden Königreiche Ober- und Unterägypten einte und die erste Dynastie gründete. Dass Bier in Ägypten nicht nur ein Zahlungs- und Grundnahrungsmittel war, sondern auch als Grabbeigabe für Menschen und als Opfer für die Götter diente sowie bei religiösen Zeremonien konsumiert wurde, ist der Wissenschaft schon länger bekannt. Die immense Produktionsmenge nun könnte auf königliche Rituale an den Grabstätten von Abydos zurückzuführen sein, deren Ausmaß man bisher unterschätzt hatte.

Modell einer Bäckerei und Brauerei, gefunden im Grab des hohen altägyptischen Beamten Meketre.

Auf Bier und seine Produktionsbedingungen stößt man im alten Ägypten häufig auch im Zusammenhang mit dem zweiten wichtigen Grundnahrungsmittel, dem Brot. So spielte angebackenes Sauerteigbrot wohl auch bei der Bierproduktion eine wichtige Rolle. Zudem waren Brauereien und Bäckereien im alten Ägypten meist räumlich verbunden. Erhellend ist weiterhin, dass die Hieroglyphe für Nahrung aus zwei Zeichen bestand: aus dem für Brot und dem für Bier.

Als in Mesopotamien, wohl schon etwas früher als in Ägypten, die Schrift erfunden wurde, war das organisiert erzeugte Bier bereits da.

In einem sumerischen Keilschriftdokument aus Lagaš (um 2.400 vor Christus) werden drei Sorten Bier erwähnt – weitere, die nach Farbe, Süße und Qualität unterschieden werden, kamen über die Jahrhunderte hinweg dazu.

Bemerkenswert ist, dass in einer der ältesten überlieferten Dichtungen der Menschheit, dem um 2.000 vor Christus entstandenen *Gilgamesch-Epos*, in der Figur des von Göttern erschaffenen riesenhaften Naturwesens Enkidu eine Art Menschwerdung durch die Errungenschaften der Jungsteinzeit erzählt wird. In der Gesellschaft von Hirten erlebt er das Folgende:

Brot legten sie ihm vor. / Bier stellten sie ihm hin. / Nicht aß Enkidu das Brot, ratlos schaute er in die Runde. / (Denn) Brot zu essen hatte er nie erlernt / und Bier zu trinken blieb ihm unbekannt. // Die Dirne (Šamḫat) sagt zu ihm, zu Enkidu: »Iß doch, Enkidu, vom Brot, das zu den Menschen gehört! / Trink doch, Enkidu, vom Bier, das dem Kulturland bestimmt! (zitiert nach *Das Gilgamesch-Epos*; neu kommentiert und übersetzt von Stefan M. Maul. C. H. Beck, München, 6. Auflage, 2014)

Darauf fängt Enkidu an zu essen und zu trinken, »es löste sich sein Gemüt, und er beginnt zu singen«. Ein herbeigerufener Barbier ölt und rasiert ihn, Enkidu ist »zu einem Menschen geworden«.

Im 18. Jahrhundert vor unserer Zeitrechnung finden sich dann auf einer mannshohen Basaltstele, dem *Codex Hammurapi*, der die ältesten bekannten Gesetzestexte enthält, auch Paragrafen, die eine Art Schankordnung für Kneipen darstellen und die Zuweisung von Biermengen für einzelne Berufsgruppen regeln. Priesterinnen, auch das ist darauf festgehalten, drohte die Todesstrafe, wenn sie Kneipen betraten, Bierpanschern blühte, im eigenen Produkt ersäuft zu werden.

Nimmt man den auf einer Tontafel erhaltenen *Hymnus an die Biergöttin Ninkasi* aus dem 18. Jahrhundert vor Christus beim Wort und gleicht ihn mit den archäologischen Funden im nordsyrischen Tall Bazi ab, wie es Franz Meußdoerffer und Martin Zarnkow in ihrem Buch *Das Bier. Eine Geschichte von Hopfen und Malz* tun, ergibt sich ein erstaunlich geschlossenes Bild des Bierbrauens im Mesopotamien des zweiten Jahrtausends vor unserer Zeitrechnung. Demnach dienten die Getreidesorten Gerste und Emmer als Hauptrohstoffe, die auch teils gemälzt wurden. In Tall Bazi fand man Gefäße zum Aufweichen des Getreides, dessen Keimprozess wohl, wie auch heute noch in modernen Mälzereien, zu einem bestimmten Zeitpunkt gestoppt wurde. Gekeimt wurde das Getreide in den Häusern auf Lehmböden, getrocknet wurde es anschließend auf begehbaren Flachdächern bei Temperaturen von bis zu sechzig Grad. Das so entstandene Malz wurde mit einer den Maisch- und Gärprozess anregenden Starterkultur aus Sauerteigbroten in Wasser gegeben. Auch mit dieser Technik entstand verlässlich ein einfaches Bier. Der nach einer groben Filterung zurückbleibende Treber↗ konnte getrocknet und als Grundlage einer Art Instantbier verwendet werden.

Frühe Biere enthielten, davon kann mit großer Sicherheit ausgegangen werden, Milchsäurebakterien in erheblicher Menge. Sie waren damit erfrischend und spritzig, auch wenn sie mangels ausreichend dichter Gebinde kaum Kohlensäure enthalten haben können und zudem warm getrunken wurden. Gefiltert wurden sie wohl nur grob, weshalb sie mit einem Strohhalm samt Filteraufsatz konsumiert wurden, wie zahlreiche Abbildungen von Biertrinkern aus mesopotamischer Zeit belegen.

Mesopotamisches Bier in der Verkostung

Im Jahr 2022 haben wir mit Martin Zarnkow am Forschungszentrum Weihenstephan für Brau- und Lebensmittelqualität ein experimentelles Bier verkostet, das er nach einem dreitausendfünfhundert Jahre alten Rezept erzeugt hatte. Wir geben die gemeinsame Bierprobe als Mitschrift wieder.

Martin Zarnkow: Die Rohmaterialien sind die folgenden: ein Drittel Gerstenmalz, ein Drittel Emmerschrot (also kein Malz) und ein Drittel Sauerteigbrot – seinerseits bestehend aus Gerstenmalz und Emmerschrot. Ich habe viel Forschung dazu betrieben; die Aufteilung in drei Teile hat den Hintergrund, dass wegen des Kaltmaischverfahrens – in dem keine Enzyme durch Hitze inaktiviert und auch keine Hefen, die sich ungezügelt ausbreiten könnten, getötet werden – eine Gegenreaktion nötig ist. Diese wird vom nicht gemälzten Emmer reguliert, der den Vorteil hat, dass er immer wieder und über Wochen hinweg in kleinen Mengen fermentierbare Zucker abgibt, mit denen die Hefen arbeiten können. Dabei müssen sie sich permanent gegen irgendetwas durchsetzen, das gesundheitsschädlich oder wenigstens getränkeschädlich sein kann. Das wiederum ist günstig für den Menschen. Diese Zusammenhänge haben schon die Mesopotamier herausgefunden und für sich fruchtbar gemacht. Zusammenfassend kann man sagen: Die ganzen Abläufe, die heute beim Brauen so komplex geworden sind, dass es eigene Hochschulen gibt, gingen damals fast parallel vonstatten. Es wurde also eingemaischt, während die Fermentation↗ schon startete, die Aromatisierung, die Färbung, alles begann zur gleichen Zeit.

(Martin Zarnkow schenkt das erste Bier aus, und wir probieren.)

Uwe Ebbinghaus: Es hat etwas von Brottrunk.

Martin Zarnkow: Es hat eine angenehme Säure, finde ich. Es hat auch ein bisschen was von Joghurt. Jetzt müssen Sie sich noch Folgendes vorstellen: Wir sind dreitausendfünfhundert Jahre in der Vergangenheit, in einem heißen Land. Was ist die Alternative zu diesem Getränk? Warmes Euphrat- oder Tigriswasser, eventuell noch brackig, möglicherweise mit Bilharziose durchsetzt.

Uwe Ebbinghaus: Ich habe auch eine Müsliassoziation, selbst Banane schmecke ich. Ein bisschen auch Sauerkrautsaft.

Martin Zarnkow: Ja, das ist alles mit drin. Aber ich finde, das Getränk hat eine tolle Ratio, dieses Säure-Süße-Verhältnis ist sehr gelungen. Es hat auch ganz wenig Alkohol; wenn es ein Volumenprozent enthält, ist es viel.

Uwe Ebbinghaus: Es ist erstaunlich süß.

Martin Zarnkow: Ja, weil ich für diesen Versuch die Gärung sehr früh durch Kälte gestoppt habe; es war schon nach zwei Tagen so weit, wie wir es jetzt trinken. Erzeugt habe ich es vor fünf Wochen, so lange hat es im Kühlschrank gehalten. Das, was als Treber – als feste Bestandteile der Maische, die Mesopotamier sagten *titab* – bei der Erzeugung dieses ersten Biers, das *kaš kal* genannt wurde, übrig geblieben ist, habe ich entnommen, getrocknet und für das nächste Bier verwendet. Herausgekommen ist dieses eher dunkle Bier, *kaš gegge* genannt.

(Martin Zarnkow schenkt das zweite Bier aus.)

Uwe Ebbinghaus: Das Dunkle hat etwas mehr Volumenprozente?

Martin Zarnkow: Ja, zwischen eins und zwei, dabei hat es nur einen Tag länger gegoren. Ich kann den Alkoholgehalt bei diesen Bieren auf bis zu acht Prozent steigern. Das erste ist schon etwas attraktiver, das hier ist sehr sauer.

Uwe Ebbinghaus: Es ist etwas eindimensionaler, aber nicht unangenehm.

Martin Zarnkow: Man kann auch beide zusammenschütten *(er tut es und kostet davon)*. Das passt zum Beispiel schon einmal gut zusammen.

Getreidewein in der Antike: Griechen, Römer, Kelten und Germanen

Zu Zeiten griechischer und römischer Vorherrschaft im Mittelmeerraum verlor das Bier aus unterschiedlichen Gründen an Einfluss. Es galt in beiden Kulturkreisen als Getränk für die arme Bevölkerung. Wer etwas auf sich hielt, trank Wein.

Beliebt hingegen war das Bier – antike Geschichtsschreiber überliefern das – bei den Kelten, die aber, wie eine im Jahr 2019 veröffentlichte Rückstandsuntersuchung an Gefäßen (um 500 vor Christus) aus dem burgundischen Vix am Mont Lassois deutlich macht, gerade in höheren Kreisen auch gerne Wein tranken – beides übrigens aus denselben feinen attischen Keramikschalen. Das Bier wurde wohl zum einen aus Hirse, zum anderen aus Gerste und/oder Weizen hergestellt.

Auch Spuren von Honig wurden gefunden, wobei unklar ist, ob er zur Gärung oder als Würzmittel diente.

Das Verdienst der Kelten besteht in der Kultivierung des Brauens in kälteren Regionen, in denen das Trocknen von Malz nicht allein der Sonne überlassen werden konnte. Wie Ausgrabungen im baden-württembergischen Hochdorf nahelegen (Ausführliches dazu in: *Bier. Eine Geschichte von der Steinzeit bis heute* von Gunther Hirschfelder und Manuel Trummer), verwendeten sie zum Mälzen wahrscheinlich Holzgitterkonstruktionen über Feuerstellen, die mit Torf, Kohle oder Holz genährt wurden. Damit etablierten sie eine Technik, die sich auf dem Gebiet des heutigen Deutschlands im Grunde bis in die Darren des 19. Jahrhunderts hielt und noch immer von den Brauereien *Spezial* und *Schlenkerla* in Bamberg eingesetzt wird. Beim Maischen wurden Holzgefäße eingesetzt, in welche erhitzte Steine gegeben wurden – auch dieses Verfahren hat sich bis in die heutige Zeit erhalten, und zwar beim sogenannten Steinbier, das vereinzelt noch in Franken produziert wird. Gewürzt und möglicherweise auch haltbar gemacht wurde das Bier bei den Kelten mit Kräutern.

Die Germanen – denen Tacitus in seiner *Germania* unmäßiges Trinkverhalten attestierte, durch dessen Förderung man sie wohl leichter besiegen könne als durch Waffen – übernahmen Brautechniken der Kelten. Zur Beförderung der Gärung setzten sie, die keinesfalls frühe Verfechter des Reinheitsgebots waren, Honig und wohl auch Eichenrinde sowie angegorene Früchte ein, wie archäologische Funde aus dem 1. Jahrhundert nach Christus im heute dänischen Hadersleben zeigen. Wie schon in Ägypten gehörte die Bierherstellung zu den häuslichen Aufgaben der Frauen. Bier war das Hauptgetränk bei Feierlichkeiten und Gelagen, von denen der Mythos von Walhall ein idealisiertes Abbild geben mag.

Wie immer das obergärige↗, zum Teil auch spontanvergorene↗, mit Kräutern angereicherte Bier der Germanen im Vergleich zum typisch deutschen untergärigen Hopfenbier geschmeckt hat – sprachlich stehen Großbritannien und Deutschland beim »Bier«, »beer« oder »ale« noch heute in germanischer Tradition: Im Westgermanischen sprach man, so Meußdoerffer/Zarnkow von »bior«, im Nordgermanischen von »ealu«.

Brauen im römisch-deutschen Mittelalter

Bei seiner um das Jahr 590 aufgenommenen Missionsreise traf der irische Wandermönch Columban von Luxeuil (540–615) am Bodensee auf eine Gruppe von Schwaben. In einem heidnischen Ritual für den germanischen Gott Wotan hatten sie sich um ein Fass mit Bier versammelt. Als Columban das sah und ihre Erklärung hörte, blies er umgehend mit kräftigem Atem in Richtung des Fasses. Dieses zersprang, und das Bier lief aus, so berichten es mittelalterliche Quellen. Nun zeigte sich, dass der Teufel im Fass gesteckt hatte und die Heiden durch das Bier in seine Macht bringen wollte. Columban hatte anschließend keine große Mühe, die brauenden Schwaben auf den rechten, den christlichen Weg zu führen. Dabei war der Mönch, der später Abt wurde, dem Bier an sich keinesfalls abgeneigt, ließ es selbst von seinen Ordensbrüdern brauen.

Die Schwaben-Episode ist dabei in ihrem Kern zutiefst symbolisch: Das heidnische, unorganisierte Heimbrauen gerät in die ordnenden Hände der Klöster, die das Maßhalten propagieren. Durch schriftliche Überlieferung unterrichtet, sortierten die Mönche vom frühen Mittelalter an gesundheitsschädliche und psychoaktive Pflanzen als Bierzutaten aus und führten allmählich den Hopfen als Geschmacksträger und Konservierungsmittel ein. In der Karolingerzeit entstanden Hunderte Klosterbrauereien, auf welche die Mönche, die sich oft in unwirtlichen, frisch gerodeten Gegenden niederließen, zwingend angewiesen waren.

Auch die Versorgung des wachsenden fränkischen Königshofs machte eine verlässliche Bierproduktion notwendig. Diese war von den Königsgütern zu leisten. »Die herrscherliche und monastische Bierversorgung des Karolingerreiches«, schreiben Meußdoerffer und Zarnkow, »beruhte auf der professionellen Herstellung größerer Mengen Bier durch Fachleute. So hatte man römische Organisation und Technik mit germanisch-keltischer Bierkultur erfolgreich verbunden.«

Im frühen 9. Jahrhundert machte der St. Galler Klosterplan dann bereits deutlich, welch unverzichtbare Funktion die Brauereien im mönchischen Zusammenleben innehatten. Gleich drei Braustätten waren in dem idealtypischen Grundriss eingezeichnet worden. Neben der Selbstversorgung hatten sie auch die Bewirtung von Gästen, Pilgern und Bedürftigen abzudecken.

Als es nach der ersten Jahrtausendwende verstärkt zu Städtegründungen kam und sich die hygienischen Bedingungen auf begrenztem Raum verschlechterten, wurde das Bier als saubere Alternative zum oft kontaminierten Wasser überlebenswichtig. Nun entwickelte sich auch ein professionelles städtisches Brauwesen, die ersten Schankwirtschaften öffneten.

In den Jahren 1200 bis 1400 gab es bereits ein stabiles Nebeneinander von klösterlichen und bürgerlichen Brauereien, von Hopfen- und Grut- oder Gruitbieren↗. Letztere wurden mit einer Fertigmischung aus Malz und Kräutern gebraut (der »Gru(i)t«), die in ihrer Zusammensetzung zum Teil stark reglementiert und auch besteuert wurde. Doch setzten sich langfristig die Hopfenbiere wegen ihrer längeren Haltbarkeit durch, von der schon Hildegard von Bingen schwärmte. In der Hanse konnten sich Hopfenbiere erfolgreich als Exportware etablieren. Gehandelt wurde sowohl mit einfachen »Seebieren« als auch mit stärker eingebrauten Luxusprodukten wie der Braunschweiger Mumme oder dem Einbecker Bier. Hamburg wurde zur Biermetropole.

Als Karl IV. im Jahr 1364 die Vorschrift »Novus Modus Fermentandi Cerevisiam« erließ, welche die Brauer im Heiligen Römischen Reich zur Verwendung von Hopfen verpflichtete, nahm der Anbau weiter zu – Zentren bildeten sich unter anderem in Böhmen und der Hallertau. Flexibel blieben spätmittelalterliche Brauer in der Getreidewahl. So stellte Hamburg im Jahr 1375 seine Produktion kurzerhand vom Haferbier aufs Weizenbier↗ um. Auch mit Roggen und Dinkel wurde gebraut, doch setzte sich immer stärker das Gerstenbier durch.

Hatte das obergärige Hopfenbier im Lauf der Zeit das Grutbier verdrängt, gewann ab dem 14. Jahrhundert die untergärige Brauart an Einfluss – früh schon ist sie in Nürnberg mit seinen kalten Bergkellern nachweisbar. Im Jahr 1387 wird erstmals der Stollenkeller unter der *Brauerei Schlenkerla* urkundlich erwähnt, in dem bei einer konstant niedrigen Temperatur ein für untergärige Hefen optimales Klima herrscht (siehe Kapitel »Rauchzeichen im Schlenkerla«). Als Bayern, das noch im 15. Jahrhundert Weinland gewesen war, wegen klimatischer Veränderungen zur Bierdomäne wurde, begann das in der fränkischen und Oberpfälzer Unterwelt ausgereifte Lagerbier sich kontinuierlich auszubreiten.

Reinheitsgebot und Biermoral am Beginn der Neuzeit

In der Figur des früheren Augustinermönchs Martin Luther manifestierte sich nach 1500 eine zeitgemäße Interpretation des Columban'schen Maßhaltungsgebots. Zwar war auch für Luther die Trunksucht des Teufels, im Privatleben schätzte er aber durchaus »ein Kännlein Bier«, das er »gegen den Teufel« trank – um »ihn damit zu verachten«. Im maßvollen Biergenuss, so Luthers Ansatz, konnte der Mensch in besonderer Weise demonstrieren, dass er den teuflischen Verlockungen widerstand (siehe Kapitel »Luther und das Bier«).

In Bayern war das Bier zu Beginn des 16. Jahrhunderts bereits derart populär geworden, dass es in eine herzogliche Landordnung Einzug hielt. Am 23. April 1516 wurde von den bayerischen Herzögen Wilhelm IV. und Ludwig X. in knappen Worten vorgeschrieben, dass in Bier »allain Gersten / hopffen / und wasser« gehört – eine als »Reinheitsgebot« bekannt gewordene Bestimmung, die deutschlandweit mehrmals gegen nördlich-preußischen Widerstand durchgesetzt wurde, zwei Weltkriege überlebt hat und zum Teil noch heute das aktuelle »Vorläufige Biergesetz« dominiert. Allerdings erzwang der Europäische Gerichtshof 1987 zumindest, dass ausländische Brauerzeugnisse, die das Reinheitsgebot nicht erfüllen, in ihrem Herkunftsland aber als Bier bezeichnet werden, auch in Deutschland als solches verkauft werden dürfen. Eine weitere Vorgabe kam von der EU, die in den Neunzigerjahren dafür sorgte, dass die Zusatzstoff-Zulassungsverordnung auch in Deutschland Gültigkeit erhielt.

Reproduktion der Urkunde, auf der das Reinheitsgebot von 1516 festgehalten wurde.

Der Vierd tail

das sölhs den pfarrern in vnsern lannde nit gestatt werden sol/ausgenomen was die pfarrer vnd geystlichen von aigen weinwachsen haben/vnd für sich/jr pfarrgesellen/priesterschafft vnnd haußgesynd/auch in der not den kindlpetterin vnd kranncken leüten/vnuärlich geben/das mag jne gestatt werden. Doch geuärlicher weis/von schennckhens vnd gewins wegen/söllen sy khainen wein einlegen.

Wie das Pier summer vnd winter auf dem lannd sol geschenckt vnd geprawen werdẽ

Item Wir ordnen/setzen/vnnd wöllen/mit Rathe vnnser Lanndtschafft/das füran allenthalben in dem Fürstenthumb Bayrñ/auf dem lannde/auch in vnsern Stettñ vnd Märckthen/da deßhalb hieuor kain sonndere ordnung ist/ von Michaelis biß auf Georij/ain maß oder ain kopf piers über ainen pfenning müncher werung/vnnd von sant Jörgen tag/biß auff Michaelis/die maß über zwen pfenning derselben werung/vnnd derennden der kopf ist/über drey haller/bey nachgesetzter Pene/nicht gegeben noch außgeschennckht sol werden. Wo auch ainer nit Mertzñ/sonnder annder Pier prawen/oder sonnst habñ würde/sol Er doch das/kains wegs höher/dañ die maß vmb ainen pfenning schennckhen/vnd verkauffen. Wir wöllen auch sonnderlichen/das füran allenthalbñ in vnsern Stettñ/Märckten/vnnd auff dem lannde/zů kainem Pier/merer stuckh/dann allain Gersten/hopffen/vnd wasser/genomen vnnd gepraucht sölle werden. Welher aber dise vnnsere ordnung wissenntlich überfarñ vnd nit hallten würde/dem sol von seiner gerichtzöbrigkait/dasselbig vas pier/zůstraff vnnachläßlich/so offt es geschicht/genomen werden. Jedoch wo ain Geüwirt von ainem Pierprewen in vnnsern Stetten/Märckten/oder aufm lande/yezůzeytñ ainen Emer piers/

Ein Bier außerhalb der 1516 festgelegten Zutatenbeschränkung für untergärige Biere darf in Deutschland nur gebraut werden, wenn es zuvor als »besonderes Bier« genehmigt wurde, wobei die Kriterien in den einzelnen Bundesländern unterschiedlich streng angewendet werden. In seiner Entstehungszeit war der Erlass des »Reinheitsgebots« eher eine Möglichkeit, neben der Bierqualität auch herrscherliche Einnahmen sicherzustellen, denn die Hauptzutaten waren leicht zu besteuern.

Zum Weizenbier, das in Bayern wegen seiner Konkurrenz zum Brot lange verboten war, während es in Böhmen und Hamburg bereits in größeren Mengen erzeugt wurde, fand sich in dem Erlass kein Wort. 1548 erhielt dann zunächst der Freiherr von Degenberg gegen entsprechende Abgaben die Erlaubnis, nördlich der Donau Weizenbier zu brauen. Als sein Geschlecht 1602 ausstarb, fiel das Privileg an die Wittelsbacher zurück. Herzog Maximilian I. übernahm die bereits bestehenden Weißbierbrauereien und gründete selbst neue, etwa das *Weiße Brauhaus* in Kelheim, welches später in den Besitz der Familie Schneider übergehen sollte (siehe Kapitel »Wie einmal das Weizenbier gerettet wurde«).

Einen ersten großen Überblick über die im 16. Jahrhundert vorhandene Biervielfalt gab 1575 Heinrich Knaust, der in seinem Werk *Von der göttlichen und edlen Gabe der philosophischen, hochteuren und wunderbaren Kunst, Bier zu brauen* nach Weizen- und Gerstenbieren sowie nach Weiß- und Rotbieren unterschied. Wobei sein Weißbierbegriff nicht mit dem heutigen übereinstimmt, da Knaust auch helle obergärige Biere, die keinen Weizen enthalten, darunter fasste.

Zu Zeiten der Aufklärung, im 18. Jahrhundert, kam es zu einer Zäsur beim monastischen Brauen. Die Klöster verloren in Mitteleuropa an Einfluss, 1783 schaffte Josef II. im Heiligen Römischen Reich ihre Brauprivilegien ab. Wenige Jahre später wurden während der Französischen Revolution zahlreiche Abteien zerstört. Einige Zisterzienser flohen von der Normandie in die bald darauf zu Belgien gehörende Peripherie, wo sie vier Jahrzehnte später die Produktion und den Verkauf von Bier aufnahmen, um ihr Überleben zu sichern. Nach dem Ersten Weltkrieg kreierten dann einige dieser damals entstandenen Klöster die heute weltbekannten Trappistenbiere↗ (siehe auch Belgien-Kapitel).

Vom Industrie- zurück zum Craftbier

Fast zeitgleich zur zaghaften Wiederaufnahme des klösterlichen Brauens in den 1830er-Jahren begann die Ära des industriell erzeugten Biers – verstärkt wurden Kohle und Dampfmaschinen in der Produktion eingesetzt. Bier konnte jetzt in vielfacher Menge hergestellt und über größere Entfernungen hinweg transportiert werden. Auf der ersten deutschen Eisenbahnstrecke zwischen Nürnberg und Fürth war Bier 1836 das erste Frachtgut.

Englische Innovationen bei der Malzherstellung, die durch die spionageartigen Studienreisen der Brauersöhne Gabriel Sedlmayr aus München (*Spaten Brauerei*) und Anton Dreher aus Schwechat bei Wien in den deutschsprachigen Raum gelangten, beförderten neue Bierstile. Anton Dreher entwickelte aus seinen Reisebeobachtungen 1841 das bernsteinfarbene Wiener Lager, und auch Gabriel Sedlmayr unternahm Versuche mit hellen Lagerbieren, die als Neuinterpretation des Märzenbiers auf dem Oktoberfest gut ankamen.

Im Zusammenhang mit der Kombination von hellem Malz und untergäriger Hefe ist auch die Erfindung des Pils-Stils 1842 durch den bayerischen Braumeister Joseph Groll im böhmischen Pilsen zu sehen (siehe Tschechien-Kapitel). Wobei aus der Münchner Interpretation dieser Pilsener Brauart 1894, wenige Jahre nach Gabriel Sedlmayrs Tod, das »Spaten Hell« und damit jener Bierstil entstand, der im heutigen Deutschland dem Pils zunehmend den Rang abläuft. Zur schnellen Verbreitung der neuen Bierstile im 19. Jahrhundert trug bei, dass sich das Trinkglas durch Massenproduktion in der Gastronomie durchsetzte. Es verhalf hellem Bier zu maximaler Geltung.

Weitere das Brauwesen revolutionierende Erfindungen kamen in der zweiten Hälfte des 19. Jahrhunderts aus der Naturwissenschaft. 1861 entdeckte Louis Pasteur die Bedeutung der Hefe für die alkoholische Gärung, 1864 entwickelte er die Pasteurisation – ein aromaschonendes Erhitzungsverfahren, das Biere noch besser transportabel und lagerfähig machte.

In den frühen 1870er-Jahren erfand Carl von Linde in enger Abstimmung mit der Münchner *Spaten Brauerei* eine Kältemaschine (Ammoniakkompressionsmaschine), die ganzjähriges Brauen ohne

Felsenkeller oder Natureiskühlung möglich machte und zu einer weiteren Verbreitung untergäriger Biere beitrug. Dem dänischen Botaniker Emil Christian Hansen gelang es im Jahr 1883, eine untergärige Hefe zu isolieren und eine Reinhefezucht in die Wege zu leiten, auf deren Grundlage unerwünschte fermentierende Mikroorganismen aus dem Brauprozess ausgeschieden werden konnten. Hinfort war es möglich, einen bestimmten Biergeschmack verlässlich zu reproduzieren.

Die beiden Weltkriege führten zu einem weitreichenden Brauereiensterben in Mitteleuropa. Nur schleppend gelang es dem deutschen Brauwesen, sich aus der Mangelwirtschaft herauszuarbeiten (siehe das Interview mit Ludwig Narziß im nächsten Kapitel).

Der Produktion von qualitativ hochwertigem und zugleich günstigem Bier wurde anschließend ein derart großer Stellenwert beigemessen, dass es zu einer Reduzierung der Sortenvielfalt und zuweilen auch der geschmacklichen Komplexität kam. In den Vereinigten Staaten, wo fast nur Großbrauereien die Prohibition überlebt hatten, war diese Entwicklung besonders ausgeprägt. Hier formierte sich Ende der 1970er-Jahre Widerstand gegen den blassen Einheitsbiergeschmack, angeführt von Kleinstbrauern, denen Präsident Jimmy Carter kurz zuvor das Heimbraurecht zugesprochen hatte, worauf es zu einer Gründungswelle von Kleinbrauereien kam. Einige der frühen *microbreweries*, wie *Sierra Nevada* oder *Boston Beer Company*, gehören heute zu den größten Brauereien der USA.

Die Craftbeer-Bewegung, die sich stark von der belgischen Bierkultur inspirieren ließ, breitete sich in den 1990er-Jahren zunächst rasant in Amerika aus, erst zu Beginn des 21. Jahrhunderts erreichte sie Europa. In Deutschland fasste sie in den 2010er-Jahren Fuß. Dass in den Bierkesseln deutscher Craftbrauer, ob in Schwaben oder anderswo, der Teufel sitzt, glauben aber nur die allerstrengsten Verfechter des Reinheitsgebots, gegen das die Kreativbrauer in begründeten Fällen ganz bewusst, freilich im Rahmen der Lebensmittelgesetzgebung, verstoßen (siehe Craftbier-Kapitel). Schlimmstenfalls dürfen sie ihr »durch Gärung stärkehaltiger Stoffe gewonnenes« Bier nicht »Bier« nennen.

Wie hat sich der Biergeschmack in den letzten hundert Jahren verändert?

Ludwig Narziß (1925–2022) war die überragende Identifikationsfigur der deutschen Brauer, manche nannten ihn ehrfurchtsvoll »Bierpapst«. In einem Gespräch blickte er 2016 auf sein vom Bier geprägtes Leben zurück.

Herr Narziß, Bier war in der ersten Hälfte des zwanzigsten Jahrhunderts Grundnahrungsmittel in Bayern und wahrscheinlich auch in Deutschland insgesamt. Wie muss man sich in Ihrer Münchner Kindheit Bier im Alltag vorstellen? Es wurde ja auch während der Arbeitszeit getrunken – welcher Alkoholgehalt war da eigentlich im Spiel?

Handwerker, vor allem Maurer, hat das Bier den ganzen Tag über begleitet. Es gibt von Ludwig Thoma eine schöne Geschichte über den »alten Eckmaurer«, die das gut wiedergibt. Während meiner Brauerzeit gab es zur Brotzeit einfach eine Maß Bier, zum Mittagessen gab es auch eine, und das Bier hatte damals schon fünf Prozent Alkohol. Aber das hat man wieder weggearbeitet. Und abends gab es auch mindestens ein, zwei Halbe. Bier hat damals zur Ernährung beigetragen. Bis 1930 überwog in Bayern das dunkle Bier – und das passt eigentlich zu jeder Brotzeit. Nur langsam hat sich das Helle durchgesetzt. Vor dem Krieg hielten sich beide die Waage.

Hat man den Menschen das Bier im Alltag angemerkt?

Nein, hat man nicht.

Worin sehen Sie die Hauptgründe für eine Veränderung des Trinkverhaltens?

Vor allem in der Alkoholgesetzgebung. Wenn Sie heute mit 0,3 Promille unterwegs sind und werden unschuldig in einen Unfall verwickelt, müssen Sie schon erhebliche Sanktionen in Kauf nehmen. 1975 hatten wir in Deutschland ein Maximum von hundertfünfzig Litern Bier pro Kopf im Jahr erreicht, und es dümpelte so dahin bis 1993. Da setzte dann der Abschwung ein. Heute kommt hinzu, dass ein Teil unserer Bevölkerung, viele Zuwanderer, kein Bier trinken. Und die Jugend ist heute wegen der Vielfalt an süßlichen Getränken auch nicht mehr so ohne Weiteres fürs Bier zu begeistern. Vielen ist es zu bitter. Das ist auch ein Grund dafür, dass der Bitterstoffgehalt beim Hellen immer weiter zurückgegangen ist. Hinzu kommt noch das gestiegene Gesundheitsbewusstsein. Es wird ja immer wieder gesagt, dass Bier nicht gesund sei. Weil es Alkohol enthält, dürfen ja auch seine positiven Eigenschaften nicht belobt werden.

Wie hat sich der Biergeschmack in Bayern und in Deutschland insgesamt seit den Vierzigerjahren verändert? Gab es verschiedene Etappen?

Im Grund müsste man mit den Fünfzigerjahren beginnen, denn erst 1949 gab es wieder normalprozentiges Bier. Im Krieg, Winter 1939/40, haben wir nur noch 9,5 Prozent Stammwürze↗ statt vorher elf bis zwölf gehabt. Die ist laufend runtergegangen bis auf 3,5 Prozent zu Kriegsende. Nach dem Krieg hatten wir in Bayern zuerst 1,7 Prozent Stammwürze, das entsprach ungefähr 0,5 Prozent Alkohol, in Baden-Württemberg und in anderen Ländern nur 0,6 Prozent Stammwürze. Dort durfte auch Molke und so weiter verwendet werden, um überhaupt etwas Vergärbares zu haben. In Bayern wurde die Regelung 1948 aufgehoben, weil die Leute sagten: Ich gebe meine D-Mark nicht für dieses dünne Gesöff aus. Anschließend hat man uns 8 Prozent Stammwürze zugebilligt, erst 1949 wurde die Stammwürze freigegeben. Es wurden die alten Vorkriegsrezepte wieder verwendet, und es wurden wirklich tolle Biere gemacht. In den Fünfzigerjahren haben wir wieder

Vorkriegsqualität erreicht. Es gab Helles, es gab Export und relativ viel Märzen, das war der Ausdruck für stärkeres Bier. Es gab immer noch kein Pils. Schnell kamen die Oktoberfestbiere und die Bockbiere zurück.

Zur Veränderung des Geschmacks: Die Brauereien sind irgendwann modernisiert worden, man hat dann nicht mehr so ganz auf die drei Monate Lagerzeit abgezielt, Mitte der Sechziger kamen Gärverfahren bei höheren Temperaturen auf, um das Bier in drei bis vier Wochen fertigzustellen. Das hat allerdings nur mit einer gut geführten Hefewirtschaft tadellos geklappt.

Wie hat sich der Hopfengeschmack in dieser Zeit verändert?

Früher gab es nur Aromahopfen: Hallertauer, Spalter, Tettnanger, Hersbrucker, die alten Sorten. Von 1960 an kam die Bittersorte Northern Brewer aus England beziehungsweise den Vereinigten Staaten zu uns, bei der hat man nur die halbe Hopfengabe↗ benötigt. Der Hopfen hat aber nicht nur Bitterstoff und Öle, er hat auch Polyphenole, also Gerbstoffe, und er hat Eiweiße und Mineralstoffe. Das heißt, wenn ich die Hopfengabe erniedrige, habe ich auch weniger Vollmundigkeit. Das Phänomen war im Norden stärker ausgeprägt als in Bayern. Die Bayern haben weitgehend auf dem Aromahopfen beharrt. Ich habe mal eine Tabelle erstellt, die zeigt: 1985 hatten wir im Hellen noch 11,7 Prozent Stammwürze und 26 Bittereinheiten↗, im Pils 12,2 Prozent Stammwürze und 39 Bittereinheiten, im hellen Bock noch 36 Bittereinheiten, das Dunkle hatte auch 25 bis 27 Bittereinheiten. Die sind heute alle niedriger. Das Dunkle liegt bei 20/21, Pils-Biere sind in Bayern nach wie vor relativ hoch angesiedelt bei 32 bis 36, aber das Helle liegt nur noch zwischen 15 und 22, keinesfalls mehr höher.

Helle Biere sollten wieder bitterer werden?

Das würde aber auch bedeuten, dass man sich bei den anderen Bieren höher zu gehen traut. Vielleicht hilft das Craftbier dabei.

Noch mal zurück zum Pils. Sie sagten, das kam erst in den Fünfzigern nach Bayern, dabei wurde es ja schon 1842 von einem Bayern in Pilsen erfunden.

Ja, in Südbayern gab es überhaupt kein Pils, in Nordbayern, daran war ich auch beteiligt als junger Betriebsberater, wurde es in den Fünfzigerjahren langsam eingeführt. In Norddeutschland war das Pils schon vor dem Krieg verbreitet. Damals hieß das noch »Deutsches Pilsner«. Die Export-Biere hat man zunehmend weniger beachtet und beworben. Nur die Dortmunder haben sehr lange auf ihrem Export-Bier beharrt, das hat ihnen aber nicht gutgetan. Dadurch sind die Sauerländer Brauereien groß geworden. Man muss sich das vorstellen: Das Ruhrgebiet war damals stark von Luftverschmutzung betroffen. 1957 war ich mal droben, da musste ich am Tag zweimal das Hemd wechseln. Und dann kamen aus dem Sauerland, aus der ungestörten Natur, plötzlich die Pils-Biere. Das war deren große Chance. Das Export-Bier wurde verdrängt. In Bayern wird im nördlichen Teil heutzutage ungefähr fünfzig Prozent Pils getrunken, in Südbayern deutlich weniger. Hier ist der Anteil des Weißbieres höher. Leider ist auch das Export-Bier stark abgefallen. In Norddeutschland gab es dann vor allem Flensburger, erst in den Sechzigerjahren kam das Jever auf.

Warum ist das Pils so erfolgreich geworden, auch international?

Vielleicht hat man irgendwann als Bierkenner gegolten, wenn man Pils getrunken hat *(lacht)*. Ins Ausland wurde zunächst mehr das Export geschickt. Wenn ich an Holland denke, Frankreich, die haben helle Exportbiere mit fünfundzwanzig Bittereinheiten bezogen. Die Münchner Brauereien waren in Frankreich und Belgien stark mit hellem und dunklem Bock vertreten. Nach Italien und in die Vereinigten Staaten wurde ein etwas stärkeres Export geliefert. Heute bekommen alle entweder Helles und Weizen aus Bayern oder Pils aus Norddeutschland.

Sie haben Standardwerke über das Bierbrauen geschrieben. Wie hat der von Ihnen begleitete technische Fortschritt das Bier und den Brauer verändert? Fühlen Sie sich als Zauberlehrling?

Nein. Ich habe vor allem Nachschlagewerke geschrieben, in denen es um die Grundlagen geht. Es gibt ganz viele Tabellen in meinen Büchern. Man kann aufgrund von Grafiken ersehen, wie man im Brauprozess was beeinflussen kann. Wir haben immer die Qualität in den Vordergrund gestellt. Aus meinen Büchern ist abzuleiten, wie man mit der modernsten Technik jede Geschmackstönung eines Bieres darstellen kann. Der Brauer ist durch die moderne Technik mitnichten eingeschränkt. Es sei denn, er übernimmt sich mit seiner Brauerei derart, dass er sagt: Ich muss mit einem Sudwerk zwölf bis vierzehn Sude am Tag machen. Dann kann man nicht mehr viel ausrichten. Wenn er sich aber zehn Prozent mehr Zeit gönnt, hat er ganz andere Operationsmöglichkeiten.

Wie sehen Sie die Rolle des Craftbiers?

Ich als Bierbrauer sehe das als tolle Herausforderung. In den Vereinigten Staaten schmeckten von den Siebzigerjahren an die Biere irgendwann alle gleich. Es gab ein Lager-Bier mit dreißig bis vierzig Prozent Rohfrucht [unvermälztes Getreide] und immer weniger Hopfengaben. Man hat sich gegenseitig überboten in der Reinheit der Biere, aber am Schluss haben sie nach rein nichts mehr geschmeckt. Dann kam noch das Light-Bier hinzu, das ganz hoch vergoren war, das war noch neutraler. Anfang der Neunziger kam nun das Craftbier auf. Ich war mal 1994 in Denver, das war ein ganz buntes Völkchen. Die haben ganz tolle Produkte angeboten. Es hat dann aber noch eine Zeit gedauert, bis die Craftbrauer sich auf dem Markt durchsetzen konnten. In Deutschland ist es allerdings so, dass wir eine Vielfalt schon aus den Brauereien selbst haben. Diese Biere kommen bloß nicht alle in den Markt, weil sie mit den Regalgebühren in den Supermärkten und all diesen Dingen nicht zurechtkommen. Ich ärgere mich jedes Mal, wenn ich im Supermarkt nach einem Pils aus München suche. Nicht einmal in Freising bekommen Sie überall ein »Weihenstephaner Pils« oder eines aus dem *Gräflichen Hofbrauhaus*. Der Handel hat die Zahl der Biere, die das Publikum täglich sieht, stark beschnitten. Und jetzt hält man uns vor, dass wir genauso langweilig sind wie die Amerikaner.

Aber es stimmt schon: Bei uns hat sich alles etwas eingefahren gehabt auf die gewohnten Biersorten. Jetzt kommen die Craftbrauer mit ihrem gestopften Hopfen daher und bereichern das Angebot. Ich zum Beispiel bin kein Weizenbiertrinker. Aber mit einem gestopften Hopfen drin – damit können Sie mich auch kriegen. Das ist einfach etwas Urtümliches. Die Craftbrauer werfen ja oft in den Lagertank ein Kilo Hopfen pro Hektoliter hinein. Was das kostet! Auch von den Verlusten her: Der Hopfen saugt ja eine Menge Bier ein, das bekommen Sie dann nicht mehr heraus. Aber da ist eine tolle Entwicklung im Gang. Die Craftbrauer sind mutig. Die hauen auch mal einfach zehn Prozent helles Karamellmalz↗ in ein Bier hinein. Das gibt eine völlig andere Note.

Wenn Sie heute junger Brauer wären – was würden Sie sich für sich und das Bier wünschen?

Dass es so bleibt wie bisher, mit dem erweiterten Feld der Craftbiere.

So kam der Mönch zum Bier

Früher gab es Hunderte Klosterbrauereien in Deutschland. Übrig geblieben sind nur wenige, aber acht deutsche Klöster brauen noch heute. Was Bier und Mönch gemeinsam haben.

Von Tillmann Neuscheler

Das weltliche Bier und der heilige Mönch – wie sind die beiden eigentlich zusammengekommen? So ganz stimmig ist es ja nicht, dass ausgerechnet Kirchenmänner Deutschlands Rauschgetränk Nummer eins über Jahrhunderte in ihren Sudkesseln gekocht und gepflegt haben. Wer bei Kirche an Sittenstrenge und Maßhalten denkt, dem kommt die Verbindung von Braukultur und Klöstern irgendwie spanisch vor. Doch der Mönch ist im Laufe der Zeit geradezu das Symbol für den Beruf des Brauers geworden.

Auf Etiketten und Bierdeckeln ist er heute omnipräsent. Oft aber ist es nur ein Marketingmönch, der da abgebildet ist. So wirbt das bekannte *Franziskaner*-Bier zwar mit einem Ordensmann auf dem Etikett, es ist aber kein Bier aus dem Kloster. War es auch noch nie. In früheren Zeiten lag die Brauerei einmal schräg gegenüber einem Franziskanerkloster in München. Das ist lange vorbei, heute gehört die Marke zum weltgrößten Braukonzern *Anheuser-Busch Inbev* (*Budweiser*, *Beck's*, *Corona*, *Stella Artois*), und das Bier wird von der *Spaten-Löwenbräu-Gruppe* abgefüllt. Auch das *Paulaner*-Bier aus München ist kein Klosterbier – ging aber immerhin aus einem hervor. Heute gehört es großenteils der weltlichen *Schörghuber-Unternehmensgruppe*.

Tatsächlich aber gibt es eine alte klösterliche Brautradition in Deutschland. In der Blütezeit, im 18. Jahrhundert, brauten Mönche (und manchmal auch Nonnen) in rund dreihundertfünfzig Klosterbrauereien Bier, die meisten davon in Bayern. Heute wird nur noch von acht Ordensgemeinschaften in Deutschland Bier gebraut, meist unter erheblichem Einsatz von Nichtmönchen.

Gebraut und abgefüllt am eigenen Standort und in wirklicher Eigenregie ohne Kooperationspartner wird noch im bayerischen Benediktinerkloster Andechs, im Franziskanerkloster Kreuzberg und im Frauenkloster der Franziskanerinnen in Mallersdorf – bekannt für seine Brauereimeisterin Schwester Doris. Auch in den Benediktinerklöstern Ettal und Scheyern gibt es noch eigene, authentische Klosterbrauereien. Dort wird aber nur ein kleiner Teil des Bieres gebraut und lokal vermarktet.

Die überregional angebotenen Biere der Marke *Scheyern* werden hingegen in Lizenz »nach speziellen Vorgaben und mit Gottes Segen«, wie es auf der Homepage heißt, von der *Tucher Privatbrauerei* gebraut; das Kloster Ettal kooperiert mit der hessischen *Licher Brauerei*. Die Brauerei im Benediktinerkloster Weltenburg wird seit 1973 von der Regensburger *Brauerei Bischofshof* geführt, die zur Diözese Regensburg gehört. Das Weltenburger Klosterbier wird im Kloster gebraut, später aber in Regensburg abgefüllt.

Auch Wiedereinsteiger wie die Zisterzienserabtei Marienstatt gibt es, die seit 2004 wieder eine kleine eigene Hausbrauerei betreibt. Komplizierter ist es bei der *Klosterbrauerei Reutberg*, die seit 1924 von einer Genossenschaft geführt wird, in der das Franziskanerinnenkloster Mitglied ist. Bis vor Kurzem wurde auch in der *Klosterbrauerei Ursberg* noch Bier gebraut, doch der Betrieb am Stammsitz wurde aufgegeben, künftig werde das Ursberger Bier von der *Lindenbrauerei* in Mindelheim gebraut, teilte eine Schwester der St. Josefskongregation 2022 mit.

Daneben gibt es noch andere Kooperationen wie die zwischen dem *Riedenburger Brauhaus* und der Benediktinerabtei Plankstetten, die Gerste aus ihrem Biolandbetrieb zuliefert. Auch sonst gibt es eine Reihe von Brauereien, die heute zwar nicht mehr zu einem Kloster gehören, aber zumindest einmal von Mönchen gegründet wurden. Zum

Beispiel die Brauerei in Weihenstephan, früher Teil der Benediktinerabtei, heute ganz schnöde im Besitz des Landes Bayern.

Die mit Abstand größte deutsche Klosterbrauerei ist *Andechs* – weltbekannt vor allem für den gepriesenen und von manchen auch wegen seiner Wirkung gefürchteten Doppelbock, ein würziges Starkbier↗. Im Mutterkloster St. Bonifaz und in Andechs lebten 2024 noch dreizehn Mönche. Sie brauen zwar nicht (mehr) selbst, haben aber das Sagen. Gemeinsam wird entschieden – jeder Mönch hat eine Stimme, nur der Abt darf nicht mitvotieren. In der Brauerei arbeiten rund fünfundzwanzig weltliche Mitarbeiter und brauen unter der Obhut der Mönchsgemeinschaft Jahr für Jahr mehr als hunderttausend Hektoliter Bier auf dem »Heiligen Berg« – das entspricht rund einer Million Kästen, wobei ein Teil auch in Fässer abgefüllt wird. Das klingt groß – aber mit den wirklich großen Biermarken kann das Kloster Andechs nicht mithalten und will es auch nicht. Marken wie *Krombacher* und *Oettinger* produzieren jeder für sich die fünfzigfache Menge im Jahr.

Geschäftstüchtig sind die Mönche in Andechs aber allemal. Dass ihr Bier teurer ist als das der Konkurrenz, darauf scheint die Brauerei fast stolz: »Wir sind Preisführer«, sagt Martin Glaab, der Pressesprecher des Klosters. Als eine Andechser Bio-Molkerei den Namen »Andechs« für Butter, Milch und Joghurt zu nutzen begann, gingen die Mönche sieben Jahre lang juristisch vor mehreren Gerichten dagegen vor, weil sie der Ansicht waren, der Name habe ursprünglich allein ihren »Heiligen Berg« bezeichnet. Das Kloster verlor. Der Abt des Klosters sprach später in einem Interview davon, das Kloster habe sich um sein »Markenportfolio« kümmern müssen.

Ende der Sechzigerjahre – der letzte selbst brauende Mönch ging 1968 in Rente – stand die Brauerei in Andechs einmal fast vor dem Aus. Die Technik war veraltet, und die Mönche dachten darüber nach, die Brauerei zu schließen. Dann aber haben sie sich doch anders entschieden und ordentlich investiert. Zwischen 1971 und 1983 wurde am Fuße des Berges eine komplett neue Brauerei erbaut. Das hat sich rentiert – bis heute erwirtschaftet die Brauerei die Gewinne, mit denen das Kloster sich und seine Obdachlosenarbeit finanziert.

Wie aber kamen die Klöster eigentlich zum Bier? Mönche haben das Bier nicht erfunden. Jesus verwandelte Wasser in Wein, nicht in

Bier. Auch ist das Christentum in römischer Zeit in einer stark vom Wein dominierten Kultur groß geworden. Und so war Bier in der christlichen Kultur anfangs nicht besonders geachtet, auch wenn es sicherlich getrunken wurde.

Nördlich des Limes war es meist zu kalt für den Weinbau, die Germanen brauten schon lange; Irland und Schottland waren keltisch geprägt, und die Kelten mochten das Bier. Von dort aus zogen auch die Mönche Columban und Gallus im Jahr 590 los, um die Heiden im heutigen Frankreich und Deutschland zu missionieren. Das gelang, auch weil sie von den Merowingern unterstützt wurden, die sich gelehrte Untertanen wünschten. Mönche konnten oft schon lesen und schreiben, während die Mehrheit des Volkes aus Analphabeten bestand. Viele Klöster bekamen Schulen, an denen Kinder Lesen, Schreiben und Rechnen lernen konnten. Das tat den angrenzenden Ländereien gut: Die Mönche rodeten Wälder, legten Moore trocken, führten die Dreifelderwirtschaft ein und vergaben Kredite. Mit fortschrittlichen Methoden machten sie die Wildnis urbar. Klöster waren auch große Wirtschaftsbetriebe, oft lebten – anders als heute – über hundert Mönche in einer Gemeinschaft zusammen, dazu kamen viele Laien. Gemäß der Ordensregel des heiligen Benedikt sollten die Mönche alles, was sie brauchten, möglichst innerhalb der Klostermauern selbst schaffen. Zudem sollten sie sich an die örtlichen Gegebenheiten anpassen, in kalten Gegenden also eher Gerste statt Wein anbauen.

Um sich selbst zu versorgen, brauten Mönche in den neuen Klöstern für ihre Gemeinschaften auch Bier, das bereits im Mittelalter wegen seiner langen Kochzeit als sicheres Getränk galt. Anfangs für den Eigenbedarf (»Flüssiges bricht das Fasten nicht«) und für Pilger, später aber auch für den Verkauf an die Menschen in der Umgebung. Zwar gab es immer auch die Verteufelung des übermäßigen Trinkens, aber Mönche hatten eigentlich sowieso in allen Bereichen Maß zu halten. Bier war nahrhaft, und damals enthielt es etwas weniger Alkohol als heute, anders sind die großen Mengen, die jedem Mönch täglich zustanden, nicht erklärbar. Ein bisschen Hedonismus war aber wohl auch im Spiel, zumindest deuten wissenschaftliche Untersuchungen von Knochen in klösterlichen Gräbern darauf hin, dass Übergewicht bei Mönchen im Mittelalter häufig vorkam. Der heilige Benedikt hat in seinen Regeln für das Leben im Kloster eigens ein Kapitel über »das Maß des Getränkes« verfasst. Doch darin bleibt er reichlich vage, wie viel Bier einem Mönch denn wirklich erlaubt ist: »der eine so, der andere so«, heißt es dort ganz weise.

Zum Grundmuster für mittelalterliche Klöster wurde ein Plan, den sich Mönche auf der Bodenseeinsel Reichenau um das Jahr 820 ausgedacht haben – später wurde er als »St. Galler Klosterplan« weltbekannt. Er zeigt, wie sich die Mönche damals ein ideales Kloster im Grundriss vorstellten: mit Kirche, Kreuzgang, Schlafsälen, Küchen, Waschräumen, Schule und Hospital. In dem Plan – der wohl in keinem Kloster vollständig realisiert wurde, aber oft in Teilen – sind darüber hinaus insgesamt drei Braustätten eingezeichnet.

Das zeigt, welch große Bedeutung das Bier für die Mönche in jener Zeit besaß. Später waren es die Zisterzienser, die halfen, den Hopfen als Bierwürze populär zu machen; ihnen gefiel seine Bittere, und außerdem machte der Hopfen das Bier länger haltbar. Die Germanen würzten gerne mit Gagel und Eichenrinde. Und weil das Bier zu jener Zeit gelegentlich auch psychoaktive Pflanzen wie Schlafmohn und Bilsenkraut enthielt, waren die Menschen wahrscheinlich froh, wenn sie sachgerecht gebrautes Bier von gelehrten Mönchen in den Klöstern kaufen konnten.

Die Blütezeit der Klosterbrauereien kam im Jahr 1803 mit der Säkularisation zu einem jähen Ende: Viele Klosterbrauereien wurden verstaatlicht und manche später an Privatunternehmen verkauft (etwa *Paulaner* und *Augustiner*), etliche wurden stillgelegt. Und von den wenigen, die überlebten, gingen auch später noch manche ein, so die *Klosterbrauerei Sankt Marienstern* in Sachsen, die immerhin bis 1973 durchhielt.

Einfach werden es die verbliebenen Klosterbrauereien auch in Zukunft nicht haben. Viele Orden haben Nachwuchsprobleme. Außerdem trinken die Deutschen immer weniger Bier – der Pro-Kopf-Verbrauch sinkt seit Jahren. Damit kämpfen auch die großen weltlichen Braukonzerne, bei denen zunehmend Kapazitäten ungenutzt bleiben. In der Not kommen neue Ideen auf. So kooperiert das Kloster Ettal inzwischen mit dem *Bitburger*-Konzern beim Brauen von Weißbier. Gemeinsam haben sie das Unternehmen *Benediktiner Weißbräu GmbH*

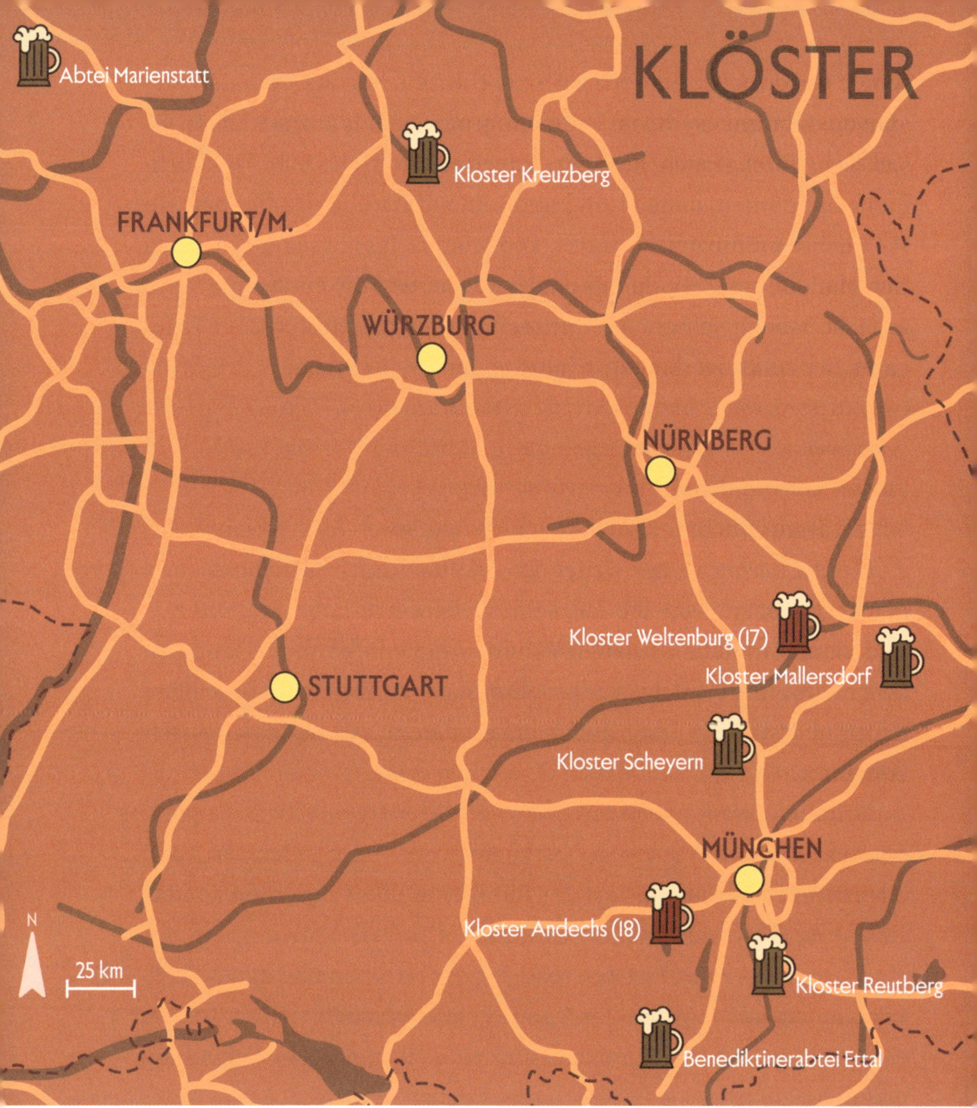

gegründet. Weil das Bier zum Teil in der hessischen *Licher Brauerei* (die zur *Bitburger*-Gruppe gehört) produziert wird, musste sich das Kloster vom *Bayerischen Rundfunk* den Vorwurf gefallen lassen, das Bier sei eine »Mogelpackung«. Die Mönche wehrten sich. Kooperationen seien völlig normal in der Branche, man habe einfach nicht genug Kapazität in Ettal, zudem trage das *Benediktiner*-Weißbier neben Ettal auch nicht die Bezeichnung »Kloster« auf dem Etikett.

Ob Kooperationen wie diese die Zukunft sind? Die größte Klosterbrauerei in Andechs jedenfalls will selbstständig bleiben, sagt Martin

Glaab. Ganz sachte haben die Mönche ihr Biersortiment in den vergangenen Jahren an die neue Zeit angepasst. Im Jahr 2016 haben sie sich dazu durchgerungen, erstmals auch alkoholfreies Bier↗ ins Sortiment zu nehmen, danach sind noch ein naturtrübes Radler und ein Weizenbock↗ hinzugekommen. Die Mönche lassen sich bei solchen Entscheidungen Zeit, das alkoholfreie Bier war die erste neue Sorte seit fast zwanzig Jahren. Aber Schnelligkeit ist im Kloster keine Kategorie. Benediktiner denken in Jahrhunderten, heißt es.

Hans Wächtler: Von den echten deutschen Klosterbieren sind die berühmtesten sicher der »Weltenburger Asam Bock« und der »Andechser Doppelbock«, beides sehr schwere, dunkle, untergärige Biere mit mehr als sieben Volumenprozent Alkohol. Sie passen besonders gut zu kräftigen oder süßen Speisen. Setzt man diese Biere richtig ein, kann ein Essen ungemein gewinnen, was zugleich das Bier aufwertet.

Beim »Weltenburger Asam Bock« (17), der eigentlich ein Doppelbock ist, empfehle ich einen Obstkuchen, entweder gedeckten Apfel oder Birne. Das Karamellige des Biers kann hier sehr schön auf das süß-saure Geschmacksspiel des Kuchens antworten. Hinzu kommt eine Harmonie zwischen den röstigen Backaromen und den Kaffee-Röstaromen aus dem dunklen Doppelbock. Man sollte sich das in dem einzigartigen, von Klostermauern umringten Biergarten in Weltenburg wirklich trauen: Bier statt Kaffee zum Kuchen.

Zum »Andechser Doppelbock« (18) ist ein Apfelstrudel mit Vanillesauce oder Vanilleeis immer ein Erlebnis. Das Aromenspiel ist ähnlich wie beim »Asam Bock«.

Beide Doppelböcke kann man auch gut mit kräftigen Braten kombinieren, mit Sauerbraten, Hirschbraten, einer Kalbshaxe oder Lammkarree. Die Süße des Biers harmoniert mit der Röstigkeit des Fleischs, und auch die Aromapalette der Saucen von süß-sauer bis hin zum Dörrobst korrespondieren hervorragend mit entsprechenden Tönen im Doppelbock. Das Pairing mit einem kräftigen Braten ist nicht ganz so aufregend wie mit einer Süßspeise, aber das Ergebnis ist schön rund.

Craftbier

»Wie Hippiemusik«: Besuch bei einem Wanderbrauer

Der Craftbrauer Sebastian Sauer bereist die ganze Welt auf der Suche nach Inspiration für neue Bierrezepte. Vom Reinheitsgebot fühlt er sich gehemmt, er macht lieber Bier mit Heidekraut, Mango und Fichtenzweigen. Ein Besuch am Sudkessel.

Auf dem etwas heruntergekommenen Bahnhof von Hagen steigt in Richtung des Stadtteils Dahl nur ein einziger Fahrgast zu, ein Angler. Später wird er in dem Flüsschen Volme seine Köder auswerfen. Wir aber sind auf dem Weg zu anderen Wassern und schlagen den Weg zu einer kleinen westfälischen Privatbrauerei aus dem Jahr 1877 ein. Bekannt ist die *Vormann Brauerei* unter anderem dafür, Craftbrauern ohne eigene Anlage, aber mit dem Kopf voller Ideen, ein vorübergehendes Versuchslabor zu bieten.

Von zwei Seelen in seiner Brust spricht der immer zum Lachen aufgelegte Inhaber Christian Vormann bei der Begrüßung in seinem Büro. Und seine Zwiespältigkeit fällt auch gleich ins Auge: Während über dem Eingang seiner Brauerei »Hopfen und Malz, Gott erhalts« steht und am Gebäude eine Plakette mit Bekenntnis zum Reinheitsgebot haftet, werden in seinen Sudkesseln, die meistens Pils und Alt↗ hervorbringen, von Craftbrauern wie Sebastian Sauer Fruchtbiere oder gewürzte Sauerbiere zubereitet – alkoholische Getreidetränke, bei denen der Bayerische Brauerbund die Verbotskelle heben würde. Andere Bundesländer sind liberaler und genehmigen die Erzeugung sogenannter »besonderer Biere«, die aber nach Möglichkeit traditionellen deutschen Rezepten aus den Jahren vor 1516 folgen sollen.

Der Eingang der *Vormann Brauerei* in Hagen-Dahl.

An diesem kalten Märztag bereiten Sebastian Sauer und drei befreundete polnische Brauer, die sich *Kingpin* nennen, gerade ein Bier zu, von dem beim Einmaischen↗ noch unklar ist, ob es dem deutschen Reinheitsgebot gehorchen wird. Ein Einmachkessel zum Erhitzen von Früchten steht schon mal bereit. Heißen soll das Bier Grätzhainer, weil es eine gleichberechtigte Mischung der alten deutschen Biersorte Lichtenhainer mit dem polnischen Weizenbier Grätzer verkörpern soll. Wobei das Ganze schon insofern ein bemerkenswertes Experiment ist, als beide Biere auch für sich genommen ungewöhnlich sind. Während das Grätzer eichengeräuchertes Weizenmalz verwendet und bei nur 3,3 Volumenprozent Alkohol auf ganze sechzig Bittereinheiten kommt (das ist fast doppelt so bitter wie ein normales deutsches Pils), ist das ursprünglich aus der Nähe von Jena stammende Lichtenhainer säuerlich und rauchig.

Warum gerade das Verhältnis fünfzig zu fünfzig, ist das nicht unoriginell? Sebastian Sauer, Jahrgang 1987, ein großer, selbstbewusster Mann mit offenem Blick und rheinischer Sprachmelodie, der bereits seit 2009 als Craftbrauer im Geschäft ist, sagt abwinkend: »Das wird schon.« In seiner Konzentriertheit strahlt er zuweilen eine gewisse professionelle Ungeduld aus: Haltet mich bitte nicht auf, wenn ihr nicht so viel über Bier nachdenkt wie ich. Sauer hat mit Anfang zwanzig ein Importunternehmen für Craftbier und die Marke *Freigeist Bierkultur* gegründet, mit dem Craftbrauer Peter Esser hat er in der *Braustelle* in Köln zusammengearbeitet. Seit 2015 ist er komplett selbstständig und international inzwischen vor allem für seine ausbalancierten Biere mit ungewöhnlichen Zutaten bekannt, bei denen er, wie auch bei seinen anderen Brauerzeugnissen, zum Teil historische Rezepte variiert. Bei einer Jahresproduktion von zweitausend Hektolitern verkauft er fünfzig Prozent seiner Biere ins Ausland. Mit den meisten seiner oft säuerlichen Erzeugnisse macht er nicht nur seinem Nachnamen Ehre, sondern besetzt auch geschickt das Feld, das ihm die vielen Hopfenanbeter unter den Craftbrauern überlassen.

Sebastian Sauer mit Christian Vormann in der Brauerei wirken zu sehen, hat einen ganz eigenen Unterhaltungswert. Ständig wechseln zwischen ihnen die Rollen von Meister und Lehrling, wobei die kritische Distanz, die der eine zu den Bieren des anderen vorgibt, nur gespielt ist. Die Brauerei in Dahl ist ihr gemeinsamer Abenteuerspielplatz.

Allein die vielen unterschiedlichen Treppen in der *Vormann Brauerei*! Alte Holzstiegen, ausgetretene Steintreppen und moderne Stahlkonstruktionen, die zu immer neuen Brau- und Lagerräumen führen. Meint man nach mehreren Stunden Aufenthalt, alle Schlupflöcher gesehen zu haben, ziehen Sauer oder Vormann eine neue Tür auf und führen in einen Lagerkeller, in dem getrocknete Orangenschalen in Apothekerqualität einträchtig neben den üblichen Klärungsmitteln einer konventionellen Brauerei liegen. In offenen Bottichen blubbern derweil historische Rezepte vor sich hin.

Mindestens hundert Jahre zurück versetzt uns ein mit Malzsäcken gefüllter Dachboden. Alles hier sieht aus wie bei Wilhelm Busch: die Säcke, die Sackkarre, der Mühlentrichter. Nur die Lagerware ist zum Teil sehr exklusiv. Sebastian Sauer braucht sie für seine Spezialbiere. Neben dem üblichen Pilsner Malz↗ gibt es Röstmalze↗ in allen Farben und aus den unterschiedlichsten Herkunftsländern. Man kann hier regelrecht ins Naschen geraten. Die getrockneten Getreidekörner haben zum Teil einen erstaunlich prägnanten Charakter, schmecken nach Kaffeebohnen, süßlich, gar fruchtig. Durch eine Klappe wird das Malz in eine Schrotmühle befördert, in der das gemälzte Korn fürs Maischen zerkleinert wird.

Eine Etage tiefer, dort, wo die Mahlwerkzeuge zupacken, geraten wir in eine Diskussion über das Reinheitsgebot. Sebastian Sauer hat nicht das geringste Verständnis für diese im deutschen Biergesetz verankerte Einschränkung: »Der Mythos Reinheitsgebot ist ein von vielen Seiten idealisierter Anachronismus, dem enorm viel Heuchelei und Unwahrheit innewohnt. Er ist einer der Hauptgründe dafür, dass die ehemals komplexe Bierlandschaft Deutschlands heutzutage so schmal, das Wissen um Bierstile bei der Bevölkerung so gering und deren chauvinistische Haltung gegenüber ausländischen Bieren so groß ist. Das größte Problem für mich ist aber die kreative Beschränkung, die uns im internationalen Vergleich mehr und mehr zurückfallen lässt. Es ist eben nicht so, dass die ganze Welt uns um das Reinheitsgebot beneidet. Wer das glaubt, sollte mal andere Länder besuchen und mit kundigen Menschen reden. Es ist für mich daher unumgänglich, die deutschen Brauer zu befreien und ihnen die gleichen Rechte zu geben wie allen anderen Brauern und Lebensmittelhandwerkern auf der Welt. Wir benötigen keine künstliche Restriktion!«

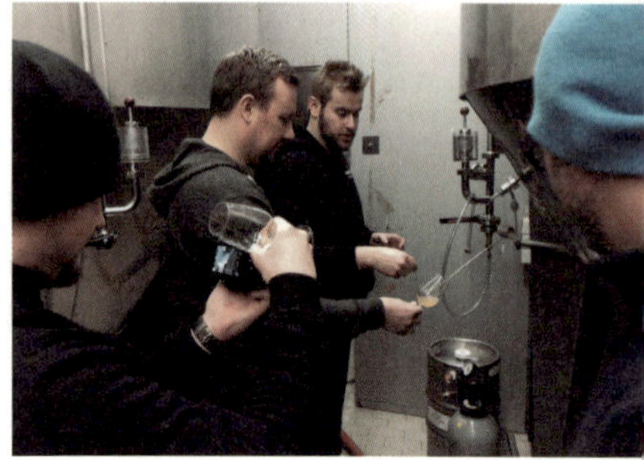

Sebastian Sauer (2. v. r.) mit den Kollegen von *Kingpin* bei der Bierverkostung.

Mindestens neun Monate im Jahr reist er als Bierforscher und -händler durch die ganze Welt. Er sagt: »Ich liebe es, zu lernen« und hat aus seinen vielen Eindrücken zwei Schlüsse gezogen. Erstens: Das deutsche Bier wird unter Bierkennern in der ganzen Welt längst nicht mehr so bewundert, wie es immer heißt. Zweitens: Als Definition für »Bier« kommt für ihn nur die eine infrage – Bier ist ein Getränk, das durch alkoholische Gärung auf Getreidebasis erzeugt wird und ansonsten den geltenden Lebensmittelvorschriften gehorcht. Punkt. So stehe es auch in den meisten Enzyklopädien der Welt.

Wie steht er zu der Beigabe tierischer Zutaten? Die Frage lässt ihn kurz stutzen, dann fällt ihm ein, dass er gestern erst ein Bier namens »Atlantis« getrunken hat, dem Austernschalen beigegeben worden waren. Grundsätzliche Probleme hat er also nicht. Neugier ende für einen Craftbrauer auch nicht beim Bier: »Wenn mich jemand fragt: Willst du Schaumwein aus Birkenrinde probieren?, sage ich natürlich sofort: Ja!«

Im vollautomatisierten Sudhaus von Christian Vormann herrscht unterdessen gespannte Langeweile. Anders als in der übrigen Brauerei ist es mollig warm hier, die Würze wird im Läuterbottich↗ gerade von den Spelzen↗ getrennt. Bis zum Kochen des Suds und zur Beigabe des Hopfens dauert es noch eine Weile. Für einen kräftigen Imbiss wechseln wir in den sogenannten Schalander, den Aufenthaltsraum der Brauer, welcher sich in gepflegtester Unordnung präsentiert. Auf dem Tisch steht frisches »Vormann Pils« und ein sehr interessantes Malzbier mit 1,5 Volumenprozent Alkohol. Früher nannte man so etwas Nährbier und gab es Kranken, in den letzten Jahren ist es aber fast ausgestorben. Dabei kann es in bestimmten Situationen eine sehr gute Alternative zu alkoholfreien Bieren sein.

In Polen nehme die Offenheit gegenüber neuen Bierstilen stetig zu, sagen Bartek, Michał und Marek, die drei von *Kingpin*, die auffälligerweise das bereitgestellte Schweinemett meiden. Auch der Cider sei bei ihnen stark im Kommen, allein wegen der erheblichen Apfelvorkommen im Land. Auch *Kingpin* arbeitet mit einer konventionellen Brauerei zusammen. Die drei lieben das Handwerk und erzählen von ihren größten Herkulesarbeiten, dem Schnitzen der Kürbisse für das Pumpkinbier und vor allem den Vorarbeiten für ihr Espressobier: Für hundertzwanzig Liter Kaffeekonzentrat brauchen sie zwei Tage an der Profimaschine.

Wir fragen, ob es wirklich nötig sei, für manche Craftbiere fünf verschiedene Hopfensorten zu verwenden? Ob das nicht eigentlich stillos sei? Alle anwesenden Brauer verneinen vehement. *Kingpin* verwende sogar ein Rezept, in dem sieben Hopfensorten zum Einsatz kommen.

Inzwischen hat der Sud in den Edelstahlkesseln die richtige Temperatur erreicht, und die erste Hopfengabe kann erfolgen. Aus dem Kessel strömt wegen des hohen Rauchmalzanteils ein Geruch nach Gerstensuppe, den wir aus Bamberg kennen. Zwei weitere Gaben mit dem wohlriechenden, matchatee-grünen Lubliner Aromahopfen, einer Abwandlung des böhmischen Saazer, folgen noch. Anlass genug, die Brauerei mit einem Probierglas zu durchstreifen. Der Abenteuerspielplatz wird zum Bierbad.

Oder wie soll man es nennen, wenn man nach einem knackig-würzigen ungefilterten Kölsch↗ eine Berliner Weiße↗ zu trinken bekommt, in der mal Weinbergpfirsiche schwammen? Anschließend gibt es Rhabarber-Gose↗ mit Salz und Koriander, und es werden verschiedene Gruitbiere aufgetischt, in denen Sanddorn, Bitterorangenschalen und Hagebutten seltenste Balancen eingehen. »Gruit Vibrations« nennt Sauer das letzte. Das Stout namens »Poltergeist« ist umwerfend, gefolgt von einem Dark IPA (India Pale Ale) mit Heidekraut und Orangen. Jetzt kommt das Mangobier, das Sauer treffend »dick, prickelnd, dekadent« nennt. Die Männer von *Kingpin* sind begeistert, nur der anwesende Bierautor, der bei der Rezeptbeschreibung nicht richtig zugehört hat, kaut eine Weile lang auf der Frage herum, woher wohl der zweite hervorstechende Geschmack in dem Bier stammt. Es sind die Fichtenzweige. Passen sie wirklich hinein? Und will man etwas ohne Schaum Bier nennen?

Versöhnt sind bei der Bierverkostung alle wieder bei den tiefdunklen Altbieren, die Sebastian Sauer mit verschiedenen Früchten kombiniert hat: Holunderbeeren, Schwarze Johannisbeeren. Sie sind zum Teil über ein Jahr alt und zeigen eine beeindruckende Reife. Allmählich sind wir froh, eine Fahrkarte mit Zugbindung gelöst zu haben. Sonst kämen wir hier nie weg. Dass die Uhr in der Flaschenabfüllung der Brauerei, wie sich herausstellt, gewohnheitsmäßig um eine Viertelstunde falsch geht, beschleunigt unseren Aufbruch.

Als Merksatz nehmen wir ein Zitat von Sebastian Sauer mit: »Craftbier brauen ist wie Hippiemusik: Man muss schon ein echter Hippie sein, sonst wird es nichts.« Das gilt wohlgemerkt für die Entschiedenheit des Produzenten. Als Konsument muss man kein Hippie sein, um vor der geschmacklichen Bereicherung inspirierter Craftbiere den Hut zu ziehen.

Ein wiederholbares Foodpairing mit den Bieren von Sebastian Sauer anzubieten ist nicht einfach, da er mit seinen Sorten oft wechselt. Aus diesem Grund geben wir ein Verkostungsgespräch über seine Mumme »Who the fuck is Knaust« wieder, das wir vor ein paar Jahren mit dem Max-Planck-Forscher und Aromaexperten Thomas Vilgis geführt haben – es ist eine Art Laborschluck, der das Aromenspektrum von Sebastian Sauers Bieren andeuten soll.

Die Braunschweiger Mumme von *Freigeist Bierkultur* (19) ist ein obergäriger historischer Bierstil, bei dem zum Beispiel Wacholder verwendet wird. In diesem Fall außerdem getrocknete Pflaumen, Majoran, Thymian, Holunderblüten und Hopfen. Zuckersirup wird ebenfalls eingesetzt, der den Alkohol auf 8,2 Prozent pusht. Inspiriert ist das Bier von Rezepten aus dem bereits im Geschichts-Kapitel erwähnten, mehr als vierhundert Jahre alten Buch *Von der göttlichen und edlen Gabe der philosophischen, hochteuren und wunderbaren Kunst, Bier zu brauen* von Heinrich Knaust.

Lieber Herr Vilgis, das Pairing, das ich zur Mumme vorbereitet habe, stammt von Sebastian Sauer, dem Brauer des Biers. Er hat eine Fischcreme mit etwas Zitrone auf Pumpernickel vorgeschlagen. Ich habe die Umsetzung bewusst einfach gehalten und zur Forellencreme aus der Tube gegriffen.

Was mir gut gefällt, ist, dass das Bier der Forellencreme, die eher fettige Aromen besitzt, Röstaromen zuführt, die man auch von gegrillter Forelle kennt. Auch hat das Bier viel Alkohol, das harmoniert mit der Fettigkeit. Die säuerliche Zitrone finde ich passend, weil sie genau das bietet, was dem Bier, das sehr umamihaltig ist, fehlt. Umami wiederum geht immer gut mit Fisch. Die Aromen fügen sich bestens zusammen. Geräucherte Forelle kann ich mir auch gut zu dem Bier vorstellen, ebenfalls geräucherten Speck. Interessant: Jetzt, wo das Glas leer ist, sind die ganzen Kräuter und Gewürze plötzlich da. Der Majoran ist jetzt sehr präsent. Auch eine Leberwurst mit Majoran könnte man gut dazu reichen. Sogar die Holunderblüte ist jetzt wahrnehmbar.

Das Bier braucht Wärme, ich würde es unbedingt bei mehr als zwölf Grad trinken. Man könnte auch Schokolade sehr gut damit kombinieren. Schokoladenkuchen oder Gewürzkuchen, mit ein bisschen Nelke, ruhig auch mit Sahne oder Orange. In Richtung Advent könnte ich es mir sehr gut vorstellen.

Printen?

Ja, auch, alle Lebkuchen. Auch Zimtplätzchen würden passen. Genial. Das ist sehr vielfältig einsetzbar.

Was könnte man an deftigen Gerichten dazu servieren?

Schmorgerichte mit tiefen Umami-Saucen, besonders solche, die auch Zimt verwenden. Ich denke auch an Innereien, Nieren zum Beispiel.

Wild?

Alles vom Wild würde dazu passen. Gebraten oder geschmort. Bei diesem Bier bekommt man Lust, darauf hinzukochen.

Alkoholfreies – die späte Rache der Craftbrauer

Alkoholfreies Bier boomt. Das beste wird von Craftbrauern erzeugt und ist zuweilen so gut, dass es den Biermarkt nachhaltig verändern könnte.

Lange Zeit wurde die sogenannte Craftbierbewegung von herkömmlichen Brauern belächelt oder gönnerhaft wegen ihrer Verdienste für »die Wertigkeit des Biers« gelobt. Im Grunde hielt man die Crafties aber für Wirrköpfe, die das Reinheitsgebot kaputt machten, nicht mit Geld umgehen konnten und aus Mangel an Know-how und professionellen Gerätschaften den Liter für sechs Euro aufwärts verkaufen mussten. Welches Zukunftspotenzial das meist hopfenbetonte Bier der Undergroundbrauer in sich trägt, zeigte sich in Deutschland ausgerechnet mit einer Innovation beim alkoholfreien Bier.

Biere mit wenig Alkohol gibt es schon seit Jahrhunderten, eigentlich seit dem Neolithikum. Auch das Alltagsbier der mittelalterlichen Mönche war nur schwach, und in Kriegen musste allein aus Rohstoffknappheit Dünnbier produziert werden. Frühe Versuche mit der gestoppten Gärung gehen auf das 19. Jahrhundert zurück, das erste im großen Stil erzeugte alkoholfreie Bier auf deutschem Boden war 1972 das in der DDR erfundene Autofahrerbier »AUBI«. *Clausthaler* gelang es dann in den Achtzigerjahren mit erheblichem Werbeaufwand, dem »Alkoholfreien«, also einem Bier mit weniger als 0,5 Volumenprozent Alkohol, etwas gesellschaftlichen Glanz zu verleihen.

Geschmacklich war das alles keine Freude. Alkoholfreies Pils schmeckt – von wenigen Ausnahmen abgesehen – metallisch, oder es ist derart süß, dass es mit dem »echten« Pils nicht mehr viel gemeinsam hat. Süffiger wurde es vor Jahren mit den alkoholfreien Weizenbieren. Sie schmecken wegen ihrer naturgemäßen Fruchtigkeit besser als ihre Pils-Pendants, wirken aber insgesamt immer etwas getreidig. Noch fruchtiger wurde es mit dem Aufstieg des alkoholfreien Radlers, wobei sich besonders mit den Geschmacksnoten »Grapefruit« und »Kräuter« bereits kreative Elemente aus Craftbrauereien bemerkbar machten. Heraus kamen zum Teil ansprechende Erfrischungsgetränke, die man unter dem Isotonie-Label verkaufen konnte, die mit zunehmender Temperatur aber eine unangenehme Süße aufweisen, auch wenn sie immer noch deutlich weniger Kalorien haben als Vollbier. Inzwischen ist alkoholfreies Bier das am stärksten wachsende Segment auf dem Biermarkt, zwischen 2011 und 2023 hat der Absatz um etwa drei Viertel zugenommen.

Neuen Schwung erhielt der bestehende Trend durch eine Art Sprunginnovation, die im Jahr 2015 den Crafttüftlern der *Kehrwieder Kreativbrauerei* und des *Brauhauses Nittenau* gelang. Ausgehend von den unter Craftbrauern beliebten, aus England stammenden, stark gehopften Sorten Pale Ale und India Pale Ale (IPA) entwickelten sie, wie vorher schon *BrewDog* in Schottland, ein alkoholfreies Bier, das fruchtig und bierig zugleich schmeckt und außerdem eine enorme Schaumkrone aufweist.

Wobei man diesen letzten Entwicklungsschritt des alkoholfreien Biers fast schon als Pointe auffassen kann: Erst wurde der Biertrinkergaumen durch die Craftpioniere an die Schönheit ausgeprägter Hopfenaromen gewöhnt, jetzt zeigt sich, dass der hopfenstarke Geschmack in Kombination mit besonderen Hefen den fehlenden Alkohol fast vergessen lässt, indem er jegliche Fadheit überdeckt.

Und plötzlich, seit etwa 2018, sind alkoholfreie Spezialbiere im Craftstil eine feste Größe im Getränkemarkt. Das sind dann Brauerzeugnisse, die nicht nur so schmecken wie Bier, sondern gleich an aromatisches Spitzenbier erinnern, preislich aber, gerade bei Großerzeugern wie *Störtebeker* oder *Maisel & Friends*, noch im Rahmen bleiben. Wer sich gerne unter dem Vorwand, er liebe den Geschmack von Bier, mit Durchschnittspils einen antrinkt, wird in Zukunft in Erklärungsnöte geraten. Das ist die späte, wahrscheinlich ungewollte Rache der Craftbrauer an all ihren Verächtern.

Düsseldorf – Köln – Einbeck

Im Bauch des Altbiers – der *Uerige*

Wer in dieser Düsseldorfer Brauereigaststätte nicht zum Zecher wird, verpasst mehr als hundertfünfzig Jahre Bierkultur. Rundgang durch eine der erstaunlichsten Hausbrauereien der Welt.

Was an Michael Schnitzler, dem siebten Baas des *Uerige*, einer der letzten vier traditionellen Altbier-Hausbrauereien in Düsseldorf, sofort auffällt: Egal, mit welchem Argument man eines seiner Produkte infrage stellt – das Bier, die Schweinshaxe, den selbst destillierten Whisky –, er kennt den Einwand schon. Beispiel: Warum enthält die seit 2011 angebotene »Fassbrause« Süßstoff und nicht, wie man es von den Puristen der *Uerige Hausbrauerei* erwarten könnte, irgendein natürliches Süßungsmittel? Schnitzlers Begründung: Die Variante mit dem Süßstoff habe bei den Testläufen einfach mit Abstand am besten geschmeckt – und er bezweifelt, ob Rohrzucker seinen Kunden in der »Fassbrause« lieber wäre.

Wahrscheinlich gehört es zu den schönsten, aber auch aufreibendsten Jobs, einem Genussmittelunternehmen vorzustehen, mit dessen Produkten sich die Stammgäste in einer Weise identifizieren, als ginge es um den eigenen Haushalt. Hinzu kommt, dass das Unternehmen in Düsseldorf steht, einer Stadt, in der Frotzelei und Mäkelei gewissermaßen zu Hause sind. Nicht umsonst liegen neben Michael Schnitzler, der uns an einem leicht regnerischen Tag unter großen Marktschirmen auf der Außenterrasse des *Uerige* empfängt, zwei Telefone, die regelmäßig klingeln.

Dabei jammern die Kunden des *Uerige* auf höchstem Niveau. Denn das hausgebraute Alt gilt unter Kennern längst als Sortenklassiker, Brauer aus der ganzen Welt kommen in die Berger Straße, um hinter das Geheimnis der Rezeptur zu gelangen. Und dennoch ist es von den Düsseldorfer Stammkunden gar nicht so unklug, den Laden mit Dauerkritik zu traktieren: Die sollen sich ruhig anstrengen beim *Uerige*, lautet wohl die Devise, damit das Bier so bleibt, wie es war. »Craftbier seit 1862« steht in Leuchtreklame an einem der nördlichen Eingänge.

Die Arbeit am Bier kann man sich kaum schwerer machen, als es in der Düsseldorfer Hausbrauerei mit ihrer ausgetüftelten Raumaufteilung ohnehin geschieht. Wir beginnen unseren Rundgang im Sudhaus, das sich ziemlich genau in der Mitte des Gebäudekomplexes befindet. Die beiden pittoresken Kupferkessel aus den Sechzigern sind innen mit Edelstahl ausgekleidet und bringen es bei einer Würzetemperatur von einhundertzwei Grad Celsius auf eine Raumtemperatur von etwa vierzig Grad. Kurz: Man schwitzt im Sudhaus, wo das Malz mit Wasser verbunden, dann gekocht und mit Hopfen verfeinert wird, und freut sich auf die Verheißung des Kühlschiffs unterm Dach, in dem die Würze während eines uralten natürlichen Prozesses auf etwas mehr als fünfzig Grad Celsius abgekühlt wird. Es ist eines der letzten, das in Deutschland noch im Gebrauch ist.

Den gehopften Getreidesaft in die riesige Kupferwanne einlaufen zu sehen ist ein Erlebnis für alle Sinne. Schnell bilden sich über der gleichmäßigen Fließbewegung warme Nebelschwaden, und ein Duft breitet sich aus, der leicht nach Fuselöl riecht und gar nicht so angenehm ist. Doch Experten schwören aus ebenjenem Grund auf das fast schon ausgestorbene Verfahren, bei dem bereits viele Stoffe »ausgefällt« werden, die im Bier nichts zu suchen haben.

Bevor wir auf die Ebene des lilafarben erleuchteten Gärkellers mit seinen zwanzig Grad Celsius hinabsteigen, wo die Hefe ihre Arbeit verrichtet und das CO_2 trotz guter Belüftung das Hirn benebelt, machen wir einen Zwischenstopp im Hopfenlager des *Uerige*, einem Raum, der so klein ist, dass man kaum aufrecht darin stehen kann. Die Temperatur beträgt hier aus Aromagründen nur ein Grad Celsius – und trotzdem liegt ein deutlich wahrnehmbarer Hopfengeruch in der Luft, der dem Bier, wenn man es streng betrachtet, als Aroma später abgeht. Es riecht jedenfalls köstlich aus den Dolden↗.

Jetzt fehlt noch der Lagerkeller mit seinen Edelstahlfässern, Temperatur: zwei Grad Celsius. Michael Schnitzler sagt, er finde, dass die jüngste »Sticke« – so heißt die stärker eingebraute Bockvariante seines Altbiers mit sechs Prozent Alkohol – auf ungewöhnlich gute Weise das Hopfenaroma wiedergebe, das wir eben noch riechen konnten. Er lässt einige Gläser füllen, nötigt zum sofortigen Trinken, und gerade wollen wir uns für die verzögerte Geschmacksbewertung entschuldigen, weil wir im Mund nur Schaum spüren, da breitet sich ein Aroma auf der Zunge aus, das einfach nur erstaunlich ist: Hopfen in zusammenfallender Schaumform, sehr klar und köstlich. Schnitzler lächelt zufrieden.

Zur Gaststätte gelangen wir in der Hausbrauerei so leicht wie vom heimischen Keller ins Wohnzimmer. Wobei: Wenn man die Gasträume zum ersten Mal betritt, stellen sich sofort unzählige Fragen, und der Ethnologe in einem erwacht. Was zum Beispiel hat der Mann zu bedeuten, der an einer Stange hängend wie ein Wetterhahn das Dach und sämtliche Bierdeckel ziert? (Es ist Rudolf Arnold, der *Uerige*-Baas von 1937 bis 1976, der den Gästen zuprostet.) Was heißt eigentlich »Uerige«? (Das Wort stammt aus der Düsseldorfer Mundart und bedeutet so viel wie »schlecht gelaunt« – eine Eigenschaft, die sowohl dem Brauereigründer Wilhelm Cürten als auch seinem späteren Nachfolger,

Dampfende Bierwürze im Kühlschiff der *Hausbrauerei Uerige.*

dem bereits erwähnten Rudolf Arnold, nachgesagt wurde.) Warum heißt Alt eigentlich »Alt«? (Weil es nach »alter«, obergäriger Brauweise hergestellt wird, also mit einer Hefe, die auf höhere Temperaturen reagiert als das untergärige Bier, welches seine Erfolgsgeschichte erst mit der modernen Kühltechnik antrat.) Warum benehmen sich die blau gekleideten Kellner, die Köbes, so stolz, als ob sie es gar nicht nötig hätten, Bier unter die Kundschaft zu bringen? (Das ist eine Frage, die im Grunde einen eigenen Essay verdient hätte. Hier nur so viel: Kriecherei, das steckt wohl dahinter, würde die Würde des ausgeschenkten Grundnahrungsmittels untergraben.) Warum hängt zwischen Tresen und Eingangstür der historischen Stube eine Fotografie, die wie ein echter Gursky aussieht? (Es ist ein echter Gursky. Der weltbekannte Fotograf ist nach Auskunft Schnitzlers Stammgast im *Uerige* und hat die Aufnahme, die genau jene Eingangsfront zeigt, an der sie hängt, als Student geknipst.)

Jetzt endlich ist es Zeit für ein frisch gezapftes »Uerige Alt« (20), und das Gefühl, das dieses dunkel-bernsteinfarbene, nach Fruchtbowle duftende Getränk hervorruft, ist fast jedes Mal dasselbe: Die typische Düsseldorfer Glasstange geht zum Mund, man nimmt einen kräftigen Schluck – und es ist ein bisschen wie eine kalte kernige Dusche an einem heißen Tag, viele sagen auch »ein Schlag in die Fresse«. Den knackigen, herb-eleganten Geschmack, der sich mit mindestens einem Dutzend Aromen verbindet – verwendet werden neben einem besonderen Gerstenmalz auch Karamellmalz und Röstmalz –, spürt man bis in die Haarwurzeln. Und selbst wenn einem der leicht harzige, belebende Geschmack mit seinen fünfundvierzig Bittereinheiten zunächst ein wenig fremd erscheinen sollte – nach dem ersten Glas hört man alleine aus Neugierde nicht auf. Man sucht geradezu Halt in den tiefen Schlucken, die man ganz unwillkürlich tut. Ein Röggelchen mit Gouda rundet den Geschmack zugunsten der Malztöne ab.

Wenn sich das »Aventinus« von *Schneider* (siehe Kapitel »Wie einmal das Weizenbier gerettet wurde«) mit »Rock 'n' Roll auf der Zunge« vergleichen lässt, so wie es der bekannte englische Bierkritiker Michael Jackson charakterisiert hat, dann ist das »Uerige Alt« echter Punk im Mund, und es ist wohl kein Zufall, dass die Düsseldorfer Punkband Die Toten Hosen Stammgast im *Uerige* ist.

Eine Frage jedoch bleibt offen: Wo nahmen die Braumeister Wilhelm Cürten und Rudolf Arnold schon im 19. Jahrhundert und der ersten Hälfte des 20. Jahrhunderts den Punk her – und warum schmeckt das den Düsseldorfern so gut?

Es ist schwer, im *Uerige* nicht zum Zecher zu werden. Und eines kann man hier wie sonst fast nirgends lernen: Die unter Brauern viel beschworene »Drinkability«, die Fähigkeit eines Biers, zum Weitertrinken zu animieren, kann in erheblichem Maß auch vom Hopfen ausgehen.

Gang durch die Düsseldorfer Altstadt

Ein gutes Datum für einen Besuch in der Altstadt, vorbei an der längsten Theke der Welt mit ihren Dutzenden Kneipen, ist der »Sticke«-Tag im *Uerige*. Ihn gibt es nur zwei Mal im Jahr – am jeweils dritten Dienstag im Januar und im Oktober. Eine Woche nach der Oktober-»Sticke« serviert in Düsseldorf übrigens die *Hausbrauerei Zum Schlüssel* das geringfügig anders geschriebene »Stike«, ebenfalls ein Altbier-Bock mit sechs Prozent, und am dritten Donnerstag im November wird das »Latzen«, die Starkbiervariante der *Brauerei Schumacher*, ausgeschenkt.

In der Berger Straße gibt es Mitte Oktober am entscheidenden Tag ausschließlich »Uerige Sticke vom Fass« (21), serviert zum selben Preis wie das normale Alt. Parallel wird die »Sticke« in Achterkästen verkauft. Meist halten die fünfzig Hektoliter maximal eine Woche.

Wir sitzen im »Neweaan« genannten Teil des *Uerige*, direkt oberhalb des Fasskellers unter einem dunklen Tonnengewölbe – dunkel sind auch Boden und Wände. Und wieder haben wir, der Köbes hat seinen ersten Strich auf dem Bierdeckel hinterlassen, dieses »Sticke«-Erlebnis aus dem Lagerkeller: Ein köstlicher feinporiger Schaum, der in seiner Festigkeit, seiner Frische und seiner leicht bräunlichen Farbe seinesgleichen sucht. Wie beim normalen Alt wird ausschließlich Doldenhopfen verwendet, allerdings ein bisschen mehr davon, wie uns Braumeister Kilian Luerweg erklärt: in einer ersten Gabe die Sorten Hallertauer Perle und Mittelfrüh, im Lagertank dann Spalt Spalter mit seinen kräuterigen Aromen. Das tief goldbraune Bier kommt auf dreiundvierzig Bittereinheiten, ein absoluter Spitzenwert in Deutschland (die für den amerikanischen Markt produzierte »DoppelSticke« erreicht sogar fünfundachtzig bis neunzig Bittereinheiten), und wirkt trotzdem elegant ausbalanciert. Im Abgang rundet sich ein perfekter Soloschluck, der an belebende Kräutermedizin und raffiniertes, bittersüßes Konfekt erinnert. Wenn es doch das ganze Jahr »Sticke« gäbe!

Eigentlich müsste man dieses Bier so trinken, wie es im achtzig Kilometer entfernten Belgien üblich ist: mit lang anhaltendem Genuss. Doch die meisten Gäste trinken es so schnell wie das normale Alt, mit dem es auch farblich große Ähnlichkeit aufweist. Und der Köbes kommt ja auch wie üblich alle fünf bis zehn Minuten vorbei – das Tablett immer voll mit Viertelliter-Stangen, Bleistift hinterm Ohr, beim Bezahlen tief in seinen »Büdel« greifend, den breiten Lederbeutel unterhalb der Hüfte. Man muss schon sagen: Das Ganze läuft recht geschäftsmäßig ab, wie eine archaische Fließbandarbeit, ein kleines Oktoberfest mit vernünftiger Gläsergröße.

Sommerabendstimmung vor dem *Brauhaus Uerige.*

Im »Neweaan« sitzt uns eine gemischte Runde gegenüber, bestehend aus mondänen älteren Damen und gepflegten Herren. Neben uns tagt ein Haufen Rocker schon eine Weile, laut geht es zu. Links hat ein älteres Paar Platz genommen, wie wir es schon häufiger im *Uerige* gesehen haben: Ohne viel zu sagen, trinken die beiden ihr Altbier fast wie Heilwasser und schauen versonnen in den Raum hinein. An der Kupfertheke stopft derweil eine Frau in mittlerem Alter »Sticke«-Flaschen in ihren Rucksack, bis dieser kaum mehr zugeht.

Die Gaststätte *Zum Uerige* ist durch dunkles Holz, Kupfer- und Messingtöne und insgesamt durch eine unnachahmliche Patina geprägt, die umso erstaunlicher ist, als der Gebäudekomplex im Krieg zerstört wurde. Ob man im »Ur-Uerige« oder in der »Handwerkerstube« sitzt – man hat wegen der vorherrschenden Farbtöne das Gefühl, als betrachte man die Welt durch ein volles Altbierglas. Gutbürgerlich ist die »Hans-Müller-Schlösser-Stube« mit ihren Buntglasfenstern, der überdachte »Brauhof« gibt sich unkompliziert, der »Stickum-Saal« erscheint dunkel-modern mit klaren Linien. Überall hängen Gemälde, Stiche, Reliefs, auch Büsten und große Plastiken ragen in den Raum hinein.

In seinem Ausdruckswillen passt der *Uerige* bestens zur Kunststadt Düsseldorf. Und so steht auf den aktuellen Bierdeckeln auch kein Trinkspruch, sondern ein Zitat des Komponisten und Künstlers John Cage: »Das ist eine sehr interessante Frage. Ich möchte sie nicht durch eine Antwort verderben.«

Offenbar haben alle Gäste verstanden, dass man zum Altbier-Bock etwas essen sollte, wenn man mehr als ein, zwei Gläser davon trinken möchte. Kaum hat man bestellt, steht es auch schon vor einem, die Geschwindigkeit der Küche ist beeindruckend. Wir probieren als Erstes Flöns zur »Sticke«, ein ordentliches Stück Blutwurst mit vielen Zwiebelringen und einem Röggelchen, doch die Kombination überzeugt nicht so richtig. Besser liegen wir später mit dem »Krüstchen« genannten paprika-pikanten Gulasch, das in einer kleinen Schüssel ebenfalls mit Röggelchen serviert wird. Doch wird man das Gefühl nicht los, dass die »Sticke« im Grunde fast trotzig ihre Soloeigenschaften behauptet.

Wir verlassen den *Uerige* und machen einen Rundgang durch die Altstadt. Vorbei an Marktplatz und Rathaus biegen wir in die kneipenübersäte Bolkerstraße und betreten die 1850 gegründete *Hausbrauerei Zum Schlüssel* (Hausnummer 41–47). Eine riesige Fläche eröffnet sich, die – während der *Uerige* an die Kulisse eines Films erinnert, den man erst nach Jahren versteht – an die großen Bierhallen in München denken lässt.

Das kastanienfarbene »Original Schlüssel Alt« (20) enthält mit dreißig Bittereinheiten weit weniger Hopfen als das »Uerige Alt«, ist dafür mit seinen fünf Prozent Alkohol malzbetonter. In der Nase verbinden sich Noten von Schokolade, Karamell und Nuss mit roten Früchten. Auch dieses Alt hat erhebliche »Drinkability«, doch beruht sie stärker auf den dunklen Malztönen und der Ausgewogenheit sämtlicher Komponenten, die wie in einer perfekt inszenierten Szene vom Antrunk bis zum Nachtrunk ineinanderspielen. Auch zum »Schlüssel Alt« ist ein einfaches Röggelchen mit Gouda ein Genuss.

Gleich nebenan steht Heinrich Heines Geburtshaus, in dem sich heute eine Literaturhandlung mit Café befindet, davor eine Informationsstele mit dem hübschen Zitat: »Die Stadt Düsseldorf ist sehr schön, und wenn man in der Ferne an sie denkt und zufällig dort geboren ist, wird einem wunderlich zumute. Ich bin dort geboren, und es ist mir, als müsste ich gleich nach Hause gehen.« Nicht schlecht ist aber auch der Ausspruch einer älteren Dame, die vor dem Schaufenster der Literaturhandlung zu ihrer Freundin sagt: »Siehst du, hier gibt's nicht nur Bier, ist doch schon was, wenn es auch Bücher gibt.«

Als die *Hausbrauerei Zum Schlüssel* eröffnete, lag der arme, tapfere Heine schon in seiner Pariser »Matratzengruft«, wie er sein Krankenlager nannte, und auch als die *Altbierbrauerei Schumacher* gegründet wurde, 1838, war er schon im Exil. Den *Goldenen Kessel*, das zweite Standbein von *Schumacher* in der Bolkerstraße 44, direkt gegenüber vom Heine-Geburtshaus, hat der Dichter ebenfalls nicht mit eigenen

Augen sehen können. Zwar hat das Bier in seinem Werk motivisch durchaus Spuren hinterlassen (»Deutsche werden nicht besser im Ausland, wie das exportierte Bier«), doch was wäre wohl aus ihm geworden, wie hätte es seine Weltsicht geprägt, wenn er tatsächlich zwischen zwei der weltbesten Altbierkneipen groß geworden wäre?

Im *Goldenen Kessel* wurde noch bis zum Jahr 1925 »Schumacher Alt« gebraut, seither wird hier nur noch ausgeschenkt; das Stammhaus von *Schumacher* steht in der Oststraße. Der *Goldene Kessel*, nach dem Krieg wieder aufgebaut, steckt voller Tradition, das merkt man an vielen anheimelnden Details, manche Ecke hat geradezu Wohnzimmerflair.

Das Altbier von *Schumacher* ist vergleichsweise hell, im Licht glänzt es kastanienfarben, und es wirkt mit seinen 4,6 Volumenprozent und sechsunddreißig Bittereinheiten etwas schlanker als die anderen Düsseldorfer Altbiere. *Schumacher* verzichtet auf die Verwendung von Röstmalzen. In der Nase nimmt man eine saftige Fruchtigkeit wahr, der Nachtrunk ist freischwebend bitter. Auch bei diesem Alt zeigt sich: Zusammen mit einem einfachen Gouda-Röggelchen, das die Herbheit in Schach hält, entfaltet sich ein komplexes Malzspiel.

Auf dem Weg zur *Hausbrauerei im Füchschen*, die drei Straßen weiter liegt, ist unübersehbar: Es gibt in der Düsseldorfer Altstadt nicht nur Bier und Bücher, sondern auch eine Menge Kunst. Am Grabbeplatz passieren wir die Kunsthalle Düsseldorf, an der Neubrückstraße das K20, die Kunstsammlung Nordrhein-Westfalen.

Auch das *Füchschen*, das sich auf das Jahr 1848 datiert, ist eine weit ausgreifende Bierhalle, in der am Tag unseres Besuchs komischerweise überall weiß-blaue Wimpel hängen und Oktoberfest angesagt ist. Dabei hat das »Füchschen Alt« mit München und seinen Bieren nicht das Geringste zu tun. Es liegt mit zweiunddreißig Bittereinheiten mehr als deutlich über dem bayerischen Hellen oder einem Märzen, zudem wird Sauermalz verwendet, und Säure ist im Antrunk auch gut wahrnehmbar, während die Röstnoten an Brotkruste und ein wenig an Kaffee erinnern. Statt »Sticke« oder »Latzen« gibt es hier einmal im Jahr das stärker eingebraute »Weihnachtsbier«.

Wir ziehen weiter. An der noch jungen, 2010 eröffneten *Brauerei Kürzer*, in der es das mahagonifarbene, röstaromatischste Alt der Stadt gibt, und St. Lambertus vorbei gelangen wir zum Schlossturm und der Rheintreppe. Auf der Rheinuferpromenade geht es zurück zum *Uerige*.

Inzwischen ist es dunkel geworden. Im *Uerige* gibt es keinen freien Platz mehr, auch draußen ist fast jeder Tisch belegt, nur im Halbdunkel der gegenüberliegenden Straßenseite, dem etwas erhöhten Forum, ist noch ein letzter Platz frei. Es dauert nicht lange, und die Köbes haben einen auch dort gefunden.

So selbstverständlich das Altbier im Düsseldorfer Alltag verankert ist: Mit einer Achterkiste »Sticke« in die S-Bahn und später in den Zug zu steigen, zieht dennoch die Blicke auf sich – begleitet von einem Schmunzeln. Doch es ist die Sache wert.

Crashkurs Kölsch

Dafür, dass Kölsch ein sehr junges Bier in der alten Domstadt ist, erfreut es sich fast schon überragender Beliebtheit. In einigen wenigen Brauhäusern zeigt sich noch eine unverwechselbare Trinkkultur.

Von Sebastian Sauer

»Kölsch« ist eine geografisch geschützte Angabe. Kölsch darf nur genannt werden, was der Kölsch-Konvention aus den Achtzigerjahren entspricht. So darf es außerhalb des Stadtgebiets nur von Brauereien erzeugt werden, die schon vor dieser Konvention Kölsch gebraut haben. Auch gibt es eine genau festgelegte Herstellungsvorgabe. Kölsch muss ein helles, obergäriges und hopfenbetontes Bier sein – wobei dieses letzte Merkmal sich als sehr weit gefasst erweist. Manches Kölsch hat heutzutage nur noch achtzehn Bittereinheiten, was man eigentlich nicht als »hopfenbetont« bezeichnen kann.

Außerdem muss Kölsch filtriert worden sein – und zwar in Köln. Das ist auch beim »Mühlen Kölsch« der Fall, das aber in Krefeld auf die Flasche gezogen wird, was der Konvention seltsamerweise nicht widerspricht. Kölsch-Brauereien im Umland der Metropole gibt es nur noch zwei: die *Erzquell Brauerei* in Bielstein mit dem »Zunft-Kölsch« und die *Privatbrauerei Bischoff* in Brühl mit dem »Bischoff Kölsch«.

Die *Sünner Brauerei* war die erste, die den Begriff »Kölsch« verwendet hat. Wobei man sagen muss, dass der Biermarkt in Köln noch in den Fünfziger- und Sechzigerjahren nur zu einem Drittel von Kölsch geprägt war. Auch Pils, Bockbier und selbst Altbier waren noch stark präsent. Kölsch ist natürlich stark verbunden mit der gesamten Schankkultur, inklusive Köbes (Kellner), Kranz (Biertablett) und der passenden Stange (dem schmalen, zylindrischen Bierglas). Filtriert ist Kölsch erst seit 1918. Vorher gab es in Köln das Wiess, ein unfiltriertes Kölsch, das in den frühen Zweitausenderjahren von der damals neu eröffneten *Braustelle* in Köln-Ehrenfeld verfochten wurde und seit einiger Zeit auch wieder von traditionellen Kölsch-Brauereien wie *Gaffel* angeboten wird – das sind dann oft geschmacksintensive Alternativen zum Kölsch.

Brauer trinken ja meist lieber unfiltriertes Bier, allerdings wird von den Kunden die Klarheit im Glas positiv bewertet, vielleicht weil sie den Eindruck erweckt, als könne so nichts kaschiert werden. Dazu passt auch der Spruch über dem Eingang der *Brauerei Zum Schlüssel* in Düsseldorf: »Iss, was gar ist, trink, was klar ist, sag, was wahr ist.« Außerhalb der Stadtgrenzen Kölns, in Frechen und Brühl, wird aber kurioserweise lieber die unfiltrierte Variante des Kölsch getrunken. Die Vorlieben verändern sich also auf einer Strecke von nur wenigen Kilometern.

Die Unterschiede zwischen den einzelnen klaren Kölsch-Sorten sind minimal. Beim Malz gibt es geringe Variationen in der Zusammensetzung von Pilsner-, Weizen- und hellem Karamellmalz. Manchmal ist auch ein bisschen Sauermalz dabei. Der Hopfen ist sehr mild und klassisch: Hallertauer Mittelfrüh, Perle, Tettnanger. Er ist beim Kölsch nicht auf die Aromatik hin ausgelegt, sondern rein auf die dezente Bittere.

Man fragt sich, wie Kölsch, ein eher unscheinbares Bier, so beliebt werden konnte. Eine mögliche Erklärung ist: Die Kölner lieben es, sich selbst zu feiern – man spricht nicht nur Kölsch, man trinkt auch Kölsch. Damit verbunden ist ein großer Lokalpatriotismus. Wobei zu berücksichtigen ist, dass die meisten Menschen, die in Köln wohnen, zugezogen und zum Teil mit einem ganz anderen Bier aufgewachsen sind. Das macht die Beliebtheit des Kölsch nur umso erstaunlicher. Vielleicht liegt es an der integrativen Kraft des ebenfalls bei Zugezogenen populären Karnevals: In ihm wird jede Differenz zugunsten eines allumfassenden Lokalpatriotismus über Bord geworfen.

Früher gab es in Köln auch Grutbier. Mehr als hundert Jahre lang war Hopfen hier sogar verboten, das heißt, man durfte nur mit einer

Grut brauen, einer Mischung von verschiedenen Gewürzen und Kräutern. Großer Beliebtheit erfreute sich außerhalb der damaligen Stadtmauern auch das untergärige, dunkle Knuppbier, das heute aber nur noch von einigen kleinen Hausbrauereien hergestellt wird.

Kölsch in seiner herkömmlichen Form ist für mich ein süffiges, schlichtes, unkompliziertes Bier. Man muss hier nichts groß analysieren oder die Aromen auseinanderfädeln. Dabei spräche eigentlich nichts dagegen, mehr Aromahopfen zu verwenden. Versuche zeigen: Das passt sehr gut.

Wenn man wirklich ein besonderes Foodpairing mit Kölsch anbieten möchte, muss man vorsichtig vorgehen, weil dieses Bier sehr schnell vom Essen übertüncht wird. Dezent belegte Baguettehappen, Frischkäse, auch ein bisschen Schnittlauch oder andere leicht kräuterige Akzente passen gut – ein Salat ohne starke Aromen ebenfalls. Auch ein leichter Fisch, Scholle oder Ähnliches, sowie eine leicht zitronige Komponente sind immer eine passende Ergänzung.

Ob der in Köln auf den Brauhauskarten stehende Halve Hahn, also ein Roggenbrötchen mit Gouda, Senf, Zwiebeln und saurer Gurke, zum Kölsch passt, darüber kann man streiten. Für meinen Geschmack ist schon das Röggelchen etwas zu intensiv, die anderen Komponenten erst recht.

Köbes beim Zapfen im *Brauhaus Päffgen.*

Da ich Köln ziemlich gut kenne, habe ich ein natürliches, recht praktisches Verhältnis zum Kölsch, es ist etwas Vertrautes für mich. Ich gehe sehr gerne in die alten Kölsch-Brauhäuser und -Kneipen, wo es noch die einfache, in der sonstigen Gastronomie selten gewordene Hausmannskost gibt und die Köbes noch den Kölschen Schnack draufhaben – also diese gepflegte Unfreundlichkeit, die großen Spaß macht, wenn man damit umgehen kann.

Am meisten mag ich wohl das *Brauhaus Päffgen* in der Friesenstraße, auch weil das Kölsch dort direkt nebenan gebraut wird. *Päffgen* ist im Grunde eine kleine Brauerei, die ausschließlich Fassbier produziert und eigentlich nur ins Stichfass abfüllt.

Wenn man in die Schänke hineinkommt, findet man vorne links im Flur, vor dem Gastraum, eine spezielle Theke, auf welche die Stichfässer gestellt werden. Der Zapfhahn steht etwas über. Mit ihm werden vom Köbes klassisch die im Kranz stehenden Kölsch-Stangen gefüllt und anschließend an den Tisch gebracht. Einen Tresen braucht man hier nicht. Dafür gibt es bei *Päffgen* noch ein Thekenschaaf, auch Beichtstuhl genannt, was einer büroartigen Holzkabinenkonstruktion entspricht, durch die man sowohl die Schänke als auch den Gastraum im Blick hat. Früher saßen hier die Gastleute, rechneten mit den Köbes ab und hatten eine Übersicht über die beiden Schankbereiche. Neben dem wandgetäfelten Gastraum, in dem ich am liebsten sitze, gibt es noch eine von einem Glasdach erhellte Aula und einen Biergarten.

Die Speisekarte entspricht angeblich noch der aus der Gründerzeit im Jahr 1883. Die Küche ist rustikal, deftig und sehr gut, da weiß man, was man bekommt. Ich bestelle am liebsten den »Happen Tatar auf Schwarzbrot«. Das »Päffgen Kölsch« (22) ist ein guter Begleiter dazu. Neben der gewohnten malzigen, mitunter leicht süßlichen Basis kommt noch eine feine, etwas floral anklingende Hopfennote ins Spiel.

Weil ich die authentische Atmosphäre besonders der alten Brauhäuser mag, schätze ich das *Früh em Veedel* ebenfalls sehr – noch vor dem *Früh am Dom*. Denn dort, im Zentrum, sind mir die Köbes mittlerweile schon fast zu freundlich, was auch damit zu tun haben mag, dass ein ruppiger Charme, der von den Gästen nicht verstanden wird, sofort schlechte Bewertungen im Internet nach sich zieht. Das können heute nur noch wenige ignorieren.

Zu *Früh em Veedel* am Chlodwigplatz verläuft sich nur selten ein Tourist, dort sitzen fast ausschließlich Einheimische, ab und zu auch

Kölner Urgesteine. Es gibt in dem unter Denkmalschutz stehenden Backsteingebäude, in dem sich ursprünglich eine Schnapsbrennerei befand, eine lange zentrale Theke, um die herum viele Sitzgelegenheiten gruppiert sind. Die Wände sind gekachelt, holzgetäfelt und ein bisschen abgewetzt, so, wie es sein muss, und es gibt »Junge dicke Bohnen mit gekochtem Speck und Salzkartoffeln«. Wo bekommt man so etwas noch?

Die *Früh Brauerei* produziert auch das Kölsch für das *Brauhaus Schreckenskammer*, das ebenfalls etwas abseits des Touristenstroms direkt gegenüber der Goldenen Kammer mit ihren berühmten Reliquien liegt. Woher der Name dieser auf das 15. Jahrhundert zurückgehenden Gaststätte kommt, darüber herrscht Uneinigkeit. Rätselhaft ist für viele auch, warum auf dem Boden des Gastraums überall Sand verstreut ist. Das war früher üblich in Köln, denn der Sand härtete die offenporigen Holzböden aus und half bei der Beseitigung von Verschüttetem. Das Kölsch der *Schreckenskammer* findet man seit einiger Zeit in vielen Getränkemärkten. Mit seinem puristischen Etikett in den kleinen Euro-Flaschen scheint es einen Nerv zu treffen, unterscheidet sich aber kaum von den übrigen Traditionskölschs.

Wie bei *Päffgen* wird auch im *Brauhaus zur Malzmühle*, günstig gelegen am Heumarkt, gleich nebenan gebraut, und zwar seit mehr als hundertsechzig Jahren – das schafft immer eine besondere Atmosphäre. Auch hier empfinde ich das Interieur als äußerst angenehm, auf der oberen Skala des Authentischen. Die Küche ist sehr beliebt. Wenn die Sülze auf der Karte steht, bestelle ich diese, ansonsten sind Klassiker wie Himmel un Ääd oder Suurbrode, also rheinischer Sauerbraten in Rosinensauce mit Kartoffelklößen, Rotkohl und Apfelkompott zu empfehlen.

Ein neueres Brauhaus ist das *Gaffel am Dom*, ebenfalls gut gelegen, direkt am Hauptbahnhof. Hier ist das Publikum eher jung, die Räumlichkeiten sind von einer großen Sammlung internationaler Bierwerbeplakate und -schilder geprägt. Zu empfehlen ist das gebackene Mett auf Hausbrot mit roten Zwiebeln, das Hackfleisch ist auf einer Seite leicht angebraten.

Will man nach all dem Kölsch ein kreatives Bier in Zentrumsnähe trinken, bietet sich der *Craftbeer Corner* in der Martinstraße an. Hier gibt es fast alles außer Kölsch, immer auch fränkische und belgische Biere, die man auf einem Balkon mit Domblick genießen kann. International bekannte Brauer stellen hier ihre neuen Kreationen vor, ein wirklich guter Laden.

Eine enge Beziehung habe ich zur *Braustelle* von Peter Esser in Köln-Ehrenfeld (Christianstraße 2), denn hier war ich vier Jahre lang Restaurantleiter. Das Gebäude war schon Ende des 19. Jahrhunderts eine Gaststätte, stand dann länger leer und ist seit 2001 ein Restaurant mit voll integrierter Handwerksbrauerei. Hier gibt es gleich mehrere eigene Biere vom Fass. Das »Helios«, ein Wiess, hat seinerzeit diesen Vorgängerstil des Kölsch wieder in der Domstadt verankert, außerdem wird hier, selten für Köln, ein Alt gebraut, daneben belgische und englische Bierstile. Der Koch, ein Togolese, ist noch derselbe wie zu meiner Zeit. Besonders sein Biergulasch mit hausgemachtem Malztreberbrot ist große Klasse.

Zum Schluss noch einige originelle, typisch Kölner Brauhäuser: In der *Gaststätte Wirtz* am Rande des Severinsviertels gibt es die besten Koteletts der Stadt. Allerdings muss man etwas Zeit dafür mitbringen; ausgeschenkt wird hier *Gaffel*.

Sudhaus der *Brauerei Päffgen*

Die *Gaststätte Max Stark* ist meist sehr voll, auch wegen ihrer guten Küche. Ich empfehle den rheinischen Sauerbraten, den es hier noch ganz ursprünglich vom Pferd gibt, und, immer dienstags, Reibekuchen auf Schwarzbrot mit Apfelkraut, dazu wird »Päffgen Kölsch« serviert.

Das *Haus Töller* im Mauritius-Viertel, 1871 als Brauerei gegründet – das Gebäude geht noch auf das Mittelalter zurück, noch früher verlief hier eine wichtige Römerstraße –, ist ein Augenschmaus. Hier gibt es noch ein originales Thekenschaaf und eine Kassettendecke aus dem 19. Jahrhundert, wie sie sonst nirgendwo in Köln überlebt hat. Das gut gepflegte und oft restaurierte Mobiliar soll noch zum Großteil aus der Gründerzeit stammen, der Service ist echt rustikal. Auch hier wird ein guter rheinischer Sauerbraten serviert.

Ich behaupte, wenn man all diese Gasthäuser besucht hat, hat man einen guten Einblick in die Kölsch-Kultur gewonnen – so authentisch man sie heute noch erleben kann.

Einbeck – Martin Luther und das Bier

Stammt von Martin Luther wirklich der erste Werbespruch der Biergeschichte? Auf jeden Fall mochte er das Einbecker Bier, das die Urform des Bierstils Bock darstellt.

Dass Luther gerne Bier trank, ist uns vielfach überliefert. Zahlreiche Zitate, die sich zum Teil zu widersprechen scheinen, belegen, wie sehr er dem Gerstensaft zugetan war, auch wenn er ihn durchaus kritisch sah:

»Wer kein Bier hat, hat nichts zu trinken!«

»Bier ist Menschenwerk, Wein aber ist von Gott.«

»Torgauer Bier ist viel besser als Wein.«

»Gestern musste ich daran denken, dass ich ein sehr gutes Bier daheim habe und dazu eine schöne Frau (...). Und du tätest wohl, dass du mir den ganzen Keller meines Weins herüberschicktest und eine Flasche deines Biers.«
(an Katharina aus Dessau, 1534)

»Ich sitze hier und trinke mein gutes Wittenbergisch Bier, und das Reich Gottes kommt von ganz alleine.«

Interessant ist die Auseinandersetzung mit Luther und dem Bier vor allem, weil sie uns in den Alltag einer norddeutschen Brautradition führt, die zu Zeiten der Hanse prägend war. Bayern war ja noch bis etwa 1500 überwiegend ein Weinland.

Luther selbst verfügte über das Braurecht, als ihm nach seiner Hochzeit im Jahr 1525 das frühere Augustinerkloster in Wittenberg übereignet worden war – 1532 wurde es ihm sogar geschenkt. Braubürger wie er durften nicht nur für den Eigenbedarf produzieren, sondern ihr Bier auch verkaufen. Wobei die Luthers allein für sich und ihre bekanntermaßen zahlreichen Gäste an der Tafel große Mengen an Bier benötigten. Gebraut wurde von Hausbediensteten unter Aufsicht von Luthers Frau Katharina von Bora, die als frühere Nonne über das notwendige Wissen verfügte.

Einer verwischten Überlieferung nach reichte der Herzog von Braunschweig Luther 1521 auf dem Reichstag zu Worms zur Stärkung eine silberne Kanne, die gefüllt war mit Starkbier aus Einbeck, das es heute noch gibt. Darauf soll Luther gesagt haben: »Der beste Trank, den einer kennt, wird Ainpöckisch Bier genennt.« Erstaunlich: Luthers widerstandsfähige innere Haltung auf besagtem Reichstag wird mit zwei Zitaten – dem gerade genannten und »Hier stehe ich, ich kann nicht anders« – in Verbindung gebracht, die er mit großer Sicherheit nie von sich gegeben hat. Und trotzdem haben diese Zitate das Bild des beleibten, aufrechten Biertrinkers geprägt – noch halb mittelalterlicher Mönch, und doch schon halb modern.

Tatsächlich nachweisbar ist, dass der Rat der Stadt Wittenberg ihm zu seiner Hochzeit ein Fass mit Einbecker Bier schenkte, einem Luxusgut seiner Zeit. Dessen Geschichte verweist auf die Ursprünge des Bierstils Bock. Die Erfindung dahinter klingt zunächst nicht besonders originell, trotzdem blieb sie lange exklusiv: Dadurch, dass die Einbecker ihr Bier mit mehr Malz als gewöhnlich einbrauten, wurde es stärker, voller im Geschmack und auch haltbarer. Es war damit bestens zum Export geeignet.

Hergestellt wurde das Einbecker Bier – dokumentiert zuerst im Jahr 1378 – über Jahrhunderte hinweg nicht etwa in einem städtischen Brauhaus, sondern von einem Braunetzwerk, an dem im 16. Jahrhundert mehr als fünfhundert Braubürger (Vollbürger mit Braurecht) beteiligt waren. Die Utensilien wurden von der Stadt entliehen, gebraut wurde nach einem streng vorgegebenen Rezept unter der Aufsicht städtischer Braumeister. Das fertige Bier (bis zu zweitausendzweihundert Liter entstanden bei jedem Brauvorgang über heimischer Feuerstelle) deckte den Eigenbedarf, konnte aber bei gutem Gelingen auch an die Stadt verkauft werden, die es dann unter dem Label »Ainpöckisch Bier« vermarktete. In Hamburg gab es schon im 14. Jahrhundert ein eigenes Einbecker Bierhaus. Geliefert wurde das Luxusbier in den gesamten Hanseraum, von Amsterdam über Skandinavien bis Reval.

Noch heute fallen in Einbeck die große Scheunentore mitten in der Stadt ins Auge. Diese Ausmaße waren im ausgehenden Mittelalter notwendig, damit die große kupferne Braupfanne hindurchpasste, die nach einer ausgelosten Reihenfolge von den Braubürgern benutzt werden konnte.

Luthers geliebtes Ainpöckisches Bier stammte also jedes Mal aus einer anderen Hausbrauerei. Im Gegensatz zum heutigen Einbecker Bier war es noch von der Obergärung geprägt. Bekannt ist weiterhin, dass Einbecker Bier im Jahr 1591 erstmals im Münchner *Hofbräuhaus* ausgeschenkt wurde. Aber nicht für lange – denn die Münchner kamen auf die Idee, dass es lukrativer wäre, das teure Bier nachzubrauen. Also warben sie zwanzig Jahre später den Braumeister Elias Pichler aus der Hansestadt ab. Nach und nach wurde dann der Begriff »Ainpöckisch« von den Bayern in »Bock« verkürzt (oder verballhornt). Wie ungerecht: Heute denkt jeder Biertrinker beim Bockgenuss zuerst an Bayern. Luthers vermeintlicher Werbespruch ist den Einbeckern daher zu gönnen.

Hans Wächtler: Das fehlt mir noch ein bisschen in Deutschland: dass man ein und dasselbe Bier einfach mal zu einem Dreigängemenü kombiniert. Einen hellen Bock wie den »Ainpöckisch 1378« oder den »Ur-Bock Hell« von *Einbecker* (23) zum Beispiel kann man sehr gut zunächst als Aperitif reichen, eiskalt, am besten in einem gefrosteten Champagnerglas, auch ein Schuss Aperol oder Holunderblütensirup kommt infrage.

Zur Vorspeise, vielleicht einem Salat mit Orangendressing, kann der helle Bock in einem Weißweinglas etwas wärmer gereicht werden.

Die Süße des Bocks verbindet sich mit der leichten Bitterkeit der Orange, deren Fruchtigkeit der Kombination noch einen Schub gibt.

Als Hauptgang bietet sich Ente à l'Orange an. Hierzu wird der Bock mit einer Temperatur von acht bis zehn Grad im Rotweinglas gereicht. Dabei geht es vor allem darum, dem fettreichen Essen mit dem starken Bier Paroli zu bieten und die Röstaromen der Ente abzurunden. Die Gewürze werden intensiviert.

Für die Dessertbegleitung sollte man eine Flasche mit hellem Bock etwa eine Stunde vorher dekantieren. Das Bier oxidiert etwas, und man serviert es bei Zimmertemperatur in einem Cognacschwenker zu einer Crème brulée. Wieder ist der Fettgehalt im Essen hoch und wird ausgeglichen durch die Wärme und den hohen Alkoholgehalt des Biers. Auch bei dieser Verbindung treten die Gewürze nach vorne: Vanille und Karamell erhalten eine angenehm cremige Tiefe.

Hamburg

Comeback einer Biermetropole?

Im Mittelalter war Hamburg das Brauhaus Europas. Heute gehören die letzten Traditionsmarken zu *Carlsberg*, und die Craftbrauer suchen ihren eigenen Stil. Beim Alkoholfreien ist die Stadt führend.

Vor Ostern gebe es für Bierfaster kaum eine bessere Großstadt als Hamburg, hatte ich vor einigen Jahren in einem Blogbeitrag der *F.A.Z.* gewitzelt, denn hier verpasse man aus Hopfen-und-Malz-Sicht wenig. Daraufhin ergoss sich ein hanseatisch-gedrosselter Empörungssturm über mich – nicht ganz zu Unrecht.

Ein bisschen recht hatte ich aber auch. Es beginnt damit, dass die beiden Großmarken Hamburgs, *Holsten* und *Astra*, die inzwischen beide zum *Carlsberg*-Konzern gehören, in jedem Getränkemarkt zu bekommen sind, beide muss man also sicher nicht im Stammhaus an der Elbe trinken. Am deutlichsten sieht man die davongeschwommenen Felle am Jungfernstieg und der Binnenalster: Dort, wo einst die Malzmühlen für die Bierproduktion der Hanse klapperten, ist heute vom Hamburger Bier nicht mehr viel übrig. Am Westufer residiert hingegen eine große *Hofbräuhaus*-Filiale – wobei einem eine Liedzeile der Rodgau Monotones in den Sinn kommt: »Hamburgs heller Stern versinkt, wenn der Fischmarkt erst nach Handkäs (oder eben Obatzda) stinkt.«

Erhellend ist in diesem Zusammenhang, dass schon jene Brauerei, die das Pils von *Astra* erfand, bevor sie erst an *Holsten* und dann an *Carlsberg* überging – die *Bavaria-St. Pauli-Brauerei* –, ihrerseits Symptom eines Verdrängungswettbewerbs gewesen war. Bereits ihr Name verwies darauf, dass das aus Bayern kommende Lager-Bier den äußersten deutschen Norden erobert und das obergärige Hamburger Bier (das

Braunbier, Rotbier, Weizenbier), welches über Jahrhunderte hinweg den Markt dominierte, verdrängt hatte.

Lange Zeit hat Hamburg dem Namen »Brauhaus der Hanse« alle Ehre gemacht. In Hamburg, so heißt es im Katalog zu der 2016/17 im Museum für Hamburgische Geschichte gezeigten Ausstellung *Kein Bier ohne Alster*, sei sogar das erste Weizenbier Deutschlands gebraut worden. Am Alstersee schroteten Mühlen schon vom 13. Jahrhundert an in großen Mengen das Bier-Malz, im 14. Jahrhundert sollen in Hamburg jährlich mehr als fünfhunderttausend Hektoliter erzeugt worden sein, im 16. Jahrhundert gab es noch mehr als fünfhundert Brauereien. Auf die Initiative der Hamburger Brauer sollen außer dem ersten Wasserwerk auch die Gründung der Börse und die erste Feuerversicherung zurückgegangen sein.

Und dann, neben der verflossenen Herrlichkeit, auch noch das: Wer die Elbphilharmonie, das neue Wahrzeichen Hamburgs, besichtigt, sieht nach Verlassen der »Tube« genannten Rolltreppe in Richtung Aussichtsplattform was als Erstes? Das Logo einer Biermarke namens *Störtebeker*. Ausgerechnet »Störtebeker«, der Schrecken der Hanse, der gefürchtete Feind Hamburgs. Und das Hopfenbitterste an der Angelegenheit für die Stadt: *Störtebeker*, eine Brauerei mit kreativer Craftbiersparte und vielfach preisgekrönten Bieren, hat ihren Standort in Stralsund. Dorthin haben früher die Hamburger das Bier verschifft. Na ja, nicht ganz, denn Stralsund hat selbst eine jahrhundertealte Braugeschichte. Der entscheidende Punkt aber ist: Nach der Wende gelang es in Stralsund, zu rechter Zeit das Ruder herumzureißen und ein breites, wohldurchdachtes, auf Nordisch getrimmtes Sortiment aufzubauen und national zu vermarkten. Seither dominiert das Unternehmen als Hanse-Spezialbier-Primus mit Produkten wie »Baltik-Lager« und »Hanse-Porter« die Getränkemärkte.

Die Hamburger *Ratsherrn Brauerei* hatte zwar fast zur gleichen Zeit eine ähnliche Entwicklung genommen – vom Standardbier hin zu einem breiteren Spezialbiersortiment mit einer Neuinterpretation etwa des traditionellen Hamburger Rotbiers –, zudem hatte man mit dem *Alten Mädchen* eine attraktive Gastronomie rund ums hauseigene Bier aufgebaut, doch zog Oliver Nordmann, der geschäftsführende Gesellschafter von *Ratsherrn*, aus unbekannten Gründen den Kürzeren gegen seinen Bruder Jürgen, den Eigentümer von *Störtebeker*. Bierhistoriker werden eines Tages vielleicht ans Licht bringen, was sich hinter den Kulissen genau abgespielt hat.

Und weil die Angelegenheit so kurios ist, haben die Elbphilharmonie und *Störtebeker* sie gleich noch auf die Spitze getrieben. Denn das Brauereilogo verfolgt einen auf verschiedenen Ebenen des Konzerthauses: an mehreren Zapfstationen sowie einer – wenn auch über die Jahre hinweg stark geschrumpften – markengebundenen Brau-Erlebniswelt mit Tasting-Lounge. Und das alles in größter Nähe zur Hochkultur. Was für das Image des Biers insgesamt extrem förderlich ist, muss auf die Hamburger Brauer bei der Erstbesichtigung im Jahr 2016 bedrückend gewirkt haben.

Doch seither hat sich viel getan in Hamburg. Während *Störtebeker* zuletzt wenig Neues auf den Markt gebracht hat, haben sich die vielen kleinen Craftbrauereien der Stadt kontinuierlich weiterentwickelt. Mit zum Teil improvisiert wirkenden Brewpubs (etwa bei *Landgang*, *Wildwuchs*, *Bunthaus*, *Birrificio Shanghait*) oder alternativen Kleinkneipen (*Bar Oorlam* von *Buddelship*) behaupten sie sich bislang tapfer gegen Craftbiergrößen wie *BrewDog* aus Schottland (Reeperbahn 1) und *Omnipollos* aus Schweden (Kampstraße 36), die in den letzten Jahren in die Stadt gekommen sind.

Eine gemeinsame Handschrift der Hamburger Craft- oder Kreativbrauer sieht man interessanterweise beim Weizenbier, das sowohl bei *Ratsherrn* (»Matrosenschluck«) als auch bei *ÜberQuell* (»World White IPA«) und *Landgang* (»Weizheit«) einen auffällig starken Hopfenanteil aufweist. Wobei die Initialzündung für die Durchsetzung des Weizen-IPA in Hamburg wohl das von *Ratsherrn* und Jeff Maisel zur Eröffnung des Braugasthauses *Altes Mädchen* vorgestellte »Citrilla Wheat« war.

Damit ergibt sich eine – das Konkurrenzverhältnis zwischen Hamburg und Bayern betreffende – doppelte Pointe. Sie besteht zunächst darin, dass das Weizenbier nach seiner frühen Popularität in Hamburg heute eher mit Bayern assoziiert wird, wo Georg Schneider (*Schneider Weisse*) bei seiner »Hopfenweissen« 2007 einen wichtigen Innovationsschritt tat, indem er eine Extraportion Hopfen hineinwarf. Doch setzte sich – dies die zweite Volte – diese starkhopfige Variante nicht in Bayern, sondern in Hamburg durch. Dass viele Hamburger Craftbrau-

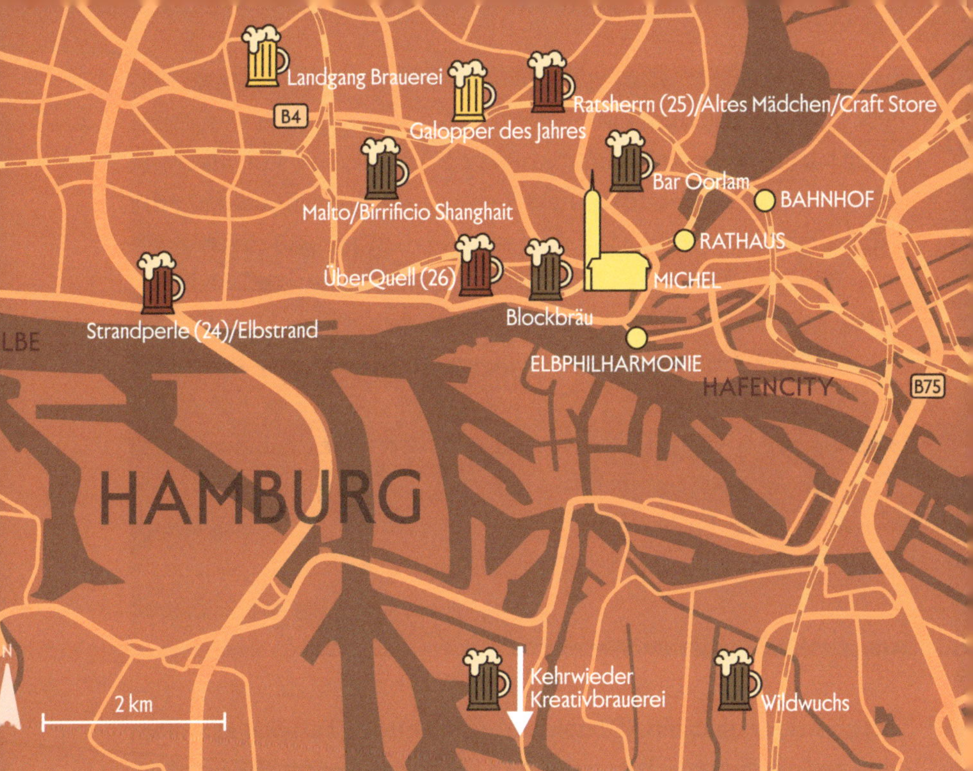

er inzwischen eifrig Helles brauen, übersehen wir an dieser Stelle einmal geflissentlich. Wir konzentrieren uns auf die neueren Erfindungen aus der Hansestadt.

Zählen könnte man dazu den »Prototyp«, ein kaltgehopftes Lager, das verblüffenderweise fast wie ein IPA schmeckt und von Oliver Wesseloh, einem früheren Weltmeister der Biersommeliers, um das Jahr 2013 in der heute im Süden Hamburgs angesiedelten *Kehrwieder Kreativbrauerei* entwickelt wurde. Die zweite, noch wichtigere Innovation ist das »ü.NN« oder »überNormalNull«, das erste deutsche alkoholfreie IPA, das Wesseloh Ende 2015 in Kollaboration mit dem *Brauhaus Nittenau* (dort heißt der alkoholfreie Zwilling »Chauffeur«) mehr durch Zufall, wie er sagt, aus dem Kessel hob. Inzwischen ist Hamburg eine Art Hauptstadt des alkoholfreien Biers geworden, selbst kleinste Craftbrauereien bieten ein eigenes an.

Der Trick des tatsächlich fast wie ein sechsprozentiges IPA riechenden »ü.NN« – verwendet werden die Hopfensorten Simcoe, Mosaic und Citra – liegt dabei in der Hefe: Es ist eine, die Malzzucker nicht

Abendstimmung im *Braugasthaus Altes Mädche* von *Ratsherrn*

vergären kann und den Alkoholgehalt somit niedrig hält, was allerdings den Nebeneffekt hat, dass »ü.NN« zwar äußerst vollmundig und gehaltvoll schmeckt, diesen Eindruck aber mit relativ hoher Restsüße bezahlt. Inzwischen gibt es alkoholfreie Ales in sehr guter Qualität auch von den Brauereien *Maisel & Friends*, *Störtebeker* (»Atlantik-Ale Alkoholfrei«) und vielen anderen. *Kehrwieder* hat sein alkoholfreies Segment unterdessen ausgebaut. Mit dem international prämierten »Road Runner«, einem alkoholfreien Coffee Stout, und »Coconut Grove«, einem alkoholfreien Juicy Pale Ale, produzieren die Kreativbrauer inzwischen drei komplexe Biere mit weniger als 0,5 Volumenprozent Alkohol.

Noch mal zur Hamburger Vielseitigkeit: Allein von Fiete Matthies' *Wildwuchs Brauwerk* im Elbinselquartier kann man sagen, es produziere mehr Bierstile als alle bayerischen Großbrauereien zusammen. Es ist erstaunlich, was sich Matthies alles hat einfallen lassen (zum Beispiel das »Kein Weizen Ale«) und auch vorhält. Eine ungemein breite Angebotspalette gibt es ebenfalls bei der Brauerei *Landgang* in Bahrenfeld, die mit der »Hellen Aufregung« etwa ein böhmisch angehauchtes Bier produziert – was aber so weit hergeholt gar nicht ist, denn Wasserwege führen von Hamburg aus eben nicht nur nach Übersee und auf die Britischen Inseln, sondern auch die Elbe hinauf nach Tschechien.

Hamburg ist überdies die Stadt der vielen Hähne. Nach Lust und Laune kann man hier Pale Ales und IPAs jeder Couleur und Provenienz genießen. Aber auch fränkische Landbiere oder das Rauchweizen von *Schlenkerla* sind etwa in dem kleinen Brewpub *Malto* von der *Birrificio Shanghait* ganz selbstverständlich neben den hauseigenen, zuweilen waghalsigen Hopfenexperimenten zu verkosten.

Zwar fehlt der Millionenstadt nach wie vor ein unverwechselbares Referenzbier, doch eines ist sicher: Unterhopft fährt man als Besucher aus Hamburg nicht nach Hause. Die Hansestadt bleibt beim Bier in vielem die offene, erfrischende Gegenstadt zu München. Doch sie muss kämpfen. Wem die Biervielfalt am Herzen liegt, der tut gut daran, die in der Coronakrise gebeutelten Hamburger Kleinbrauer mit Besuchen und Käufen zu unterstützen.

Alternativ Bier trinken: Hopfenbaden an der Elbe

Die Hamburger Bierkennerin Sünje Nicolaysen hatte uns einmal eine Fahrradtour empfohlen, die viele der genannten Brauereien und Brewpubs verbindet (*Wildwuchs*, *Bunthaus*, *ÜberQuell*, *Oorlam*, *Malto*, *Landgang*) und dabei sogar durch den Elbtunnel führt. Diese Tour ist sicher sehr attraktiv – wenn das Wetter gut ist. Leider hatte ich keinen solchen Tag erwischt, als ich sie nachfuhr. Erst streikte das Leihfahrrad, dann geriet ich mit dem Scooter, auf den ich kurzerhand umgestiegen war, in einen Starkregen und musste ihn außerhalb des Geschäftsgebiets abstellen. Außer dem *Wildwuchs Brauwerk* in Wilhelmsburg bekam ich an diesem Tag nicht viel zu sehen.

Doch dank des vorbildlichen Hamburger Nahverkehrs und dieser praktischen Elektro-Taxibusse von Moia kommt man auch mit Dach über dem Kopf binnen kurzer Zeit zu den abgelegensten Bierzielen.

Wenn es um die Inszenierung perfekter Schlucke geht, muss man in Hamburg – auch wegen der oft extremen Craftbiere, die schwer zu Speisen zu kombinieren sind, und weil es in vielen Brewpubs wenig oder nichts zu essen gibt – kreativer zu Werke gehen als anderswo. Als symbolischer Aperitif bietet sich ein großes saftiges Glas »Prototyp« im *Galopper des Jahres* an. Die »Kneipe für alternative, kreative und traditionelle Biersorten«, wie sie sich selbst bezeichnet, hat einen durch und durch ungezwungenen Charakter. Gelegen mitten im quirligen Schanzenviertel, direkt am *Schanzenkino 73*, werden hier zwölf oft wechselnde Biere vom Fass ausgeschenkt (der »Prototyp« ist immer eines davon). Innen gibt es zwar einen Verkaufsstand der Bäckerei

Schmidt & Schmidtchen, doch hat dieser meistens zu, wenn die Kneipe offen hat. Allerdings kann man sich das Essen selbst mitbringen und es etwa zu einem der regelmäßig veranstalteten nerdigen Quizze verspeisen. Draußen kann man wunderbar das Schanzenviertel beobachten, das ja im Grunde ein großer alternativer Laufsteg ist.

Hans Wächtler: Der »Prototyp« ist aus meiner Sicht nicht ganz leicht zu pairen. Wenn es um perfekte Schlucke mit Essensbegleitung geht, wecken die Alkoholfreien von *Kehrwieder* meine Fantasie am meisten. Da die Brauerei keinen eigenen Braugasthof hat, aber den Blick auf die Elbe mit ihrem Namen geradezu herausfordert, nimmt man einfach ihre drei Alkoholfreien, am besten sehr gut gekühlt, mit an den Elbstrand – an die *Strandperle* in Övelgönne mit seiner unkomplizierten Außenfläche etwa – und probiert etwas aus, das für viele Biertrinker ungewöhnlich klingen mag: Bier zusammen mit Früchten. Mit einem Obstsalat ergeben sich zum »ü.NN« und dem »Coconut Grove« erstaunliche Korrespondenzen. Das Süß-Saure in den Früchten ist immer eine gute Grundspannung, die durch die Fruchtigkeit des Biers in unterschiedlichste Richtungen gelenkt wird. Das muss man erlebt haben. Zu etwas naturbelassen Leichtem wie Obst braucht man kein starkes Bier. Ich bin auf dieses Pairing bei meinen Aufenthalten in Asien gekommen, wo es nicht unüblich ist, zu Fruchtplatten leichte Biere zu trinken.

Der »Road Runner« von *Kehrwieder* (24) wiederum passt als dunkles Bier aus meiner Sicht ausgezeichnet zu Fischbrötchen, viel besser als ein gewöhnliches Pils. Außerdem kann man ihn als eine Art Espressoersatz auch gut solo trinken. Und wenn man sich vom Obstsalat noch ein paar Blaubeeren aufgehoben hat, ergibt sich ein durch und durch runder Abschluss dieses alkoholfreien Bierpairings: Auf der einen Seite hat man die in Süße eingebundene Säure der Beeren, auf der anderen die schokoladig-röstigen, erdig-holzigen Aromen des Biers.

Erleben sollte man in Hamburg zwei weitere Bierorte, die ebenfalls ihr Viertel charakteristisch widerspiegeln und in den vergangenen Jahren einflussreiche Impulse für die Platzierung von Bier in der Gastronomie gesetzt haben. Da wäre zum einen das *Alte Mädchen* von *Ratsherrn*, 2013 von Tim Mälzer, Patrick Rüther und dem umtriebigen Axel Ohm in den ehemaligen Viehhallen der Schanzenhöfe eröffnet. Dieses modern-rustikale Bierrestaurant mit großem Innenhof bot schon Burger und Craftbier sowie eine gläserne Brauerei, als das in Deutschland noch etwas Besonderes war.

Hans Wächtler: Im *Alten Mädchen* werden auf der Speisekarte zu den einzelnen Gerichten vorbildlicherweise Bierpairings empfohlen, die größtenteils auch ganz vernünftig sind. Den »Matrosenschluck« von *Ratsherrn* (25), ein Weizen-IPA↗ mit Haferanteil und Orangenschale, finde ich besonders gelungen. Dazu passt hervorragend eine typische Hamburger Spezialität, das Franzbrötchen, ein mit Zucker und Zimt gefülltes Plunderteilchen, das sich auf der Karte als Franzbrötchen-Tiramisu wiederfindet. Hier zeigt sich, wie gut Bier auch zu Süßem schmecken kann. Den Kick bringt in diesem Fall der Zimt, der mit den würzigen Noten aus dem Weizen und der obergärigen Hefe korrespondiert.

Nur wenige Meter vom *Alten Mädchen* entfernt gibt es den Ratsherrn Store Schanze mit einer für Deutschland ziemlich einzigartigen Auswahl an nationalen und internationalen Craft- und Traditionsbieren, viele davon gekühlt. Vor dem Laden kann man auf Bänken sitzen, ausprobieren, zu welchen Bierstilen das Hamburger Franzbrötchen sonst noch passt, und beobachten, wer so alles zum Bierkauf vorbeikommt. Wir haben das mehrmals ausprobiert, und Hamburg hat uns auf diesem Posten nie enttäuscht. Olli Dittrichs Kunstfigur Dittsche ist jedenfalls nicht der skurrilste Hamburger.

Die *Strandperle* in Övelgönne bietet den perfekten Rahmen für spontane Foodpairings.

Zum Schluss noch ein Abstecher nach St. Pauli, wo Mälzer, Rüther und Ohm nach der Trennung von *Ratsherrn* in den ehemaligen Riverkasematten direkt gegenüber vom Fischmarkt im Jahr 2017 einen neuen, offenen, bunten Brauereigasthof in altem Backstein eröffnet haben: *ÜberQuell*, in dem es zum hauseigenen Bier neapolitanische Pizza gibt – auch dieses Konzept wurde in Deutschland seither vielfach nachgeahmt.

In einem langen Zwischengang befindet sich dort zudem ein kurioses kleines Museum, in dem die Geschichte des Hamburger Biers erzählt und ein Exemplar des mutmaßlich ältesten erhaltenen Bierbuchs der Welt ausgestellt wird, wir kennen den schönen Titel schon: *Von der göttlichen und edlen Gabe der philosophischen, hochteuren und wunderbaren Kunst, Bier zu brauen*, im Jahr 1575 veröffentlicht von Heinrich Knaust, geboren in Hamburg.

Hans Wächtler: Das Pairing, das ich bei *ÜberQuell* empfehle, ist wieder ganz einfach und gehorcht der Einsicht, dass alle mit Tomate zubereiteten Speisen sehr gut zu Weizenbier passen. Zu dem mit seiner Kokos- und Vanillenote durchaus extremen »World White IPA« von *ÜberQuell* schlage ich die Margherita mit Fior di latte, Basilikum und Olivenöl vor, die vegane Pizza »Legalize Marinara« mit Oregano und Knoblauchöl passt ebenfalls gut. Aber auch mit dem »Palim Palim Pale Ale« und dem »Supadupa IPA« von *ÜberQuell* (26), die aromatisch recht dicht beieinanderliegen, lassen sich gute Korrespondenzen zu den vielfältigen Aromen der Pizzen herstellen. Am besten, man probiert es in größerer Runde mit mehreren Ales und Pizzen aus.

ÜberQuell direkt am Fischmarkt in den alten River-Kasematten

Das Bier und die Dichter

Von Gilgamesch zu Schwejk

Schon im *Gilgamesch-Epos*, einer der ältesten Dichtungen der Welt, geht es ums Bier. Enkidu, eine Art Urmensch, grast anfangs mit den Wildtieren. Doch seine Bestimmung ist eine andere. Er soll den halbgöttlichen König Gilgamesch in seine Schranken weisen. Gelockt von einer Dirne, wird er auf seinem Weg in die Stadt bei den Hirten sozusagen vordomestiziert. Sie servieren ihm, womit er zunächst nichts anzufangen weiß: Brot und Bier. An dem neuen Nahrungsangebot des Neolithikums findet er schnell Gefallen, er leert einige Krüge – und lächelt.

Der lächelnde Biertrinker ist seither eine feste Größe in der Weltliteratur. Man sieht die Figuren des *Ulysses* vor sich, wie sie einen kräftigen Zug vom »foaming ebon ale« nehmen, das die Guinness-Brüder, so James Joyce im Tonfall Homers, »seit jeher in ihren göttlichen Fässern brauen«. Schwejk tritt vor das geistige Auge, wie er sich im Prager *Kelch* zufrieden den Schaum vom Mund wischt, ehe er zum Wirt sagt: »Ich hatte fünf Bier und ein Brötchen mit Würstchen. Gib mir jetzt noch einen Sliwowitz, ich muss schon gehen, denn ich bin verhaftet.«

Die Rolle des Biers in der Literatur scheint festgelegt: Es schafft Kontexte zwischen Natur und Kultur, in denen der Mensch seine »exzentrische Positionalität«, seine Hineingeworfenheit in die Welt vergisst.

Was passiert, wenn man Bier dem Menschen vorenthält, zeigt Hašeks Kurzgeschichte *Abstinenzlerabend*. In dieser Groteske will Frau Picknown, die nach Übersee geheiratet hat, ihrer böhmischen Heimatstadt die neueste amerikanische Errungenschaft schmackhaft machen:

Requisiten de
Bloomsday:
Buch und Bier

die Prohibition. Die Frauen sind begeistert, den Männern spricht der Kapellmeister aus der Seele: »Ich geh hin und lass mich volllaufen!« Und so kommt es dann auch an diesem denkwürdigen Abend, den der Wirt Vasata mit dem besten Umsatz seines Lebens abschließt.

Im *Ulysses* mangelt es an Bier und Trinkgelegenheiten nicht. In dem Roman, der in Dublin einmal im Jahr groß nachgespielt wird, gehen Literatur, Nostalgie und Trinkkultur eine enge Verbindung ein. Dieses Bierpairing eigener Art wollten wir nicht verpassen.

Ein Prost auf Joyce

So schön kann Biertrinken im Namen der Weltliteratur sein. An jedem 16. Juni wird in Dublin der am gleichen Tag spielende Roman *Ulysses* von Literaturbegeisterten nachgestellt. Wir haben uns ins Geschehen geworfen.

Was für Proust-Verehrer eine Madeleine mit Lindenblütentee ist, sind für Joyce-Fans ein Pint »Guinness« und gebratene Nieren: inspirierende, fast mythische Stimulanzien, deren Genuss verlorene Zeiten und Orte heraufdämmern lässt. Und nie ist ihre Wirkung stärker als am 16. Juni, jenem Tag, an dem Joyceaner aus aller Welt den Anzeigenakquisiteur Leopold Bloom geistig auferstehen lassen, um mit der Hauptfigur des *Ulysses* wie diese einst im Jahr 1904 von acht Uhr früh bis in die Morgenstunden des folgenden Tages durch Dublin zu streifen.

Am Bloomsday kauft Bloom eine Zitronenseife, geht zu einer Beerdigung, füttert Möwen, isst ein Gorgonzolasandwich, wird von einem Antisemiten verfolgt und muss manches andere über sich ergehen lassen, bevor er nach einem Bordellbesuch neben seine Frau Molly ins heimische Bett fällt. Vor allem aber wird im Buch unentwegt Bier getrunken.

Der Literaturnobelpreisträger Seamus Heaney verließ jedes Jahr am Bloomsday erklärtermaßen die Stadt, weil er den »Karneval« nicht mehr ertragen konnte. Doch das muss *Ulysses*-Euphoriker nicht beeindrucken, schließlich wurden Ton und Tempo des Bloomsday von einer Gruppe namhafter irischer Berufskollegen Heaneys wie Brian O'Nolan alias Flann O'Brien und Patrick Kavanagh vorgegeben, die sich im Jahr 1954 zum ersten Mal mit zwei Pferdekutschen auf Blooms

Fährte hefteten. Joyce selbst feierte den 16. Juni von 1924 an, also bald nach Erscheinen des Romans, Jahr für Jahr feuchtfröhlich mit Freunden in Paris. Und wahrscheinlich beging er diesen speziellen Tag auch schon früher mit einem Toast, denn am 16. Juni 1904 hatte er seine Frau fürs Leben gefunden – Nora Barnacle.

Wie leicht der Bloomsday und der Alkohol zu verknüpfen sind, demonstrierten die Pioniere von 1954. Sie starteten am Martello-Turm in Sandycove, an dem der *Ulysses* mit einer Reflexion über die »rotzgrüne« Irische See beginnt, um dann schon nach kurzer Zeit hoffnungslos auf halber Strecke zu versacken.

Dass Bloom während seiner mehr als achtzehn Stunden dauernden Odyssee durch Dublin nicht ein einziges Mal Bier trinkt – er bevorzugt Wein und Cider –, stört keinen der Gäste beim Bloomsday Breakfast, das im James Joyce Centre und auf der abgesperrten North Great George's Street serviert wird. Denn erstens trinken im Roman fast alle übrigen Figuren zu jeder denkbaren Tages- und Nachtzeit Bier, zweitens ist die geschäftstüchtige Brauerei mit der Harfe, deren Name im Buch gleich mehrmals erwähnt wird, als Sponsor mit mehreren Fässern vertreten, und drittens ist der Bloomsday kein Anlass für übertriebenen philologischen Ehrgeiz.

Niemand wird leugnen, dass bei James Joyce Leben, Werk und Bier aufs Engste verknüpft sind. Sein Großvater besaß ein Pub, sein Vater soll ein sogar für Dubliner Verhältnisse eifriger Kneipengänger gewesen sein, und er selbst charakterisierte in seinem Kurzgeschichtenzyklus *Dubliners* die Menschen seiner Heimatstadt mit den folgenden Worten: »Der Dubliner verbringt seine Zeit mit Schwatzen und Rundgängen durch die Bars, Schenken und Spelunken, ohne je seine doppelten Quantitäten von Whiskey oder Home Rule satt zu kriegen.« Joyce wusste, wovon er sprach.

Doch zurück zum Bloomsday: Vielleicht ist der morgendliche Bierkonsum in der North Great George's Street auch darauf zurückzuführen, dass die Frühstücksnieren, die hier in Anspielung auf den Innereienliebhaber Leopold Bloom gegessen werden, ganz hervorragend zu dem »foaming ebon ale«, dem schäumenden, ebenholzfarbenen Bier, wie »Guinness Stout« (27) im zwölften Kapitel bezeichnet wird, passt. Möglicherweise ist es den Joyceanern nicht mal bewusst, doch genehmigen sie sich beim Bloomsday seit Jahrzehnten zum »Stout« ein ziemlich perfektes Foodpairing.

Während Schauspieler auf der Straße mit der strengen georgianischen Backsteinarchitektur populäre Szenen aus dem Werk des berühmten Dublin-Flüchtlings Joyce zum Besten geben, füllt sich die Szenerie allmählich mit *Ulysses*-Wiedergängern in edwardianischen Kostümen.

In die zwei Straßen weiter gelegene Eccles Street Nummer 7, den Ort, an dem Bloom im Roman tatsächlich frühstückt, hat es zur selben Zeit nur wenige Nachfolger verschlagen. Das originale Backsteinhaus ist abgerissen worden, lediglich eine Bronzetafel erinnert noch an eine der berühmtesten Adressen der Weltliteratur, unter der auch Joyce selbst, der im Lauf seines Lebens angeblich knapp siebzig Mal umzog, für kurze Zeit anzutreffen war.

Ausgelassene Stimmung am Bloomsday vor dem *Davy Byrnes.*

Gegen zehn Uhr machen sich die ersten Frühstücksgäste auf den Weg in das fünfte Kapitel. Sie folgen Bloom zum Drogisten Sweny, der am Lincoln Place in einem kleinen, weiß gestrichenen Laden residiert. Wie Bloom kaufen die *Ulysses*-Pilger hier eine Zitronenseife. Um elf Uhr ist Bloom in Sandymount verabredet, er trifft ein paar alte Freunde im Haus des gerade verstorbenen Paddy Dignam. Gemeinsam fahren sie – Bloom macht sich unterwegs viele Gedanken über die beste Lage für Pubs – in einer Kutsche quer durch Dublin zum Friedhof Glasnevin.

Das nächste *Ulysses*-Kapitel spielt dann wieder in einer eher zentralen Gegend. Dort, wo einst die Nelson-Säule stand, ragt heute auf dem Mittelstreifen der belebten O'Connell Street die hundertzwanzig Meter hohe Edelstahlnadel Spire of Dublin empor, ein neues Wahrzeichen der Metropole. Joyce beschreibt im siebten Kapitel das Gewimmel vor dem General Post Office, die Trams, die Brauereiwagen, die Schuhputzer und barfüßigen Zeitungsjungen. Heute befindet sich dort eine hochfrequentierte Bushaltestelle. Auch die Redaktionsräume des *Freeman's Journal* an der Middle Abbey Street, in denen der umtriebige Bloom über eine Anzeige verhandeln will, haben die Zeit nicht überdauert. Dass im *Ulysses* die Gespräche über Artikel und Themen zwischen Redakteuren und Mitarbeitern größtenteils in Pubs wie *The Oval* und *Mooney's* stattfinden, ist dabei keine Joyce'sche Übertreibung, sondern entsprach dem Zeitungsalltag im frühen 20. Jahrhundert.

Bloom schließt sich keiner der Kneipengruppen an und speist allein im Pub *Davy Byrnes* (bei Joyce noch mit Apostroph), einem Ruhepol in dem von Essensgerüchen durchzogenen achten Kapitel. Dessen Handlungsverlauf kann man auch deshalb so gut nachverfolgen, weil Blooms Weg durch das Viertel mit vierzehn in die Bürgersteige versenkten Bronzeplaketten markiert wurde und die meisten der erwähnten Gebäude noch heute existieren: die O'Connell Bridge, auf welcher Bloom die Möwen mit Banbury Cakes füttert, das Ballast Office, das irische Parlament, das Trinity College, die Einkaufsgegend der Grafton Street und eben das *Davy Byrnes*, in dem Bloom ein Gorgonzolasandwich mit Senfflöckchen und ein Glas Burgunder zu sich nimmt. Joyce soll den Wirt gemocht haben, dessen Pub er im Roman als *moral*, als anständig, bezeichnet.

Für Bierliebhaber lädt das Gorgonzolasandwich, das für eine stattliche Eurosumme jederzeit verfügbar ist, zu einer noch besseren alkoholischen Begleitung ein: einem verhalten süßen »Guinness Dublin Porter« (28), das in seiner Schokoladenröstigkeit hervorragend mit dem vorherrschenden Umami-Geschmack des Snacks zusammengeht. Leider ist die Bierkarte bei *Davy Byrnes* manchmal etwas schmal, sodass man auch mit einem »O'Hara's Irish Pale Ale« Vorlieb nehmen kann.

Die Stimmung in der vollgepackten Kneipe ist glänzend. Frauen, die aufgrund ihrer Kleidung aus dem vergangenen Jahrhundert zu stammen scheinen, zeigen wenig Zurückhaltung beim Feiern, während im Nebenraum ein Gitarrenspieler vor mitklatschendem internationalen Publikum ein Lied über den Tag, an dem die Musik starb, zu Gehör bringt.

Bloom bricht nach dem Imbiss zur nahe gelegenen National Library auf, um eine alte Anzeige zu recherchieren.

Es folgt das raumgreifende zehnte Kapitel, in dem Joyce gleich mehrere Personen auf ihrem Gang durch Dublin begleitet, wobei auch derjenige Spurensucher, der das Bier oder den Wein noch nicht in den Beinen spürt, Schwierigkeiten haben wird, sämtliche Stationen in der Pünktlichkeit des Romans anzusteuern. Leider war es zuletzt nicht mehr möglich, im *Ormond Hotel* vorbeizuschauen, in dem Bloom, von Sirenenmusik umschwirrt, gegen sechzehn Uhr eine Portion Leber mit Kartoffelpüree isst und einen Brief beantwortet, während er einen Cider trinkt. Abermals beweist Bloom große Sicherheit beim Foodpairing.

Der Bloomsday ist jetzt an einem heiklen Punkt angelangt. Einerseits hat die Hauptfigur noch einiges zu erledigen, sie muss manchen Gedankenstrom bewältigen und manche Meile zurücklegen. Andererseits müsste man sich, um es ihr gleichzutun, an eine Reihe von Orten begeben, die den literarischen Spurensucher wegen mangelnder Authentizität heute eher kaltlassen. Dann wieder kommt man unterwegs an Obstverkäuferinnen vorbei, die mit rauer Stimme ihre Ware in alten

Kinderwagen feilbieten, und plötzlich steht man in seiner Fantasie mitten im Jahr 1904.

Leider ist es nicht mehr möglich, dieses Gefühls im lange schon geschlossenen *Barney Kiernan's Pub* in der Little Britain Street habhaft zu werden, in dem sich das zwölfte Kapitel abspielt. Man könnte hier sonst eine typische Dubliner Kneipe des 19. Jahrhunderts erleben, ein »watering hole«, ein Wohnzimmer, in das man sich wie die Figuren im *Ulysses* zurückziehen kann, um die Zeitung oder anderes zu lesen, während manche in der Nähe des Tresens auf ein geschnorrtes Bier lauern.

In den Gesprächen des Romans erweist sich Dublin als Dorf, in dem jeder jeden kennt. Schwärmerisch und poetisch wird es immer dann, wenn die neue Runde Bier kommt und das schäumende Stout als »wine of the country« oder »ebon ale« begrüßt wird: »Ah, oh! Rede nicht! Nach der Pinte hatte ich geschmachtet. Erkläre bei Gott, dass ich hören konnte, wie sie mir klingelling in den Magen rinnt«, heißt es in der Übersetzung von Hans Wollschläger. Überschattet ist das Kapitel von der Radikalität des immer aggressiver werdenden trinkenden »Bürgers«, einer Figur, mit der Joyce jeden Ansatz einer wohlfeilen irischen Pub-Idylle durchkreuzt. Dem *Barney Kiernan's* hat dieser Umstand am Ende wohl eher geschadet. Der Ort findet seit Langem keine besondere Bloomsday-Pflege und wurde, einmal geschlossen, nie wieder eröffnet. Doch ist die Fassade noch heute in der Häuserfront zu erkennen.

Ein Abstecher in die erotisch aufgeladene Nausikaa-Episode an der Dublin Bay macht deutlich, dass die Zeit buchstäblich Land gewonnen hat: Die Küstenlinie hat sich derart verschoben, dass man von dort, anders als Bloom, die Musik aus der heute noch existierenden Star of the Sea Church nicht mehr hören könnte. Nur die Muscheln krachen am Strand unter den Schuhen noch so wie zu Blooms Zeiten. Und die See ist an einem regnerischen Tag mit »rotzgrün« wirklich treffend beschrieben.

Selbst im Maternity Hospital, in dem Bloom eine Bekannte besuchen will, die aber plötzlich in den Wehen liegt, wird zünftig gezecht. Im vierzehnten Kapitel gerät er dort in ein Gelage mit Stephen Dedalus und dessen Freunden, das schließlich im Rotlichtviertel Dublins, der Gegend rings um die ehemals berüchtigte Montgomery Street, endet. Auch dieser Schauplatz ist – leicht zu verschmerzen – nicht mehr nachie Geschichte der Dubliner arke *Guinness* eht bis auf das hr 1759 zurück.

zuempfinden. Das Bordellviertel wurde in den Zwanzigerjahren von der irischen Polizei mit der Begründung geschlossen, dass man solch schmutzige Gegenden nach dem Abzug der britischen Soldaten nicht mehr brauche. Und da auch der *Cabman's Shelter* wie vom Erdboden verschluckt ist und man dort nicht mehr wie Bloom einen ernüchternden Kaffee trinken kann, sollte man rechtzeitig über Alternativen nachdenken, den Tag oder Morgen angemessen ausklingen zu lassen.

Das ist am Bloomsday in Dublin freilich eine dankbare Aufgabe. In den Theatern der Stadt finden zahlreiche Veranstaltungen zu Joyces Ehren statt. Ebenso naheliegend ist es, dem Beispiel Blooms zu folgen und sich einfach durch das abendliche Dublin treiben zu lassen. Als Anlaufstellen bieten sich neben den bereits erwähnten Pubs *The Oval* und *Mooney's* weitere mit Joyce-Bezug wie das *Kennedy's* (ehemals *Conway's*) oder das *Mulligan's* an.

Was immer man tut, eines wird einem auf dem verlängerten Weg ins Bett sicher nicht gelingen, nämlich die von Bloom am Beginn des Romans zum Spaß formulierte Aufgabe zu lösen, die da lautet: »Gehe durch Dublin, ohne an einer Kneipe vorbeizukommen.«

Der vielleicht angemessenste Abschluss dieses literarischen Feiertags ist dann demjenigen vorbehalten, der wie Bloom »auf dem dreiundfünfzigsten Grad nördlicher Breite und dem sechsten Grad westlicher Länge«, in Dublin nämlich, mit müden Füßen und einem Lächeln im Gesicht ins Bett gefallen ist und sich noch in der Lage sieht, Mollys berühmten Schlussmonolog zu lesen, der noch einmal quer durch die Stadt führt, Erlebtes und Erlesenes durcheinanderwirbelt und mit dem schönsten aller denkbaren Sätze endet: »Und ja sagte ich ja ich will ja.«

Als begleitende Lektüre zum Bloomsday empfiehlt sich – neben dem Roman selbst oder dem großartigen Hörspiel von Klaus Buhlert – Robert Nicholsons *The Ulysses Guide*, der Blooms Gänge durch Dublin akribisch nachzeichnet. Folgt man dem Roman auf eigene Faust, sollte man sich im Joyce Centre oder anderswo eine *Ulysses Map of Dublin* besorgen, auf der die wichtigsten Schauplätze verzeichnet sind.

Empfehlenswert ist auch ein Besuch des etwas außerhalb im Stadtteil The Liberties liegenden Guinness Storehouse, das einst Teil der größten Brauerei der Welt war, der *Open Gate Brewery*.

Die Keimzelle zu diesem oft erweiterten Gelände bildete die *St. James's Gate Brewery*, die der Gründer, Arthur Guinness (1725–1803), am 31. Dezember 1759 auf einen Zeitraum von neuntausend Jahren für fünfundvierzig Pfund jährlich pachtete. Er hatte deren gute Anbindung an die Innenstadt sowie das Wasser gleichermaßen bemerkt (auch an das weiche Wasser aus den Wicklow Mountains). Anfangs produzierte Arthur Guinness nur Ales, bald schon schwenkte er jedoch auf das in England populär gewordene dunkle Bier der Hafenarbeiter um, das Porter↗, aus dem sich das Stout als stärkere Variante mit den typischen Kaffee- bis hin zu Lakritzaromen entwickelte. Bereits 1769 begann Guinness dieses Bier, in dem – geniale Idee! – ein Anteil unvermälzter gerösteter Gerste enthalten ist, nach England zu exportieren. Daraus entstand im Lauf der Jahrzehnte eine Weltmacht des Biers mit eigener Schiffsflotte, die zwischenzeitlich in hundertfünfzig Ländern vertreten war und heute in mehr als vierzig über den Globus verstreuten Brauereien produzieren lässt, oft nach einem regional angepassten Rezept.

Guinness wurde schon bald derart populär (1801 war das »Foreign Extra Stout« entwickelt worden), dass verwundete Soldaten sich das Bier bei der Schlacht von Waterloo als Medizin herbeisehnten – entsprechende Briefdokumente sollen vorliegen.

1929 machte die Brauerei, die seit dem Jahr 1862 die irische Harfe als Erkennungssymbol verwendet, zum ersten Mal Werbung für sich. Berühmt wurden der Spruch »Guinness is good for you«, die humoristischen Motive von John Gilroy und das *Guinness-Buch der Rekorde*. 10 Millionen Pints (1 Pint = 0,473 Liter) *Guinness* werden nach Angabe der Brauerei Tag für Tag weltweit getrunken, 1,8 Milliarden Pints jedes Jahr verkauft. In Europa waren es zuletzt weniger als früher, dafür gibt es Zuwachsraten in Afrika.

Zurück zum Storehouse in Dublin. Heute wird hier mit vielen Erlebniselementen die Geschichte der Biermarke erzählt, die seit 1997 zum

Diageo-Konzern mit Sitz in London gehört. Die Aussicht von der Dachbar auf Dublin ist spektakulär. In der Ausstellung lernt man unter anderem, dass das *Guinness* in der heute beliebtesten Form – also als »Draught« mit 4,2 Volumenprozent Alkohol, welches mit einem Gemisch aus Stickstoff und Kohlendioxid gezapft wird (in der Dose übernimmt diesen Part eine sich öffnende Kunststoffkapsel mit dem entsprechenden Gasgemisch) – zu Joyces Zeiten noch nicht existierte, erst 1959 wurde es erfunden. Dem *Guinness*-Geschmack des Jahres 1904 kommt daher wohl das »Extra Stout« am nächsten.

Die Frage, ob James Joyce, dessen Hauptfigur im *Ulysses* ja Anzeigenakquisiteur ist, tatsächlich einmal *Guinness* einen Werbespruch anbot – eine Notiz von Freunden deutet darauf hin, die Brauerei nahm diese Anekdote in einer ganzseitigen (ironischen? raffinierten?) Anzeige zum hundertsten Geburtstag des Dichters im Jahr 1982 auf –, hat die Forschung noch nicht abschließend entscheiden können. »The Free, the Flow, the Frothy Freshener« soll der Werbespruch gelautet haben – eine Formulierung, die in leicht anderer Form in Joyces letztem Buch *Finnegans Wake* vorkommt, nur heißt es hier, unter Verwendung des Deutschen, »froh« statt »flow«. So viel steht fest: *Guinness* und Joyce passen gut zusammen, es sind die beiden größten Welterfolge, die Dublin je hervorgebracht hat.

Bayern – München

Wie einmal das Weizenbier gerettet wurde: Besuch bei *Schneider Weisse* in Kelheim

Vor mehr als hundertfünfzig Jahren wäre das Weizenbier fast einmal ausgestorben. Doch ein wagemutiger Brauhauspächter kaufte König Ludwig II. das defizitär gewordene Adelsprivileg ab und gründete *Schneider Weisse*. Sein Nachfahre, Georg Schneider VI., hat uns die Familiengeschichte erzählt.

Wenn Georg Schneider in seinem Kelheimer *Weissen Bräuhaus* unter dem hellen Deckengewölbe aus dem 17. Jahrhundert ein Glas mit Weizenbier aus eigener Herstellung an die Lippen führt, ist er in besonderer Weise zu beneiden. Nicht nur, weil das Familienunternehmen in sechster Generation so manche Krise überstanden hat und das obergärige *Schneider*-Bier als Sortenklassiker gilt. Sondern auch und vor allem, weil er, dem Familiengeschichte so viel bedeutet, sie sogar trinken kann.

Das »Original« zum Beispiel erinnert an den Münchner Teil der Familiengeschichte, der sich locker bis 1872 zurückverfolgen lässt – jenem Jahr, in dem Georg Schneider I., damals Pächter des *Königlich Weissen Hofbräuhauses* zu München, dem Wittelsbacher Ludwig II. das Privileg abkaufte, Weißbier zu brauen. Das Ganze war ein erstaunlicher unternehmerischer Akt, hatte das Weizenbiermonopol der bayerischen Herzöge und Könige doch seit dem Jahr 1602 über Jahrhunderte hinweg die Staatskasse gefüllt und so manchen Krieg finanziert. Doch beim Bier ist der Kunde in besonderer Weise König. Und so hatten die untergärigen Stile, die nach Erfindung der Kältemaschine ganzjährig gebraut werden konnten und plötzlich als moderner galten, das Weizenbier in der Beliebtheit verdrängt. Die Weissen Bräuhäuser machten in der zweiten Hälfte des 19. Jahrhunderts zunehmend Verlust – nur Georg Schneider I. setzte weiter auf das alte Rezept und konnte so den Adeligen in einem günstigen historischen Moment das einstige Privileg abluchsen.

Der Abschied der Schneiders von München geschah dann gänzlich unfreiwillig durch die Zerstörung der Brauerei im Zweiten Weltkrieg, 1944. Besorgt machten sich kurz darauf der Vater und Großvater von Georg Schneider VI., die Ur- und Ururenkel Georgs I., in einem dreitägigen Fußmarsch nach Kelheim auf, um sich mit einem Blick über die Donau zu versichern, dass wenigstens die Zweigbrauerei nahe Regensburg, welche die Familie 1928 erworben hatte, noch stand. Sie stand – und es war an Georg IV. zu entscheiden, die Produktion von 1946 an komplett nach Kelheim zu verlegen.

Georg Schneider VI., der im *Weissen Bräuhaus* voller Begeisterung die Geschichte seiner Familie erzählt, wurde dann schon an der Donau geboren, wobei die Schneiders mit ihrem wiedererrichteten *Bräuhaus* im Münchner »Tal« heute längst wieder über ein Standbein in der alten Heimat verfügen.

In Kelheim werden derzeit mit hundert Mitarbeitern dreihunderttausend Hektoliter Bier im Jahr produziert und vermarktet. Etwa fünfundzwanzig Prozent der Produktion gehen ins Ausland. Das »Original« wird noch immer nach dem Münchner Rezept von 1872 gebraut, und da das Wasser des bayerischen Jura ähnlich hart ist wie das Stadtwasser in München, hat es auch noch immer die gleiche dunkle Farbe.

Würde der 1956 geborene Georg Schneider VI. als Nächstes einen »Aventinus« trinken, den würzigen Weizen-Doppelbock↗ aus seiner Bierlinie mit 8,2 Volumenprozent Alkohol, den viele Experten als eines der besten Biere der Welt bezeichnen, könnte es ihn gedanklich wieder zurück nach München verschlagen. Er könnte sich seiner Urgroßmutter Mathilde erinnern, die, nachdem Georg Schneider II. und dessen Sohn binnen weniger Jahre gestorben waren, 1905 die Geschäfte übernahm, ihren Schwager, einen früheren Eisenbahnvorsteher, als Brauereidirektor einsetzte und das Unternehmen, wie der Urenkel sagt, mit »großem Herz und einem eisernen Willen« führte.

Jeden Sonntag bewirtete sie in der Münchner Möhlstraße die ganze Familie und traf energisch die nötigen unternehmerischen Entscheidungen, wie zum Beispiel, so ihr Nachfahre, 1907 die Einführung des ersten Weizenstarkbiers der Welt, eben jenes »Aventinus«, das nach der Büroadresse der Brauerei, der Aventinstraße, und damit nach dem ersten bayerischen Hofhistoriographen Johannes Aventinus benannt werden sollte. Allein: Der Bayerische Brauerbund, dessen Präsident Georg Schneider VI. seit 2016 ist, wollte diese Namensgebung damals nicht genehmigen. Ein Starkbier müsse nach einem Heiligen benannt werden, hieß es. Und den besorgte dann der Pfarrer der Familie, der nach einigen Recherchen tatsächlich einen Heiligen gleichen Namens ausfindig machen konnte.

Die Brauerei *Schneider Weisse* trug entscheidend zum Fortbestand des Weizenbiers bei.

So früh Georg II. (mit vierzig Jahren) und Georg III. (mit fünfunddreißig Jahren) in München gestorben waren, so alt wurden ihre Nachfahren. Georg IV., der Sohn von Mathilde, übernahm das Unternehmen 1924. Und auch der 2023 verstorbene Georg V., der eigentlich Dirigent werden wollte, die Brauerei dann aber von 1958 an mehr als vierzig Jahre lang führte, trug zu der ungewöhnlichen Dichte der Familienüberlieferung bei, die sich jetzt in Georg VI. manifestiert. So mitreißend dieser von seinen Vorfahren erzählt, wobei der Zuhörer gelegentlich die römischen Ziffern durcheinanderbringt, so höflich desinteressiert wirkt er, wenn sich das Gespräch auf nichtfamiliäre Themen verlagert.

Noch so eine Familiengeschichte: Die amerikanischen Besatzer sollen 1945 in Kelheim schon bald Gefallen am Weizenbier gefunden haben und erteilten der *Brauerei G. Schneider & Sohn* nur wenige Wochen nach Kriegsende eine der begehrten Braugenehmigungen. Allerdings durfte zunächst nur niedrigprozentiges Bier erzeugt werden. Doch der Familienüberlieferung zufolge konnte die Militärverwaltung mit einem vorgeschobenen Argument erweicht werden: Bei der niedrigprozentigen Produktionsweise, behaupteten die Schneiders, bestünde die Gefahr, dass die wertvolle hauseigene Spezialhefe für immer aussterbe. Wer wolle das verantworten? Hinfort durfte jeder fünfte Sud stärker eingebraut werden als die übrigen – eine Maßnahme, die dazu beigetragen haben mag, die Beliebtheit des Weizenbiers in der Region noch zusätzlich zu steigern.

Zurück in die Gegenwart: Wir haben genug gesessen und machen uns vom *Bräuhaus* auf zur Brauerei, ein Gang über den Hof. Die offenen Gärbottiche im großen Anbau, welche die fruchtigen Aromen der *Schneider*-Hefe unterstützen und mit einer Reinigungshaube nur bei Bedarf geschlossen werden, sind noch eine Erfindung des Vaters.

Doch jetzt nähern wir uns endgültig auch räumlich der Ära des Sohns, der im Jahr 2000 die Brauerei übernahm und mit seiner Neukreation »Festweisse« schon ein Jahr später ein Weizenbier präsentierte, das – inzwischen voll im Trend – eine alte Festbierrezeptur mit ausgeprägten Cascade-Hopfenaromen verbindet. Bereits in den Neunzigerjahren hatte Georg Schneider, der sich als »Kind grüner Gedanken« bezeichnet, erste Reisen in die Vereinigten Staaten unternommen, um die Microbrewer-Bewegung, aus der die Craftbrauer hervorgingen, aus der Nähe zu begutachten.

Georg Schneider, von dem sich viele Craftbrauer erhofft hatten, dass er als Präsident des Bayerischen Brauerbundes die strenge Auslegung des Reinheitsgebots in seinem Bundesland liberalisieren werde, bewundert die fantasievollen Produkte der italienischen *Amarcord*-Brauerei und entwickelte 2007 zusammen mit seinem Braumeister Hans-Peter Drexler und der Craft-Ikone Garrett Oliver von der *Brooklyn Brewery* eine »Hopfenweisse« (8,2 Volumenprozent Alkohol), die das Weizenbier mit einer Extraportion Hallertauer Hopfen um einen neuen Stil bereicherte. Bemerkenswert dabei: Wird das Bier nach gleichem Rezept in Übersee gebraut, schmeckt es ganz anders. Was deutlich macht, wie viele nicht oder kaum messbare Parameter für den Biergeschmack eine Rolle spielen.

Vorbei an einer Wandgalerie mit selbst gemalten Etiketten des Brauereichefs erreichen wir den Ausgang. Georg Schneider verabschiedet uns mit einigen Besuchertipps, denn wir haben eines der Gästezimmer im nur wenige Kilometer entfernten Kloster Weltenburg ergattern können und sind auf dem Sprung zu einer ganz anderen Biertradition, der untergärig-mönchischen mit noch dunkleren Bieren.

Dabei hat Georg Schneider auch zu Weltenburg eine besondere Beziehung, denn er paddelt gelegentlich mit dem Kanu gegen die Strömung der Donau dorthin – eine Knochenarbeit in einer der schönsten Flusslandschaften Deutschlands –, geht am Kieselstrand vor Weltenburg an Land und trinkt, wie er sagt, im Biergarten des Klosters unter den alten Kastanien einen »Asam Bock« (siehe Kapitel »So kam der Mönch zum Bier«). Dann betritt er die von den Asam-Brüdern gestaltete grandiose Klosterkirche und ist, wie jeder Besucher, direkt gebannt von der rückwärts beleuchteten, barock-theatralischen Szene im Altarraum: Ein Ritter mit Helm und Lanze vertreibt den Drachen und rettet einer Frau das Leben. Der Ritter heißt Georg. Und wieder schließt sich ein Kreis für den erklärtermaßen »sehr katholischen« Georg Schneider VI., der ebenfalls von sich sagt, er habe, anders als seine Vorfahren, eine echte existenzielle Krise noch nicht erleben müssen.

Hans Wächtler: Die »Schneider Weisse Original« (29) ist neben der von *Maisel's* ein echter Sortenklassiker. Das Pairing ist geradezu zwingend: Man isst dazu am besten Weißwürste mit einer Breze und süßem Senf, der oft auch ein wenig Meerrettich enthält. Dabei werden ganz viele Korrespondenzen erzeugt: Die bananige Fruchtigkeit aus der Hefe wird durch die Süße des Senfs hervorgehoben und durch die Fetthaltigkeit der Wurst verstärkt, das Brotige der Breze passt zu den brotigen Aromen in diesem dunkelfarbigen Weizen. Ein Kick kommt schließlich durch den spannenden Aromenkontrast von Würzigkeit und Fruchtigkeit ins Spiel, die Cremigkeit bindet alles ein. Es gibt schon einen Grund dafür, warum so viele Menschen diese Kombination lieben.

Auch der »Aventinus« von *Schneider* (30), ein dunkelfarbiger Weizen-Doppelbock, ist stilprägend. Hierzu empfehle ich die sogenannte Kronfleischküche, die auf noblen Innereien beruht. Serviert wird sie im *Weissen Bräuhaus* in Kelheim und in besonders großer Auswahl im

Münchner *Bräuhaus* von *Schneider*, im »Tal« gelegen. Ganz egal, welches Kronfleisch man bestellt – Leber, Niere, Milz, Lunge –, »Aventinus« passt immer, weil er zum einen Fruchtigkeit aus der obergärigen Hefe mitbringt, als schwerer Doppelbock aber auch eine ausgleichende Süße und viel Alkohol. Er hat sozusagen zwei Joker, die die Wahrnehmung intensivieren. Ob man etwas Bitteres dazu isst oder etwas Saures, es wird immer passen.

Auch zum »Aventinus Eisbock« (31), einer weiteren Intensivierungsstufe, der bei zwölf Volumenprozent Alkohol liegt, empfehle ich ein fast schon klassisches Pairing: Kaiserschmarrn mit Zwetschgenröster, also im eigenen Saft geschmorten Pflaumen. Der Kaiserschmarrn ist mit Karamellzucker angeröstet und enthält Rosinen – und beide Aromengruppen findet man auch im »Eisbock«↗: karamellige Süße und Noten von getrockneten Früchten. Zudem rundet die Süße des Biers schön die leichte Säure aus dem Zwetschgenröster ab.

Hopfenernte in der Hallertau

Die Hallertau ist das größte zusammenhängende Hopfenanbaugebiet der Welt. Hier gedeihen dreißig Prozent des global benötigten Bierrohstoffs. Während der Ernte herrscht Ausnahmezustand, aber es duftet großartig. Ein Besuch bei Hopfenbauer Eugen Kirzinger.

Steigt man die Stahltreppe zum sogenannten Hopfenhimmel in Elsendorf empor, einem Aussichtsturm inmitten der Hopfengärten der Familie Kirzinger, fängt es auf etwa sechs Metern Höhe dezent, aber gleichmäßig nach Humulus lupulus zu riechen an. Der Hopfen, an dessen Ranken wir vorbeiklettern, kann nicht die Quelle sein, er verbirgt sein Aroma unter den Doldenblättern. Die Erklärung für den Duft hier oben ist eine andere: Ein Lüftchen weht von der nahe gelegenen Darre, der Trocknungsanlage des Hopfenhofs Kirzinger, herüber.

Oben auf der Plattform des Hopfenhimmels angelangt, erstreckt sich, die Kirche von Elsendorf im Hintergrund, ein herrliches Panorama über weite Hopfengärten. Der bayerische Himmel ist wolkenlos, man hört nur in der Ferne einen jener kleinen Erntetraktoren, später dann in regelmäßigen Abständen das sirenenartige Geräusch des Abfallgebläses eines benachbarten Hopfenhofs.

Es ist nicht überall in der Hallertau so schön wie hier, das muss man ehrlicherweise sagen. Die Durchdringung der kleinen und großen Ortschaften mit vorgartengeschotterten Neubauten ist für bayerische Verhältnisse enorm hoch; die Anzahl der Gewerbebetriebe an den Ortsrändern ist erstaunlich. Mit Tourismus hält man sich in der Hallertau nicht groß auf, hat es den Eindruck. Hotels, Pensionen und selbst Gasthäuser sind nicht allzu reich gesät. Für die Radwanderer, die auf ihren Routen durch die Hallertau kommen, betrachte man sich nur als Durchgangsstation, sagt die freundliche Gastgeberin der blitzsauberen Pension, in der wir untergekommen sind.

Die Hallertauer gelten als fleißig, ja gar als »leidensfähig«, wobei die Hopfenpflanzer auf ihre Tugenden vor allem im Mai zurückgreifen müssen, wenn das »Anleiten« der Hopfentriebe an die Rankdrähte ansteht. Für eine gute Ernte braucht man ansonsten noch ausreichend Regen, gerne auch im Sommer, und tiefe Böden, denn Hopfen gründet mit seinen Wurzeln genauso tief, wie er hoch wächst: ungefähr sieben Meter.

Nachdem wir vom Hopfenhimmel hinabgestiegen und in die eigentümlich friedliche Stimmung zwischen den schattenspendenden Ranken eingetreten sind, treffen wir auf Eugen Kirzinger, der uns an diesem geradezu perfekten Tag mit einer sonderbaren Aussage begrüßt. Es sei »Weltuntergangsstimmung«, sagt der Hopfenpflanzer, und auf die Frage, was er damit meine an so einem schönen Flecken, rupft er einige vertrocknete Triebe ab und bemängelt die Trockenheit. Seine extreme Reaktion gibt einen Einblick in die Belastung, der Hopfenpflanzer während der Erntezeit ausgesetzt sind. In diesen drei bis vier Wochen im Spätsommer, in denen von fünf Uhr morgens bis in die Dunkelheit hinein gearbeitet wird, muss alles reibungslos ablaufen. Nach der Ernte dann sind die grünen Gärten, die seit dem Frühjahr langsam emporwuchsen, plötzlich auf einen Schlag kahl. Einen naturverbundenen Menschen lässt das nicht kalt.

Eugen Kirzinger führt uns die wenigen Schritte zu seinem Hof hinüber, auf dem wir im Lauf der folgenden zwei Stunden wenigstens fünf Arten Hopfenduft wahrnehmen. Der zweitbeste, ein erfrischend bitterer Geruch, ist der in der Halle mit den Pflückmaschinen: Auf den Bändern, die den Hopfen auf die Darre befördern, liegt dick und klebrig eine Schicht mit goldgelbem Lupulin, jenem Stoff, der sich in den Blütenständen der weiblichen Hopfenpflanzen befindet. Und unter der Maschine ist es sogar noch besser. Dort hat sich der harzig-ölige Blütenstaub, der dem Weiterverarbeitungsprozess entwischt ist, auf mehr als einen Millimeter aufgeschichtet. Er bleibt an den Fingern kleben und riecht großartig intensiv nach Blumen, Kräutern und ein wenig nach Tropenfrüchten.

Hinter der Halle schichtet ein Gebläse die Häckselreste der Pflanze zu einem riesigen Haufen, hier riecht es eher grasig. Tritt man nach draußen, versinkt man schuhtief in kleinen Pflanzenteilen, die durch die Luft fliegen und im Hemdkragen ein unangenehmes Jucken verursachen. Das künstliche Schauspiel hat etwas Naturereignishaftes; der allgegenwärtige Hopfenduft wird noch am nächsten Tag an Schuhen und Kleidung wahrzunehmen sein.

Überraschend schwach ist der Hopfengeruch beim sogenannten »Einleeren« auf der Darre. Hier, unter dem Dach, wird dem Hopfen ein Großteil seiner Feuchtigkeit entzogen, was zu Beginn eher Strohdüfte freisetzt. Erst als wir auf Leitern in die Verpackungshalle hinabsteigen, atmen wir den angenehmsten, bierblumenhaftesten Hopfengeruch des Tages ein, den wir zunächst aber nicht zuordnen können. Aus den aufeinandergestapelten, sechzig Kilogramm schweren Rechteckballen, von denen wir umringt sind, kann er nicht stammen, denn diese geben keinen Geruch ab. Allerdings wird jedes siebte Paket seit dem Hopfensiegelgesetz von 1929 aus Gründen der Qualitätskontrolle mit einem großen Hohlbohrer geöffnet, und die entnommene Probe wird auf Sortenreinheit und Wassergehalt hin analysiert.

Beeindruckend ist die Galerie mit Wimpeln und Plakaten, die Eugen Kirzinger in der Lagerhalle aufgehängt hat. Die polnische Brauerei *Tyskie* gehört ebenso zu seinen Kunden wie die japanischen Konzerne *Kirin* und *Asahi*. Und auch die *Boston Beer Company*, berühmt für ihr Lager-Bier »Samuel Adams«, kauft hier seit fast dreißig Jahren ein.

Doldenhopfen aus der Hallertau.

Das Fest, das uns alle überlebt

Die Münchner Wiesn ist das größte Volksfest der Welt, aber kaum einer versteht es. Kurz vor der Eröffnung kann man eine logistische Meisterleistung beobachten – und die permanente Erfindung eines Mythos.

Was gibt es über eine Veranstaltung, für die seit 1996 keine Werbung mehr gemacht wird, die aber von unbezahlbarem Werbewert für Bayern und seine Landeshauptstadt ist – München macht während des Oktoberfests mit Hotellerie, Gastronomie, Souvenirs und Taxis einen Umsatz von einer Milliarde Euro –, eigentlich noch zu erzählen?

Wissen sollte man das Folgende: Von den ungefähr sechs Millionen Besuchern, die zum größten Teil aus München und Bayern herbeiströmen – einundfünfzig Prozent sind übrigens Frauen –, trinkt im Durchschnitt jeder nur wenig mehr als eine Maß Bier. Diese kostete im Jahr 2023 mindestens 12,60 Euro, der Kauf ist aber angesichts der Tatsache, dass die Maß Wasser schon mit 10 Euro zu Buche schlägt, fast schon wieder ein Schnäppchen. Für den Bierjahreskonsum, der in Deutschland bei ungefähr acht Milliarden Litern liegt, spielt das Oktoberfest, das weniger als 0,1 Prozent dazu beiträgt, aber kaum eine Rolle, aller Kraftmeierei zum Trotz. Der Gerstensaft steht zwar als Aushängeschild im Mittelpunkt, aber die Wiesn-Wirte machen mit dem Essen inzwischen mehr Umsatz als mit dem Bier.

Das Oktoberfest, das im Jahr 1810 anlässlich der Hochzeit von Kronprinz Ludwig und Prinzessin Therese ins Leben gerufen wurde, ist eine Institution, die am 15. Juni eines jeden Jahres auf einem zweiundvierzig Hektar großen Schotterplatz langsam aufgebaut und Anfang Oktober wieder komplett demontiert wird, denn auf der Theresienwiese darf es keine permanenten Gebäude geben. Die Wiesn-Zelte und die Fahrgeschäfte müssen ihren angestammten Platz nach dem Abbau wieder frisch schottern, dann verschwinden auch die Betonböden, die für die Zeltküchen eigens eingezogen wurden. Wahrscheinlich macht auch das den Reiz der Wiesn aus: dass sie den Großteil des Jahres wie vom Erdboden verschluckt ist.

Das Oktoberfest ist eine durch und durch unpraktische Angelegenheit. Wer kam eigentlich auf die Idee, Bier in diese unhandlichen Glaskrüge abzufüllen und mit großen Fleischstücken, an denen zum Teil noch ein Knochen hängt, zu kombinieren?, fragen sich vor allem die ausländischen Besucher. Wobei diese wohl eine Art germanischen Lebensstil darin erahnen und sich fasziniert vor ihrem Bajuwaren-Gedeck ablichten lassen.

Wiesn-Wirte müssen etwa vierhundert Mitarbeiter, mehr als sechstausend Sitzplätze und mehr als dreißigtausend Maßkrüge im Auge haben. Vieles an ihrer Tätigkeit ist reine Psychologie: Wie erstickt man Aggression im Keim, wie organisiert man Laufwege, welche Neuerungen sind sinnvoll, wie muss die Speisekarte erweitert werden, wie gehen die Leute zufrieden nach Hause?

Das Festzelt von *Hacker-Pschorr*, auch als »Himmel der Bayern« bekannt.

Vom Organisationsaufwand her sind die Wiesn-Wirte, von denen niemand außer ihnen selbst weiß, wie man es wird und was man in den wenigen Tagen im Herbst netto verdient, im September kaum zu beneiden. Drei Monate lang baut man sein Zelt auf, dann beginnt das Oktoberfest, und in wenigen Minuten sind auf den großen Flächen alle fünf- bis zehntausend Plätze voll. Jetzt muss man auf den Punkt genau in einer Großküche mit schwindelerregenden Ausmaßen den eigenen Ansprüchen an Frische, Sauberkeit und Sicherheit genügen.

Und der Bedienungsjob verlangt nach geradezu übermenschlichen Kräften. Sechzehn Tage schleppen die Kurzzeitangestellten, meist im Dirndl, schwere Krüge durch die Gegend, werden angelallt und angetatscht, und wenn sie Pech haben, müssen sie draußen im Regen bedienen. Immerhin soll sich das Schmerzensgeld für diese Zeit im Durchschnitt zwischen sechs- und zwölftausend Euro bewegen.

Bei dem enormen logistischen Aufwand des Oktoberfests stellt sich die Frage: Warum können die Bayern das eigentlich so gut? Liegt es, um einmal tief in die Küchen-Ethnologie zu greifen, an der agrarischen Prägung der Bayern, die wegen ihrer landwirtschaftlichen Wurzeln besonders zur Massenverpflegung prädestiniert sind? Noch heute gibt es alle vier Jahre parallel zur Wiesn das Bayerische Zentral-Landwirtschaftsfest, das auf die Ursprünge des Oktoberfests zurückverweist.

Ein Übriges tut wohl die Bereitschaft der Münchner zur wohlbemessenen Selbstüberschätzung. Gerne spiegelt sich der lokale Charakter in der Figur des Franz Xaver Krenkl (1780–1860), der nicht nur dadurch berühmt wurde, dass sein Stall beim Oktoberfest-Pferderennen vierzehn Mal den Meistertitel errang, sondern auch, weil er es wagte, mit den Worten »Majestät, wea ko, dea ko« die Kutsche von Kronprinz Ludwig im Englischen Garten zu überholen. Ein geradezu symbolischer Akt: Den bayerischen König gibt es heute nicht mehr, das Oktoberfest schon.

Von seiner Struktur her ist das Oktoberfest eine Art »Stadt in der Stadt«. Der hier gepflegte persönliche Umgang erinnert allerdings, wie man gerade vor der Eröffnung erleben kann, eher an ein Dorf in der Stadt, in dem sich jeder duzt, weil jeder jeden kennt. Fast alle betonen, man sei eine große Familie, womit die Tatsache übertüncht wird, dass das Oktoberfest eine fast unvergleichlich große Ansammlung von Dynastien ist und eine Veranstaltung, bei der das Bier ausschließlich aus München kommen darf. Es ist eine Goldgrube, zu der jeder hinströmt, obwohl es im Grunde etwas Unerfreuliches hat, wenn die Claims schon seit Jahrzehnten abgesteckt sind.

Doch die Veranstalter wissen, wie man jedes Jahr von Neuem ein soziales Ereignis schafft, über das zwei Wochen lang fast jeder spricht. Dazu bedarf es eines Talents, das man nicht unterschätzen sollte und das man wahrscheinlich am besten auf der Wiesn selbst ausprägt. In dieser Hinsicht ist die Wiesn vielleicht auch eine Art permanente Neuerfindung Bayerns.

Die These von der Stadt in der Stadt lässt sich leicht dadurch belegen, dass es auf dem Oktoberfest ein eigenes Behördenhaus gibt, in dem Polizei, Feuerwehr, Rotes Kreuz (mit eigenem OP-Raum), TÜV, ein Jugendamt, ein Fundbüro und sogar ein Finanzamt untergebracht sind. Zwar darf es auf der Wiesn eigentlich keine feststehenden Gebäude geben, in diesem Fall wurde aber eine Ausnahme gemacht. Das Behördenhaus, auch Bunker genannt, verfügt über ein außen mit Kupfer beschlagenes Erdgeschoss, vor allem aber über mehrere unterirdische Geschosse, welche die Stadt München einen zweistelligen Millionenbetrag gekostet haben.

Die mehr als zweitausend Sanitäter, die auf dem Oktoberfest Jahr für Jahr zum Einsatz kommen, melden sich übrigens alle freiwillig, die Polizei ist an den Wochenenden mit dreihundertfünfzig Kollegen und noch mal dreihundert im Umfeld vertreten.

In dem Gebäude befinden sich auch mehrere Verwahrzellen für auffällig gewordene Wiesn-Besucher. Bei der Besichtigung verblüfft eine Gemeinschaftszelle, deren Gitterstäbe schon mehrmals verstärkt werden mussten, denn immer wieder gelang es Insassen, sie zu verbiegen und sogar den Kopf hindurchzustecken. Inzwischen hat sich bei den oktoberfesterfahrenen Polizisten die Einsicht durchgesetzt: »Es gibt nichts, was ein Betrunkener nicht kann.« Nach einem Einsatz auf der Wiesn ist einem keine menschliche Regung mehr fremd, lassen die Polizisten durchblicken.

Wenn man das Oktoberfest auf das wesentliche, das verbindende flüssige Element reduzieren müsste, so wäre dieses übrigens nicht das Bier, sondern das Wasser, ohne das rein gar nichts laufen würde. Einundachtzig Hydranten sind auf der Festwiese verteilt, zehn Kilometer Wasserleitungen wurden unterirdisch verlegt. Den lächerlichen sechs Millionen Litern verbrauchten Biers stehen beim Wiesn-Abschluss mehr als hundertelf Millionen Liter Wasser gegenüber – und das, obwohl schon viele Wiesn-Wirte das Spülwasser der Bierkrüge für die Toiletten benutzen.

Nicht zu vergessen ist, dass die sechs Millionen gezapften Liter Bier ihrerseits zu mehr als neunzig Prozent aus H_2O bestehen, was einem zusätzlichen Wasserverbrauch von wenigstens fünf Millionen Litern entspricht. Und man muss noch weiter denken: Zur Herstellung von einem Liter Bier benötigt man wegen der verwendeten Gerste, des Hopfens und der zwingend vorgeschriebenen Reinlichkeit beim Brauen rund zwanzig Liter Wasser – einige Experten gehen sogar vom Doppelten oder Dreifachen aus –, was weiteren hundert, zweihundert oder dreihundert Millionen Litern entspräche. Rechnet man die Wasserverbräuche zusammen, landet man in Sachen Oktoberfest locker bei dem Wasservolumen eines bayerischen Sees. Oktoberfest frisst sozusagen Ammersee.

Warum trinken die Bayern eigentlich so viel Bier?

Eine Antwort aus dem alten China.

Dass das Münchner Oktoberfest ein rätselhaftes Ereignis ist, hatten wir schon bemerkt. In diesem Kapitel stellen wir die These auf, dass es sich am besten vor dem Hintergrund der Gruppentreffen der »Sieben Würdigen vom Bambushain« verstehen lässt – einer Vereinigung, die im dritten Jahrhundert nach Christus das chinesische Denken und Dichten im Zuge von Alkoholexzessen revolutionierte. Es fragen sich ja nicht nur die ausländischen Besucher seit Jahrzehnten auf der Theresienwiese: Warum trinken die Bayern aus derart großen, unhandlichen Krügen, mit denen man, nimmt man drei, vier Tischbestellungen zusammen, leicht ein Kinderschwimmbecken füllen könnte?

Die Antwort besteht aber nicht etwa darin, dass man derart beachtliche Hohlmaße auch schon im alten China verwendet hätte. Denn die Sieben Würdigen und ihre Nachfolger tranken zu ihrer Zeit vor allem Wein aus kleinen Gefäßen, die sie, für das herbstliche Bayern undenkbar, auf idyllischen Bächen wie auf dem Laufband eines Sushi-Restaurants dahintreiben ließen. Die Herausforderung solcher Treffen bestand auch nicht darin, eher zu viel als zu wenig zu trinken, sondern nur so viel, dass man anschließend gerade noch ein Poem zu Papier bringen konnte. Wang Xizhi erklärte die alkoholseligen Gruppentreffen in seinem Vorwort zur *Gedichtsammlung vom Orchideenpavillon* folgendermaßen: »Gegen Ende des Frühlings trafen wir uns, um das Zeremoniell der Reinigung zu begehen.« Reinigung! Das ist das fehlende

Puzzleteil für das Rätsel »Oktoberfest« und vielleicht auch für das verbissen von deutschen Brauern verfochtene Reinheitsgebot.

Allerdings bedarf es einer weiteren Transferleistung: Während die Sieben Würdigen nämlich so klug waren, ihre Feste im Frühjahr bei lauschigen Temperaturen zu veranstalten und die äußere Reinigung (Wasser) mit der inneren (Alkohol) zu verbinden, finden wir beim Oktoberfest eine ungewöhnliche Konzentration des Reinigungsaspekts ausschließlich auf das alkoholische Getränk. Für die Bayern liegt das nahe, weil ihr Bier zum einen mit viel Wasser nach dem bayerischen Reinheitsgebot gebraut wird, zum anderen eine auffällige Schaumentwicklung aufweist. Die Folgerung, die daraus gezogen werden muss, ist frappant: Der Bayer nimmt nicht etwa aus Trunksucht so große Mengen schaumigen Gerstensafts zu sich – das hat schon Tacitus bei den Germanen missverstanden –, sondern weil er im Grunde der romantischen Vorstellung anhängt, ein inneres Bad zu nehmen.

Die Chinesen kannten die innere Reinheit, die der Poesie und der Einsamkeit entspringt. So antwortete einer der Sieben Würdigen auf die Frage, warum er immer nackt in seiner Hütte umherlaufe: »Für mich ist die Welt mein Haus und mein Haus meine Hose – was willst du in meiner Hose?« Diese Innerlichkeit ist den Bayern nicht gegeben. Für sie ist die Welt ein Bierzelt. Es macht ihnen nichts aus, wenn sich auch andere in ihren Lederhosen aufhalten, und ein Bad nehmen sie am liebsten bekleidet in der Menge, das Badewasser in der erhobenen Hand. – Und alle machen es ihnen nach, sogar die Chinesen.

Wer reinkommt, ist drin – die Rebellen aus Giesing

Für Bierliebhaber könnte das Oktoberfest etwas mehr Abwechslung bieten: immer dieselben Verdächtigen. Doch jetzt könnte nach mehr als hundertdreißig Jahren Exklusivclub eine siebte Brauerei die Wiesn erobern.

Um als Brauerei auf dem Münchner Oktoberfest, dieser schaumgeborenen Goldgrube, dabei zu sein, gibt es eine Minimalvoraussetzung: Man muss ein »Münchner Bier« produzieren, was einer geschützten geografischen Angabe entspricht. Diese ist unter anderem dadurch definiert, dass sämtliche Verarbeitungsschritte in den Grenzen der Stadt München durchgeführt werden und das Wasser aus einem Brunnen stammt, der mehr als hundert Meter tief zum Tertiär-Wasserspiegel in der Münchner Schotterebene hinabführt. Hat man es so weit geschafft, wird man mit äußerst weichem Wasser – im Gegensatz zum harten Münchner Stadtwasser – belohnt, das, wie uns das Wasserwirtschaftsamt bestätigt, eine Reinigungszeit von etwa zehntausend Jahren hinter sich gebracht hat. Man kann also sagen: Dieses Wasser versickerte zu einer Zeit, in der die Menschen die allerersten Biere brauten. Wahnsinn.

Zugang zur Schotterebene hatten zuletzt nur die Brauereien *Augustiner*, *Spaten*, *Staatliches Hofbräuhaus*, *Paulaner*, *Hacker-Pschorr* und *Löwenbräu*. Im Jahr 2019 aber hat sich eine siebte Brauerei, die sich bisher – wie so viele in Deutschland – aus der städtischen Wasserversorgung speiste, einen Tiefbrunnen gegraben: die *Brauerei Giesinger*, die eine zweite Produktionsstätte im Stadtteil Feldmoching/Lerchenau eröffnete, das *Werk* 2. Dort durften wir das Wasser kürzlich nach einem Rundgang durch die neue, energiesparsame Brauerei probieren, abgefüllt aus einem recht unscheinbaren Edelstahlrohr im Freien, geschützt nur von einem Häuschen in Form eines bedachten Bierkastens mit der Aufschrift: »Danke, Tiefbrunnen-Sponsoren«. Unser Eindruck vom zehntausend Jahre alten Wasser: Es ist zwar nicht so gut wie Bier, aber viel besser als normales Wasser.

Seit 1889 hatte sich keine Münchner Brauerei mehr an diesen bautechnischen Vorstoß zugunsten einer möglichen Wiesn-Teilhabe herangewagt. Und *Giesinger Bräu*, das sich mit einem Ausstoß von zuletzt rund fünfunddreißigtausend Hektolitern als zweitgrößte Privatbrauerei Münchens (nach *Augustiner* mit etwa 1,5 Million Hektolitern) bezeichnen darf, konnte sich die Brunnenbohrung für achthunderttausend Euro auch nur erlauben, weil die Stadtteilbrauerei seit Jahren in großen Schritten ihre Kapazität steigerte – in den letzten fünf Jahren vor dem Brunnenbau war der Ausstoß verzehnfacht worden – und eines der erfolgreichsten Crowdfunding-Unternehmen Deutschlands ist. Mit den auf diese Weise eingenommenen rund zwei Millionen Euro

Giesinger-Gründer Steffen Marx (r.) mit dem Münchner OB Dieter Reiter (l.) bei der Eröffnung des *Werk 2.*

konnte *Giesinger* bisher einen erheblichen Teil der Investitionen bestreiten.

Alles begann mit einer Garagenbrauerei in Untergiesing um das Jahr 2005. Neun Jahre später erfolgte der Umzug in das für fünf Millionen Euro umgebaute frühere Umspannwerk in Obergiesing, direkt gegenüber der Heilig-Kreuz-Kirche, die auch das Etikett ziert.

Der Stadtteil Giesing hat sich den Charme des früheren Arbeiterviertels bewahrt, ist eher »Löwen« als »FC Bayern« und hat in der von Steffen Marx gegründeten Kleinbrauerei schnell eine Gegenkultur zum Großbrauereiwesen von *Paulaner* und Co. gefunden.

Betritt man das *Giesinger*-Stammhaus, wie es inzwischen heißt, meint man auf dem alles verbindenden Hof in einen Bienenschwarm geraten zu sein. Da fahren Autos vor, um an einer sehr urigen Rampe Bierkästen für den Feierabend zu verladen, später kommt eine Hochzeitsgesellschaft hinzu, die in der angrenzenden lichten Schänke mit eigener Bühne feiert. Die Brauerei grenzt direkt an ein Bräustüberl mit großem Balkon, in dem Dauerbetrieb herrscht. Und zwischen all diesen Koordinaten saust der Chef herum, Steffen Marx, Jahrgang 1977, ein früherer Zeitsoldat aus Mecklenburg-Vorpommern; Markenzeichen: Gummistiefel. Er schleppt Kästen, faltet Servietten, sorgt für gute Laune und beantwortet Fragen zu den Wiesn-Plänen.

Marx, der wohl lustigste deutsche Brauereichef, mit Spaß auch an der Subversion, ist es leid, sich um die Mitgliedschaft im exklusiven Verein Münchener Brauereien zu bemühen, der ihm das Leben seit Jahren schwer macht. Die Voraussetzung mit dem Brunnen mochte er noch akzeptieren, doch als diese erfüllt war und es plötzlich hieß, für die Mitgliedschaft kämen nur Münchner Traditionsbrauereien infrage, die das 19. Jahrhundert noch erlebt hätten – dabei gehören diese heute überwiegend Konzernen wie *Anheuser-Busch InBev* und großen Braugruppen –, hörte für ihn langsam der Spaß auf.

Marx erfuhr, dass eine Mitgliedschaft im Verein Münchner Brauereien keine Voraussetzung für ein Zelt auf der Wiesn ist, und brach die Gespräche ab. Die Entscheidung über die Teilnahme liegt bei der Stadt, mit der er bereits Verhandlungen aufgenommen hat. Jetzt rechnet Marx, der seit fast zwanzig Jahren anerkannt gutes Bier braut, mit einer Genehmigung in den nächsten zwei Jahren. Er gibt zu, dass Ausstoß und Kapazität seiner Brauerei bisher nicht ausreichen, um ein eigenes großes Zelt auf der Wiesn zu versorgen, in dem innerhalb von zwei Wochen locker siebentausend Hektoliter über die Theke gehen. Ein kleines Zelt wäre aber drin, denn mit dem neuen Werk in Lerchenau hat sich die Kapazität annähernd vervierfacht, weitere Steigerungsschritte sind möglich.

Qualitativ verdient das Bier von *Giesinger* die Präsenz auf der Theresienwiese allemal. Neben der herrlich süffigen, trüb-goldenen »Erhellung« – ein Bier, das noch ohne Filteranlage in der Garage entstanden war – gibt es seit 2021 das intensiv getreidige »Münchner Helle« und seit 2023 ein sehr gelungenes, erfrischend-vollmundiges Alkoholfreies, »Freiheit« genannt. Gebraut wird außerdem ein sauberes Märzen, ein Dunkel↗, ein Pils und ein Weißbier, allesamt sind sie nicht pasteurisiert und nicht stabilisiert. Hinzu kommt ein erstaunliches Craftbier-Programm – mit einem Red Ale, das einladend nach roten Beeren duftet, einem interessanten Triple, bei dem man sich fragt, ob man gerne noch länger der Hefe nachgeschmeckt hätte, bevor der Hopfen durchdringt, und auch der Bock »Munique« oder das Doppel-Alt sind angenehm komplex.

Bei *Giesinger* wird ein außergewöhnliches Teamdenken greifbar, eine gute Laune abseits vom immer auch aufgesetzt wirkenden Wiesn-Kult – die Brauerei ist wie gemacht dafür, den festgefahrenen Laden Oktoberfest ein wenig aufzumischen. Und auch andere junge Brauereien in der Stadt denken inzwischen über einen eigenen Tiefbrunnen nach. Für die Biervielfalt kann das nur von Vorteil sein. Wir sehen uns auf der Wiesn.

Auf Biervisite in München

Wenn man am Münchner Hauptbahnhof ankommt, führen fast alle Wege zu *Augustiner*, der ältesten noch heute bestehenden Privatbrauerei der Landeshauptstadt, die sich auf klösterliche Wurzeln bis in das Jahr 1328 zurückführen lässt. Benutzt man den Südausgang des Bahnhofs, erreicht man zu Fuß oder mit der Straßenbahn an der Landsberger Straße entlang in wenigen Minuten die *Augustiner Bräustuben*, welche wiederum direkt an die heutige Brauerei grenzt. Obwohl etwas abgelegen, herrscht im zünftigen Inneren immer Betrieb, was an dem ungemein günstigen Bierpreis liegen mag: Ende 2023 waren es 3,40 Euro für die Halbe, die allerdings zumeist oktoberfestmäßig-luftig gezapft auf den Tisch kommt.

Dafür kann man sich der Vorstellung hingeben, dieses »Lagerbier Hell« mit seiner auf weißbrotigen Aromen und einer leicht schwefligen Note beruhenden Eleganz nirgends frischer vom Fass zu bekommen als hier – ein schwer zu übertreffendes Solobier, zu dem aber natürlich auch ein Obatzda passt. Zum »Edelstoff« von *Augustiner* (32), dem etwas stärkeren hellen Export-Bier, hat uns Hans Wächtler die regelmäßig auf der Karte stehende gebackene Milzwurst mit Kartoffelsalat und Remoulade empfohlen – eine bodenständige, sehr harmonische Kombination.

Vor allem in den warmen Monaten lohnt es sich aber auch, den Hauptbahnhof durch den Nordausgang zu verlassen. Nach wenigen Hundert Metern an der Arnulfstraße entlang in Richtung Westen erreicht man den *Augustiner-Keller* mit seinen alten Kastanien. Und mit einem Mal fühlt man sich wie auf einem Dorffest in der bayerischen Provinz und bestellt, wenn man die Wahl zwischen Halber und Maß hat, ohne lang zu überlegen Letztere.

Es ist aber auch keine schlechte Idee, den Hauptbahnhof in Richtung Osten zu verlassen, zu Fuß oder mit der U-Bahn – dann nämlich empfängt einen nicht weit hinter der Haltestelle Stachus das *Augustiner Stammhaus* in der Neuhauser Straße, eine Mischung aus gehobenem Bierlokal und säkularem Biertempel, Neobarock und Jugendstil. Hier scheint um die vorletzte Jahrhundertwende die Zeit stehen geblieben zu sein: Es gibt hinter dem eigentlichen Restaurant einen vom Architekten Emanuel von Seidl entworfenen Muschelsaal mit Glaskuppel, ganz hinten einen kleinen Biergarten, den Arkadengarten, und seit 2019 sind auch die alten Salons der Brauerfamilie Wagner geöffnet. Für München-Besuche ist das *Stammhaus*, nicht weit entfernt von der Frauenkirche und dem Marienplatz, immer eine gute Anlaufstelle. Die bei unserem letzten Besuch servierten unansehnlichen Maultaschen mit lauwarmer Schwammerlsoße betrachten wir als Ausrutscher.

Nicht weniger richtig am Platz fühlt man sich im *Hofbräuhaus* – zumindest, wenn man die immer wieder mitreißende Atmosphäre in diesem Verköstigungskraftwerk ohne allzu großes Gedränge erleben darf. Einen guten Tipp haben wir mal von einem alten Münchner bekommen, der uns, vielleicht, weil wir im Familienverband am Rosenmontag mit zwei hungrigen Jungs unterwegs waren, in der Maderbräustraße unter energischem Einsatz seines Spazierstocks überholte und spontan mit den Worten ansprach: »Hörts, ihr müssts euch sputen, heute gibt's im *Hofbräuhaus* die Weißwürst bis zwölf Uhr für einen Euro!« Die Empfehlung geben wir gerne weiter.

Auf dem Weg vom *Hofbräuhaus* zum Viktualienmarkt kommt man in der Straße mit dem Namen »Tal« vorbei, wo ein Zwischenstopp im Münchner *Bräuhaus* von *Schneider Weisse* geradezu Pflicht ist. Wer es mag, sollte hier die Innereiengerichte probieren, am besten, wie im *Schneider*-Kapitel beschrieben, zu einem »Aventinus-Doppelbock«.

Natürlich kann man auch die Vorzeigehäuser von *Spaten* an der Oper, von *Franziskaner* in der Residenzstraße, von *Löwenbräu* an der Dachauer Straße und von *Hacker-Pschorr* rund um den Viktualienmarkt abklappern – und nirgendwo wird man enttäuscht sein, es sei denn, man hat nicht reserviert, dann nämlich wird man mit hoher Wahrscheinlichkeit weggeschickt. Auch in den Münchner Gasthäusern gibt es eine subkutane Tendenz zum Nichtreinlassenwollen. Insgesamt fehlt es oft ein wenig an Seele, an Eigenheit und echter Gastfreundschaft.

Originelle, urige Wirtshäuser wie das *In der Au*, das *Fraunhofer*, das *Xaver's* oder die *Gaststätte Großmarkthalle* gibt es durchaus, aber serviert werden auch dort fast überall nur die Mainstreambiere der Münchner Big Six.

Für mehr Abwechslung sorgt die andere Isar-Seite mit dem *Giesinger Bräustüberl*, wo man, wenn das gebackene Kuheuter nicht auf der Karte steht, die naturtrübe »Erhellung« (33) zusammen mit dem Wirtshausbrettl probieren sollte, bei dem die universale Einsetzbarkeit dieses ausgleichenden Bieres zum Tragen kommt.

Und auch das *Paulaner*-Areal auf dem Nockherberg, dessen Hauptgebäude ein wenig an einen Seitenflügel von Erdoğans Präsidentenpalast erinnert, gilt es hervorzuheben. Denn hier und nur hier gibt es den »Barnabas« von *Paulaner* (34), ein unfiltriertes Dunkles mit 5,7 Volumenprozent Alkohol, das mit den zarten, süß-scharfen Spareribs vom Grill wunderbar zusammengeht.

Überkommt einen nach zwei, drei Tagen die typische Münchner Sättigung, und steht plötzlich die Sehnsucht nach frischem Hippie-Craftbier oder unfleischlicher Ernährung im Raum, ist man bei *Frisches Bier* im Schlachthofviertel oder bei *Bodhi*, angeblich Bayerns erstem veganen Wirtshaus in der Ligsalzstraße, gut aufgehoben.

Berlin

Recherche in der Hauptstadt: Ist Berliner Weiße doch trinkbar?

Nach den beiden Weltkriegen war die einstmals populäre Berliner Weiße so gut wie verschwunden. In den letzten Jahren ist sie wiederbelebt worden. Passt sie noch in unsere Zeit?

Oliver Lemke, ein Berliner Craftbrauer der allerersten Stunde – schon um die Jahrtausendwende produzierte er mit einer selbst gebastelten Anlage ein erstes deutsches Pale Ale, 2003 folgte ein IPA –, hatte in gut zehn Jahren schon viel erreicht. Seine Biere wurden mehrfach ausgezeichnet, und er hatte sich einen Namen mit ausdrucksstarken Bierstilen gemacht, die oft etwas neben dem Erwartbaren lagen (Wiener Lager, Bohemian Pilsner, Rye IPA), aber vertraut schmeckten. Mehrere Brauhäuser eröffnete er in Berlin. Doch es ärgerte ihn, dass er kein für seine Stadt identitätsstiftendes Bier anbieten konnte. Neidisch blickte er auf die lebendige Altbier- und Kölschkultur in den Hausbrauereien des Rheinlands.

Dabei gab es ja einst eine eigene Bierkultur an der Spree. Um 1800 wurde die Berliner Weiße, ein markenrechtlich geschützter Begriff, in Dutzenden Brauereien produziert und in Hunderten Weißbierlokalen ausgeschenkt. Die Weißbierwirte, die dem Getränk im Keller den letzten Schliff verliehen, trugen voller Stolz eine spezielle Kleidung mit Schleife und Plüschweste und nahmen von ihren Gästen Bestellungen wie »eine Weiße mit Gewehr über« entgegen – gemeint war die Zugabe von Pomeranzenlikör, während »mit Strippe« bedeutete: mit Kümmelschnaps. Von 1848 an wurde das leichte Sauerbier dann im sogenannten Klauenglas serviert, das einem handgroßen runden Aquarium ähnelte – kurzum: Die Berliner Weiße ist sehr fotogen und bringt historisch gesehen eigentlich alles mit, was einem ausgestorbenen Stil in Zeiten erhöhter Nachfrage nach Spezialbieren neue Aufmerksamkeit garantieren sollte.

Über die Ursprünge des Bierstils gibt es, darin sind sich der *Oxford Companion to Beer* und das lesenswerte Buch *Die Berliner Weiße – ein Stück Berliner Geschichte* einig, zwei Haupttheorien. Besagt die eine, die Hugenotten hätten sie im 18. Jahrhundert nach Zwischenstationen im noch heute das Sauerbier hochhaltenden Flandern nach Berlin gebracht (beziehungsweise das bestehende Weißbier entscheidend verändert), besagt die andere, dass die Berliner Weiße eine Abwandlung des im 16. Jahrhundert entwickelten Sauerbierstils Broihan sei.

Was in die Berliner Weiße alles hineingehört – mindestens so viel Weizen- wie Gerstenmalz, wenig Hopfen, ein besonderes Mischverhältnis von obergärigen Hefen, Milchsäurebakterien und dem Brettanomyces-Hefepilz –, wird in letztgenanntem Buch minutiös nachgezeichnet. Dennoch gibt es für die Brauer noch viele individuelle Entscheidungen zu treffen, zum Beispiel: Von welchem Zeitpunkt an lässt man die Mikroorganismen zusammenarbeiten, und wie stark erhitzt man die Würze?

Das jedenfalls, was die letzte Großbrauerei der Stadt, *Berliner-Kindl-Schultheiss*, seit Jahrzehnten unter dem Namen Berliner Weiße anbietet, hat mit dem ursprünglichen Getränk, das Napoleons Soldaten bei ihrem Durchmarsch angeblich als »Champagner des Nordens« bezeichneten, nur noch wenig zu tun. Denn die »Berliner Kindl Weisse« verzichtet auf den Einsatz der unabdingbaren Brettanomyces-Hefe, die eine typische Herzhaftigkeit erzeugt (siehe das Interview im folgenden Kapitel). Das Ergebnis ist ein eindimensionaler saurer Muntermacher, der die Beigabe von Sirup nur folgerichtig erscheinen lässt.

In den frühen 2010er-Jahren formierte sich eine Gegenbewegung. Michael Schwab von *Brewbaker* versuchte, die Berliner Weiße auf Grundlage einer eigenen Hefemischung zu rekonstruieren, während der Programmierer Andreas Bogk begann, originalverschlossene alte Flaschen mit Berliner Weiße aufzukaufen, ihre Zusammensetzung zu analysieren und im Zuge einer Crowdfundingkampagne eigene Sude

Eine Hausfrau serviert um das Jahr 1912 Berliner Weiße im traditionellen Klauenglas, das in Kneipen auch in die Runde gegeben wurde.

herzustellen. Und Oliver Lemke, der bei einem Biersommelier-Lehrgang zur Beschäftigung mit dem alten Berliner Bierstil inspiriert worden war, regte an seiner früheren Hochschule, der Versuchs- und Lehranstalt für Brauerei in Berlin, mehrere studentische Arbeiten zur Berliner Weißen an. Eine davon verfertigte die damalige Studentin Ulrike Genz, die so sehr Feuer fing, dass sie nach zeitweiliger Zusammenarbeit mit Andreas Bogk 2016 begann, ihre eigene Berliner Weiße mit deutlicher »Brett«-Note unter dem Label *Schneeeule* herzustellen. Auch die *Berliner Berg Brauerei* hat seit ungefähr 2015 eine Weiße im Programm.

Parallel tüftelte Oliver Lemke an einem geeigneten Rezept für den Sauerbier-Klassiker, wobei ihm ein Getränk vorschwebte, das sich geschmacklich möglichst dem Champagner annähern sollte. Aus der Brettanomyces-Hefe versuchte Lemke jenen Geschmack herauszuarbeiten, der in Amerika als »funky« bezeichnet wird – die Essigsäure und das Käsearoma des »Brett« sollten eher in den Hintergrund treten. Allerdings verändern die Mikroorganismen in der Berliner Weißen gerade in der frühen Lagerung permanent den Geschmack, sodass Kenner darauf schwören, sie erst vom sechsten Monat an zu trinken. Dazu rät auch Fritz Briem, der den Artikel »Berliner Weisse« für den

Oxford Companion to Beer verfasst hat und seit mehr als zehn Jahren in der Hallertau ein Bier im Berliner-Weiße-Stil für den Exportmarkt produziert.

Seit 2017 also konnte man in der Hauptstadt ganz unterschiedliche Interpretationen der Berliner Weißen kosten; inzwischen sind einige Produzenten nicht mehr auf dem Markt vertreten. Bei unserem letzten Berlin-Besuch haben wir uns auf die Biere von Oliver Lemke und Ulrike Genz konzentriert.

Steigt man an einem kühlen Berliner Novembertag in die Sauerbierverkostung im *Brauhaus Lemke* am Hackeschen Markt (*Das Lemke*) ein – gleich nebenan hat der Tausendsassa und perfektionistische Tüftler unter S-Bahn-Bögen sein verzweigtes Braureich mit eigenem Labor und neuem Sudhaus untergebracht –, wird einem recht bald altberlinerisch zumute.

Das liegt zum einen am Ambiente, einem klassisch-holzvertäfelten Gastraum, der in mehr als zwanzig Jahren schon ordentlich Patina angesetzt hat. Vor allem aber machen wir Bekanntschaft mit einem weitgehend in Vergessenheit geratenen gesellschaftlichen Phänomen früherer Tage: der (Berliner) Schankbierkultur↗, die wir aus Illustra-

Oliver Lemke versucht in Berlin die alte Sauerbier-kultur wiederzu-beleben.

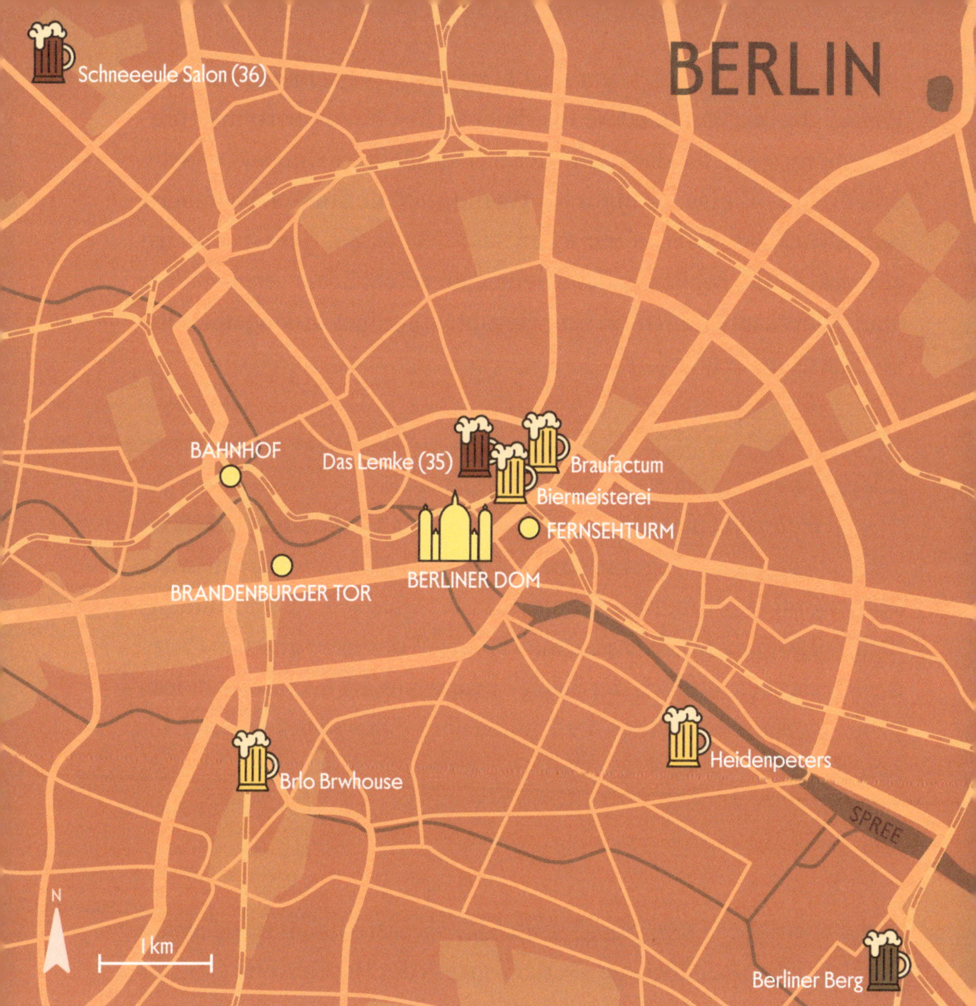

tionen und Fotos kennen. Denn die einfache Berliner Weiße von *Lemke* enthält ganz stilgemäß nur zwischen zwei und vier Prozent Alkohol, und da man, bei *Lemke* sitzend, wegen der Säurehaltigkeit der sehr bald schaumlos dastehenden Berliner Weißen auch noch eher kleine Schlucke nimmt, hat man nach einer Weile nicht das Gefühl, als werde man unkonzentrierter oder satter, sondern als erfrische man sich und stille permanent seinen Durst. Die Gespräche, die wir mit Oliver Lemke und am Folgetag mit Ulrike Genz führen, kommen uns besonders angeregt und gut gelaunt vor, als mache sauer tatsächlich lustig.

Manch einer bekommt von der Berliner Weißen ein wohliges Gefühl im Magen, andere wiederum müssen sich an den Wilde-Hefen-Mix erst gewöhnen. Deutlich sauer ist Lemkes 3,5-prozentige»Budike«-Weiße. Die im Glas dunklere »Berliner Eiche« hingegen ist mit Holzchips hergestellt, die der Säure merklich die Spitze nehmen. Die achtprozentige »Luise Königliche Weiße« schließlich schafft eine beeindruckende Balance zwischen Säure, Brettanomyces- und Holzaromen. Und zuweilen, gerade beim ersten Schlürfen, erzeugt diese Stark-Weiße tatsächlich ein sehr elegantes, perliges Mundgefühl, das an Champagner erinnert.

Hans Wächtler: Wenn ich in Berlin bei *Lemke* bin, esse ich zur »Budike« (35) gerne eine Currywurst. Das ist vielleicht etwas unkonventionell, aber im Grunde sehr berlinerisch, und aus meiner Sicht passt es auch tatsächlich: Man hat die Würzigkeit aus dem Curry, die mit der Fruchtigkeit der Sauce korrespondiert und durch die angenehme Säuerlichkeit aus der Weißen noch einen Kick bekommt. Ich mag das.

In der ebenfalls zu *Lemke* gehörenden *Biermeisterei* am Alexanderplatz probiere ich später noch die »Perle«, ein mit der Hopfensorte gleichen Namens großzügig bedachtes und trotzdem stimmiges Helles. Zum dunklen Lager, dem »Original«, passen die Spareribs, die hier noch zarter sind als bei *Paulaner* in München.

Am nächsten Tag besuche ich den *Schneeeule Salon für Berliner Bierkultur* im Wedding. Ulrike Genz lädt gerade Flaschen in einen Transporter. Zu praktischen Handwerkerklamotten trägt sie eine Art Schlapphut, der ihr das Aussehen einer Falknerin verleiht, die auf den nächsten Raubvogel wartet – vielleicht eine Schneeeule. Etwas Künstlerhaftes strahlt sie aus, man denkt an die extravagant gekleideten Berliner-Weiße-Schankwirte des 19. Jahrhunderts. Vor allem aber haben wir noch nie eine Brauperson erlebt, die so ausdauernd und einnehmend mit strahlenden Augen über einen einzigen Bierstil sprechen kann.

Der *Schneeeule Salon* selbst ist ein offener, in dunklen Farben gehaltener Gastraum mit wenigen Tischen und erinnert ein wenig an eine Studentenkneipe. Zahlreiche fantasievoll geformte Glaskelche stehen im Regal hinter dem Tresen, historische Fotos mit Berliner-Weiße-Trinkern hängen an der Wand. Im Mittelpunkt steht ein Kühlschrank, angefüllt mit gedrungenen Flaschen, die teils unbeschriftet, teils handbeschriftet, teils etikettiert sind. Daneben ein Plattenspieler, der aber gerade nicht läuft. Welche Musik könnte wohl hierher passen?

Ulrike Genz hat eine Eigenart: Wenn sie eine neue Flasche aus dem Kühlschrank nimmt, hält sie sie zunächst fast wie einen Fremdkörper in den Händen und blickt mit ausgestreckten Armen auf das Etikett, als frage sie sich, was sie hier wieder angestellt habe. Wobei diese Haltung bestens zu ihrer Bierphilosophie passt, bei der das natürliche Gewährenlassen eine große Rolle spielt.

Ulrike Genz lässt sich von ihren Bieren überraschen, sie weist ihnen allenfalls Reifegrade wie Babystadium oder Pubertät zu, weiß aber nie genau, wie sie gerade schmecken. Vorübergehend tun sie es »nach nichts«, sagt sie, dann wieder kommt das Brettanomyces-Aroma mit voller Kraft zur Geltung. »Stinkt gut, oder?«, fragt sie aufmunternd, als ich gerade an einem Glas schnuppere. Eine Freundin von Genz sag-

Immer wieder überrascht vom eigenen Bier: Brauerin Ulrike Genz von der *Schneeeule*.

te mal, Berliner Weiße rieche wie Schweinebraten, das fand die Brauerin gar nicht so unpassend. Genz erinnern die Aromen ihrer Weißen an Gerüche auf Dörfern und Bauernhöfen: »Wir haben mit Tieren lange eng zusammengelebt«, sagt sie, »Tiere haben uns ernährt, deswegen waren ihre Gerüche etwas Positives für den Menschen.« In ihre Berliner Weiße gibt sie lieber Kräuter als Früchte.

Hans Wächtler: Für die Berliner Weiße von Ulrike Genz schlage ich für sommerliche Tage eine Kombination mit Obstsalat vor. Vor allem die »Marlene« von *Schneeeule* (36) mit ihrem leichten Jasmin-Aroma passt sehr gut zu einem schönen Salat aus Mango, Banane und Ananas. Blumig-würzige Noten lassen sich immer gut mit fruchtigen kombinieren.

Zum Schluss koste ich noch von der kaltgehopften Berliner Weißen »Kennedy« und bin überrascht, wie leicht sich auch in diesem Stil ein typisches Craftbiergefühl erzeugen lässt.

Die Biere von *Schneeeule* beweisen eine eigene Durchtrinkbarkeit. Allein aus Neugier und weil man sie so schnell nicht fassen kann, greift man immer wieder zum Glas. »Man wird süchtig danach«, sagt die Braumeisterin und gibt noch eine Flasche mit auf den Weg.

Ortswechsel: Berlin-Kreuzberg, Gleisdreieck, *BRLO Brwhouse*. Die Brauerei *BRLO* bietet ebenfalls eine Berliner Weiße an, allerdings fehlt ihr das Brettanomyces-Aroma. Ein Besuch im *BRLO Brwhouse* lohnt sich schon allein wegen der spektakulären Architektur aus achtunddreißig gebrauchten Überseecontainern und großen Glasflächen, die einen großen offenen Raum mit Galerie umfassen.

Hans Wächtler empfiehlt von *BRLO* das Pale Ale zu den veganen Gerichten auf der Karte: »Die absolute Fruchtigkeit und deutliche Zitrusnote aus diesem Pale Ale ergibt in Kombination mit dem fermentierten Gemüse eine angenehm runde Gesamtwahrnehmung.«

Einen Zwischenstopp wert ist in Kreuzberg auch der Stand von *Heidenpeters* in der Markthalle Neun, wo man unkompliziert ein IPA trinken und sich an den übrigen Ständen mit Snacks versorgen kann. Auch einen Besuch im Restaurant *Braufactum am Alexanderplatz* sollte man in Berlin einplanen, die Craftbiere sind großartig, allen voran das IPA »Progusta«. Kreativbier gibt es auch in der *Berliner Berg Brauerei* am Treptower Park, die im Sommer einen eigenen Biergarten unterhält.

Wird sich das Sauerbier in Berlin wieder durchsetzen? In den letzten zehn Jahren ist es ihm in dieser offenen Stadt nicht gelungen. Hat sich der Geschmack in den vergangenen Jahrzehnten durch die Allgegenwart des Zuckers so sehr gewandelt, dass herzhaft Saures an Attraktivität verloren hat?

Es ist wohl so: Für die Berliner Weiße muss der moderne Biertrinker aus seiner geschmacklichen Komfortzone heraustreten. Vielleicht sollte sich die Weiße auch noch stärker mit der Schankbieridee und dem Erfrischungsaspekt in Verbindung bringen. Der Mut und das Zutrauen von Oliver Lemke, Ulrike Genz und allen anderen Berliner Sauerbier-Erzeugern sind jedenfalls inspirierend. Vielleicht dauert es noch ein, zwei Jahrzehnte bis zum Durchbruch, aber sterben lassen sollte man diesen faszinierenden Bierstil in Berlin kein zweites Mal.

Brettanomyces – die Bierhefe, die nach Pferdedecke riecht

Was beim belgischen Bier als Spezialität gilt, wird in Deutschland außer bei der Berliner Weißen als Fehlgeschmack bewertet: das Aroma der Bierhefe Brettanomyces. Der Brauwissenschaftler Mathias Hutzler erklärt, was es mit dem eigenwilligen Pilz auf sich hat.

Wie riecht Brettanomyces-Hefe genau?

Brettanomyces-Biere werden beschrieben als fruchtig, auch als – wie man im Englischen sagt – »barnyard«, sie erinnern an Aromen auf einem Bauernhof. Auch von »nasser Pferdedecke« ist die Rede, von gewürzartig, blumig, nelkig, lederartig, manchmal auch von medizinisch oder tropisch. Das liegt an den beteiligten Fettsäuren, Fettsäureestern, phenolischen Verbindungen oder Essigsäureestern. Besonders spannend ist: Brettanomyces wird erst aktiv, wenn für die klassischen Brauereihefen nichts mehr zu beißen da ist. Brettanomyces ist gemächlich, kommt im Bier oft erst nach dem sechsten oder zehnten Monat zum Tragen und verarbeitet noch jene Restzucker, die die anderen Hefen nicht verwerten können – und wandelt auch Säuren um, die Milchsäure (Laktat) zum Beispiel zu Ethyllaktat. Diese Säure zeichnet sich durch ihr besonders harmonisches Mundgefühl aus. Auch eine Berliner Weiße nach altem Rezept braucht in der Flasche noch einige Monate zur Reifung, dafür ist ebenfalls Brettanomyces verantwortlich. Dabei ist zu beachten, dass nicht jeder »Brett«-Stamm gleich ist. Der eine bringt mehr Fruchtaromen hervor, der andere eher die gewürzartigen Komponenten. Jede Brauerei hat ihren eigenen Aroma-Fingerabdruck.

Die Aromen, die Sie genannt haben, geben ein sehr breites Spektrum wieder. Inwiefern kann man trotzdem von einem typischen »Brett«-Aroma sprechen?

Das Typische ist schon die Fruchtigkeit, das leicht Gewürzartige bis Medizinale. Ausschlaggebend ist der Mix an chemischen Komponenten. Je nach Stamm dominiert dann eines der Aromen. Es gibt aber eine Grundnote, die sehr spezifisch ist. Das ist so ähnlich, wie wenn wir zum Zahnarzt gehen und diesen bestimmten medizinischen Geruch in der Nase haben. Auch verschiedene Käsesorten einer Kategorie ähneln sich ja im Grundgeruch.

Woher kommt der Name »Brettanomyces« – er deutet auf England hin, wird aber heute hauptsächlich mit Belgien assoziiert?

1904 wurde von Niels Hjelte Claussen ein Hefepilz in der Kopenhagener Brauerei von *Carlsberg* isoliert, der für die Nachgärung bei englischen Bieren verantwortlich gemacht wurde. Deswegen wurde er als »Brettano« (für Britannien) bezeichnet. »-myces« steht für den Hefepilz. Später, in den Zwanzigerjahren, hat man den Pilz in der Brüsseler Gegend häufig aus Lambic-Bieren↗ isoliert. Deshalb hat man dort an den Namen ein »bruxellensis« gehängt.

Ist Brettanomyces denn eindeutig eine obergärige Hefe – oder liegt sie irgendwo dazwischen?

Wenn man »ober- und untergärig« auf der Grundlage des Einsatzes im Braubereich definiert, also anhand der Gärtemperatur und des Absetzverhaltens nach oben oder unten, ist die Brettanomyces-Hefe obergärig. Sie kann nicht bei so niedrigen Temperaturen wie die untergärige Hefe arbeiten, also bei sechs bis acht Grad Celsius.

Tschechien

Ein böhmisch-bayerischer Gemeinschaftssud

In Tschechien wurde es lange verschwiegen, doch das »Pilsner Urquell«, das am Martinstag 1842 zum ersten Mal ausgeschenkt wurde, hat ein Bayer erfunden.

Im Jahr 1838 hatten es die Pilsener Bürger und Wirte endgültig satt. Das dunkle, obergärige Bier, das ihnen von den örtlichen Brauereien wieder einmal vorgesetzt worden war, schmeckte sauer und war nicht trinkbar. Aus Protest schütteten sie, wie es heißt, drei Dutzend Fässer in den Rinnstein. Anschließend beschlossen sie, ein neues Bürgerbrauhaus nach dem neuesten Stand der Technik zu bauen, und beauftragten den Braumeister Martin Stelzer, sich in Europa umzusehen. Gebraut werden sollte in Pilsen hinfort untergäriges Lager-Bier, das sich in Bayern bereits erfolgreich durchgesetzt hatte.

In dem aus Vilshofen stammenden Niederbayern Joseph Groll, dem Zeitgenossen ungewöhnlich grobe Umgangsformen nachsagten, fand Stelzer einen Braumeister, der über die nötigen Kenntnisse verfügte und zudem eine untergärige Hefe mit nach Pilsen bringen konnte. Und noch etwas brachte Groll laut *Oxford Companion to Beer* mit: die Verwendung des in England entwickelten, sich indirekter Befeuerung verdankenden hellen Gerstenmalzes. Das ungewöhnlich weiche Wasser Pilsens und der berühmte Saazer Hopfen, der in unmittelbarer Nähe angebaut wurde, taten ein Übriges zur Erfindung eines neuen Bierstils. Am 5. Oktober 1842 kochte Groll mit diesen Zutaten seinen ersten Sud.

Am 11. November wurde das neue Pilsner Bier dann zum ersten Mal ausgeschenkt, in durchsichtigen Trinkgläsern, die sich damals in

Europa erst durchzusetzen begannen und die die ungewöhnlich goldene Farbe der neuen Biersorte zur Geltung brachten. Die Pilsener waren zufrieden. Inzwischen hat sich das helle Lager mit der anregenden Bitteren längst als mit Abstand beliebteste Biersorte in der ganzen Welt durchgesetzt. Eine Rolle mag dabei gespielt haben, dass die Pilsener ihr Bier erst 1898 als Schutzmarke eintragen ließen.

Zum fünfzigjährigen Jubiläum 1892 wurde in Pilsen das im Neorenaissancestil gehaltene Brauereitor errichtet, das heute auf dem Etikett der Flasche prangt. Das Jubiläumsjahr 1942, mitten im Zweiten Weltkrieg, wurde eines der dunkelsten in Böhmen. Und auch das Jahr 1992 war schon wieder ein besonderes: Tschechien spaltete sich von der Slowakei ab. Die Pilsner Brauerei ging nach der Privatisierung durch mehrere Hände, bevor sie 2016 vom japanischen Braukonzern *Asahi* gekauft wurde.

War »Pilsner Urquell« in den Achtziger- und Neunzigerjahren in Deutschland noch ein rares Gut gewesen und in seiner besonderen Würzigkeit eine willkommene Alternative zu den durch Herabsenkung der Bitterkeit oft etwas langweilig gewordenen deutschen Industrie-Pilsbieren, ist es seit einigen Jahren in jedem Getränkemarkt zu finden. Während »Urquell«-Liebhaber behaupten, das Bier sei früher vollmundiger gewesen, erklärt *Asahi*, es stimme gemäß chemischer Analyse vollkommen mit dem Rezept früherer Tage überein.

Über dieses Thema haben wir im Jahr 2017 mit Stanislav Procházka, dem langjährigen Präsidenten des tschechischen Brauerverbandes, gesprochen.

Herr Procházka, hat sich der Geschmack von »Pilsner Urquell« in den letzten gut fünfundzwanzig Jahren verändert?

Das ist sehr schwer zu sagen. Eines steht fest: Geschmack vergisst man. Wenn eine Brauerei Schritt für Schritt den Geschmack ein wenig ändert, dann fällt das niemandem auf – bis zu einer gewissen Grenze. Ich persönlich trinke »Pilsner Urquell« gerne, ich liebe diesen vollmundigen und zugleich bitteren Geschmack, aber ich kann nicht sagen, ob er sich in den letzten zwanzig Jahren verändert hat oder nicht. Mein subjektiver Eindruck ist: In guten Gaststätten schmeckt es noch genauso wie früher.

Wie war die Situation bei *Pilsner Urquell* in der Zeit nach der Samtenen Revolution Ende 1989? Im *Oxford Companion to Beer* liest man, das Bier habe in dieser Zeit noch in Holzfässern gegoren.

In die tschechischen Brauereien wurde vor der Wende kaum investiert. Es gab einen unglaublichen Mangel. *Pilsner Urquell* und *Budweiser* bekamen immerhin ein bisschen Geld für die Modernisierung. Brauereien wie *Staropramen*, die nur in die sozialistischen Comecon-Länder exportiert haben, waren in einer noch schwierigeren Situation, von den anderen Brauereien nicht zu sprechen. Als die Wende kam, war *Pilsner Urquell* besser vorbereitet als die Konkurrenz. Die Sache mit den Holzfässern kann man aber nicht als Vorteil verkaufen. Es gab damals neun Kilometer lange Lagerkeller mit großen Holzfässern, bis der damalige Generaldirektor von *Pilsner*, Pavel Gregoric, 1992 das Risiko auf sich nahm, hundert Edelstahltanks zu kaufen und die Technologie total umzustellen. Heute ist Holz nur noch eine Marketingmaßnahme für die Besichtigungsgruppen, die an ein paar Fässern vorbeigeführt werden.

Altes Holzfas
in der Pilsene
Brauerei von
»Urquell«.

Holz, das sicher gepicht war, hat wohl ohnehin kaum einen Einfluss auf den Geschmack, oder?

Ja, es gab auch mal die Diskussion, ob »Pilsner Urquell« noch aus Tanks schmeckt, die höher sind als zwei Meter. Es hat sich gezeigt, dass das keinen Einfluss auf die Qualität hat.

Inwiefern war Grolls Erfindung genial?

Ah, das war Zufall! Er hatte gute Möglichkeiten. Er hat auf der einen Seite gutes Malz bekommen, guten Hopfen aus Saaz, und das Wasser ist in Pilsen zufällig sehr weich. Dann hat er das Drei-Maische-Verfahren eingesetzt – und das war's. Damals wurde noch experimentiert, heute bekommt der Braumeister das Rezept vom Computer vorgegeben.

Tschechien ist bekannt dafür, größten Wert auf Schanktechnik zu legen. Was kann der Wirt im Gegensatz zur Flasche noch aus dem Bier herausholen?

Das sind zwei ganz unterschiedliche Sachen. *Pilsner Urquell* steckt nicht umsonst so viel Geld in die Ausbildung von Wirten. Gut gepflegtes Fassbier hat gerade beim Pils eine besondere Vollmundigkeit. Fassbiere sind auch nicht so stark pasteurisiert wie Flaschenbiere. Aber sie sind in Gasthäusern inzwischen leider auch dreimal so teuer.

***

Jaroslav Rudiš, tschechischer Schriftsteller: »In Pilsen bin ich mehrmals im Jahr, ich gehe dann immer ins Wirtshaus *Na Parkánu*. Hier wird gut gekocht, das Gulasch ist sehr zu empfehlen. Und es gibt das ganze Jahr über das unfiltrierte ›Pilsner Urquell‹. Das zieht viele Biertrinker an. In den meisten anderen Pilsener Lokalen gibt es das Unfiltrierte nur im Herbst, als Geburtstagsgeschenk. Es schmeckt einfach toll, es ist herber und echter, würde ich sagen.

In Pilsen muss man auch im Lokal *U Salzmannů* mindestens ein ›Urquell‹ trinken. Das alte und sehr traditionelle Lokal wird schon im *Baedeker* für Österreich-Ungarn von 1913 empfohlen. Am Marktplatz gibt es neuerdings auch ein tolles, etwas moderneres Wirsthaus: *Lékárna*, was ›Die Apotheke‹ heißt. Früher stand hier offenbar wirklich eine Apotheke. Heute kann man sich an gleicher Stelle davon überzeugen, ob das Bier in Pilsen wirklich ein Heilwasser für den Magen, die Verdauung und die Seele ist, wie viele behaupten.«

Jaroslav Rudiš: Liebeserklärung an das Pils

Am Martinstag 1842 kam das »Pilsner Urquell« zur Welt. Das Ereignis wirkt bis heute nach. Eine literarische Liebeserklärung aus dem Böhmischen Paradies.

Wir sitzen wieder in unserer Sauna in Jičín im Böhmischen Paradies, wie unsere Gegend heißt. Warum Paradies? Weil hier drei Burgen, fünf Teiche, eine Felsenstadt und drei Brauereien zu finden sind, die im Sommer viele Touristen anziehen. In unsere Sauna kommen keine Touristen. Nur der alte Holländer schwitzt hier mit uns. Er stammt aus Amsterdam und hat sich vor zehn Jahren in der Gegend ein Haus gekauft.

»Lieber im böhmischen Meer des Bieres als in der Nordsee ertrinken«, sagt er öfter. In die Kneipe kommt er mit uns aber nie. Er muss Auto fahren.

Das erste Bier würden wir am liebsten gleich in der Sauna trinken. Doch seitdem ein junger Sportler vor lauter Freude über den Sieg seines Fußballvereins einen stinkenden Bieraufguss gemacht hat, ist in der Sauna das Alkoholtrinken verboten. Wir duschen uns schnell ab und gehen in unsere Stammkneipe, die *Grand Hotel Praha* heißt.

»Ich weiß nicht, wie das kommt. Eigentlich will ich von der Sauna aus immer direkt nach Hause. Aber der Weg führt ja an der Kneipe vorbei. Und jedes Mal zieht mich etwas, tief in mir drin, hinein«, sagt der Rentner.

»Das nennt man Leidenschaft«, sagt der Hausarzt, sein bester Freund.

»Da bin ich erleichtert, ich dachte, du sagst, das ist Alkoholismus.«

Wir gehen an ein paar Plattenbauten vorbei, und schon sind wir in der Altstadt, die zu Zeiten des böhmischen Feldherrn Wallenstein erbaut wurde. Die Sauna hat uns entschleunigt, die Lust auf Bier macht unsere Schritte schneller. Und kurz vor der Kneipe laufen wir schon. Noch die kleine Treppe in den Keller hinunter, und wir sitzen an unserem Stammtisch, unter dem alten, vom Raucherqualm vergilbten Gemälde von Adolf Kosárek. Das Bild hängt wie immer ein wenig schief über unseren Köpfen. Wie ein Zeichen Gottes. Man muss nicht bestellen. Der kleine untersetzte Wirt, den wir alle Presswurst nennen, was keiner böse meint, weiß Bescheid. Er bringt uns einen großen leuchtenden Kranz mit Bierkrügen. Es sieht sehr festlich aus, wie bei einer Kirchenmesse. Wenn er ihn auf den Tisch stellt, donnert es. Wir erwachen und stoßen an.

»So, auf uns, Jungs, auf unseren Geburtstag«, sagt der Rentner und hebt sein Glas hoch.

»Wer hat hier Geburtstag?«, fragt der Feuerwehrmann.

»Wir alle. Ich stelle euch eine Kontrollfrage. Der 5. Oktober – 1842?!«

Kurzes Schweigen. Der Rentner, der nicht schlafen kann und deshalb dazu verdammt ist, unentwegt Bücher zu lesen, schüttelt den Kopf.

»Was seid ihr für Tschechen. Der 5. Oktober 1842! Wir feiern wieder den Geburtstag. Die einzige wahre Revolution, der Anfang der Geschichte ... An dem Tag wurde das erste Pils der Welt gebraut, am Martinstag wurde es ausgeschenkt. Unser Bier! Danach war alles anders.«

»Ja, danach sind zuerst die Geschäftsmänner aus Südafrika gekommen. Und zuletzt waren es die Japaner, oder wem gerade die Brauerei gehört«, sagt ein wenig skeptisch der Feuerwehrmann.

Das erste Bier nach der Sauna wird in einem Zug getrunken. Das zweite steht gleich auf dem Tisch. Wir genießen den Schaum, der wie echte Sahne schmeckt. Und schauen auf die weißen Ringe, die der Schaum beim Trinken im Glas hinterlässt.

»So mag ich es. So sehe ich beim Trinken, was ich war«, sagt der Ingenieur.

»Neulich stand in der Zeitung, der Tscheche trinkt im Durchschnitt fast hundertfünfzig Liter Bier pro Jahr, das sind dreihundert Halbe. Weltspitze!«, sagt der Rentner. »Ich trinke jeden Abend drei Bier, ab und zu vier, manchmal fünf, selten sechs, das sind im Jahr etwa eintausendeinhundert Biere, jetzt bin ich vierundsechzig, das heißt, in sechsundvierzig Jahren meines aktiven Bierlebens sind es ... Moment ... Das kann keiner zusammenrechnen.«

»Doch«, sagt der Ingenieur, der bei uns Häuser baut. »Man kann alles zusammenrechnen. Es sind ... etwa fünfzigtausendsechshundert Halbe. Und wenn ich mir unsere Kneipe so anschaue, vom Volumen her ... Da brauche ich ein wenig Zeit zum Rechnen.«

Er holt einen Zettel und einen Stift aus der Tasche und legt los.

»Wallenstein wollte Jičín zu seiner Residenz ausbauen. Bis heute prangt auf dem Marktplatz in voller Schönheit sein Barockschloss. Man sagt, Wallenstein hat sich im Dreißigjährigen Krieg das Bier aus unserer Gegend direkt auf die Schlachtfelder liefern lassen. Er wollte kein anderes Bier trinken«, sagt der Hausarzt.

»Das verstehe ich. Ich kann zum Beispiel kein anderes Bier trinken als ›Pilsner Urquell‹. Wallenstein wäre stolz auf uns, die böhmischen Bierkrieger«, sagt der Rentner. »Nur einmal habe ich ein anderes Bier getrunken, und schon war ich im Krankenhaus. Meine Frau hat mir sogar einen Pfarrer geschickt, da sie gedacht hat, es ist vorbei mit mir. Und weißt du, was mir das Leben gerettet hat? Der Pfarrer hat mir eine Flasche ›Pilsner Urquell‹ gebracht. Und am Abend saß ich schon wieder hier.«

Philosophiere in der Stammkneipe *Grand Hotel Praha.*

Und der Hausarzt, der auch in der Sauna und in der Kneipe Medikamente verschreibt, wenn es uns nicht gut geht, sagt: »Ich verschreibe das Bier auch gerne. Ich sag immer, trinken Sie zwei Bier, und alles wird besser. Nicht drei, nicht vier, nur zwei. Ein Bier ist viel besser als Schlafpillen aus der Fabrik. Das macht der Hopfen. Der beruhigt.«

»Ich nehme auch Schlafpillen«, sagt der Feuerwehrmann. »Du weißt ja, warum.«

Neulich hat er drei junge Deutsche auf dem Weg ins Riesengebirge aus dem zerstörten Auto rausgeschnitten und gerettet. Für einen war es leider zu spät. Er sagt, in seinen Träumen trifft er die Menschen wieder, die er nicht retten konnte.

»Das ist schlimm, aber versuch es ohne Pillen, denn die machen dumm. Geh in die Sauna, trink danach zwei Bier, umarme deine Frau, und alles wird besser«, sagt unser Hausarzt, und Presswurst bringt uns die nächste Runde.

»Das Bier hat in Pilsen ein bayerischer Braumeister gebraut. Hat man lange nicht gesagt. Du weißt schon, vor der Wende waren alle Deutschen die Bösen. Für unsere nationalistischen Hohlköpfe ist es sicher bitter, doch: Die Wahrheit siegt! So steht's sogar auf dem Banner unseres Präsidenten«, sagt der Rentner und hebt wieder seinen Krug hoch. »Es lebe die Völkerverständigung und der große ewige Frieden unter der böhmischen Flagge!«

Wir stoßen an und küssen den weichen Schaum. »Übrigens machte Wallenstein einen großen Fehler. Er wollte die Welt mit Waffen, Geld und Intrigen beherrschen. Wenn er es mit dem Bier versucht hätte, hätte er gesiegt. Das gilt heute noch. Wer bei uns in Tschechien hoch in die Politik will, muss die Bierpreise unten halten.«

»Du bist so klug.«

»Das macht auch das Bier. Du musst nachdenken. Du musst lernen, mit anderen zu sprechen. Neulich waren vier junge Leute hier, sie haben in ihre Handys gestarrt und zwei Stunden kein Wort gesagt.«

»Und haben sie Bier getrunken?«

»Das schon.«

»Dann sind sie vielleicht noch nicht verloren.«

Wir trinken weiter und reden über Politik, Kultur und über Sport. Über den Krieg. Über die Angst. Über unsere Kneipe unten im Keller, wo alles gleich bleibt, egal, wer uns oben regiert. Über alles und nichts. Bier für Bier finden wir Antworten auf die schwierigsten Fragen dieser Welt, unseres Daseins.

Doch dann passiert es. Wir müssen zahlen. »Ich sag's immer, noch ein Bier, und wir würden es hinkriegen mit dem Weltfrieden, mit Krebs und Demenz, mit Klimawandel und Bienensterben. Aber das letzte Bier, das fehlt uns irgendwie immer. Vielleicht morgen.«

Wir schweigen. Die Welt dreht sich, und wir halten uns an den leeren, schweren Krügen fest. Über uns hängt, irgendwie schiefer als vor drei Stunden, das letzte Gemälde von Adolf Kosárek, das er vor seinem frühen Tod gemalt hat.

»Meinst du, Kosárek hat auch ›Pilsner Urquell‹ getrunken?«, fragt der Feuerwehrmann.

»Sicher, wenn auch nicht so viel wie ich. Er ist doch schon 1859 gestorben«, sagt der Rentner.

Das Bild heißt *Landschaft mit Fuhrwerk auf dem Hohlweg*. Seit Langem ist uns klar, was sich unter der weißen Plane des Wagens verbirgt.

Das Bier, das wie ein Stück Gold strahlt.

Das Bier, das uns Tschechen viel mehr wert ist als ein Stück Gold.

Das Bier, das uns immer tröstet.

Das Bier, das uns langsam, aber unaufhörlich zerstört.

Und der Ingenieur schaut von seinem Zettel hoch und sagt: »Ich hab's! Noch einen halben Meter hoch bis zur Decke, und du hast es geschafft.«

»Was?«, sagt der Rentner.

»Ich hab's ausgerechnet. Fünfzigtausendsechshundert Biere in deinem Leben, bis jetzt – die Länge der Kneipe, die Breite und die Höhe, du hast genau noch einen halben Meter. Dann hast du die Kneipe ausgetrunken.«

»Und dann, was soll dann passieren?«

»Das weiß ich nicht.«

»Dann bin ich tot?«

Der Hausarzt schaut den Rentner mit seinen ruhigen Augen an und sagt: »Na ja, wenn das so weit ist, fängst du woanders von vorne an, in einer anderen Kneipe.«

»Wir kommen alle nach. Früher oder später«, sagt der Feuerwehrmann.

»Was ich nur wissen möchte – ob unsere nächste Kneipe im Böhmischen Paradies oder in der Hölle auf uns wartet.«

Prager Winter mit Bier

Wer in den Siebzigerjahren groß geworden ist und regelmäßig Fernsehen schaute, verbindet Winter und Weihnachten wahrscheinlich in besonderer Weise mit Tschechien. Das liegt – vom redensartlichen Prager Winter einmal abgesehen, mit dem schon damals geworben wurde – wohl vor allem an dem Fernsehklassiker *Drei Haselnüsse für Aschenbrödel* von 1973, dem an Weihnachten nicht zu entkommen war (und ist). Und wenn man sich gedanklich dann schon im tschechischen Winter befindet, ist der Schritt zum Bier nicht weit. Dafür ist Jaroslav Hašeks je nach Übersetzung »braver« oder »guter« *Soldat Schwejk* (oder *Švejk*) in seinem viel zu großen Wintermantel verantwortlich, der durch seine zahlreichen und im deutschen Fernsehen viel gezeigten Verfilmungen das Bild des bierliebenden Böhmen geprägt hat wie kein Zweiter.

Besonders beeindruckend waren in der *Schwejk*-Puppentrickverfilmung von Stanislav Látal aus den Achtzigern die vielen liebevollen, das Bier betreffenden Details. Täuschend echt thronte auf den verwendeten Miniaturgläsern stets ein vollendet sahniger Bierschaum, und der Clou war, dass nach jedem Schluck kleine Schaumringe im Glas zurückblieben, so wie es die Tschechen bei ihrem Frischgezapften in der Kneipe noch heute erwarten.

Viele sind über die *Schwejk*-Filme zum Buch gekommen, wobei vor allem die Neuübersetzung von Antonín Brousek aus dem Jahr 2014 mit einem gar nicht so braven, sondern in seiner Persönlichkeit sehr schillernden, zuweilen auch gewissenlosen Schwejk bekannt machte.

Fährt man im Winter über Hamburg, Berlin oder Dresden mit dem Eurocity nach Prag – was man unbedingt tun sollte, da auf dieser Strecke der tschechische Speisewagen angehängt ist, in dem die Gerichte zum Teil noch frisch zubereitet werden –, hat man all diese Bilder im Kopf, die dann spätestens hinter der Grenze nach der ersten Bierbestellung von der Realität bestätigt werden. Das frisch gezapfte »Pilsner Urquell« wird hier meist in geeisten Krügen serviert, was die winterliche Stimmung entlang der wildromantischen Elbe noch intensiviert. Man kann darüber streiten, ob diese konzentrierte Kälte gut zum »Urquell« passt, bei dem die charakteristische Balance von Hopfen und Malz eigentlich erst bei einer Temperatur von etwa sieben Grad Celsius zur vollen Geltung kommt, aber die Botschaft ist trotzdem beeindruckend: Hier wird nicht einfach Bier ausgeschenkt, hier wird es mit viel Anspruch zelebriert – und die Schanktechnik spielt dabei eine große Rolle.

Bald schon verbreitet sich ein Geruch von Gulaschsuppe im Speisewagen, die sanft auf dem Herd brodelt. Die Schweinebäckchen mit Schwarzbiersauce und Honig-Zwiebel-Chutney sind köstlich. Genüsslich wischt man sich wie Schwejk den Bierschaum von der Oberlippe.

Will man nach der Ankunft am Hauptbahnhof in Prag noch eine Weile auf dem *Schwejk*-Trip bleiben, wendet man sich nach Verlassen der Halle am besten strikt nach Süden, an den Straßen Wilsonova und Sokolská entlang. Und nach einem guten Kilometer, nicht allzu weit entfernt für einen Spaziergang, wird man in der Straße Na Bojišti auf die *Hospoda U Kalicha* (»Gaststätte zum Kelch«) treffen, eine von Schwejks Stammkneipen – wir erinnern uns: »bis nach dem Krieg um sechs im *Kelch*!«

Geeister Krug im Eurocity nach Prag.

Nach dem Eintreten wird man nicht enttäuscht. Es sieht fast alles so aus, wie man meint, dass es zu Schwejks Zeiten ausgesehen haben könnte: Der hallenartige Raum ist geprägt von gediegenem Salbeigrün, Goldocker, dunklem Holz

Wandbemalung in der *Hospoda U Kalicha.*

und Messing, alles überzogen mit einer unnachahmlichen Patina. Und das Beste: An den Wänden haben sich Abertausende Besucher mit Karikaturen, Zitaten aus dem *Schwejk* und ihrem Namen verewigt.

Die Preise sind recht gesalzen, doch das »Pilsner Urquell« ist mit Schwung gezapft, und der Prager Kochschinken mit Meerrettichmayonnaise, Butter und Brot passt gut dazu. Durch irgendeine günstige Fügung bin ich fast alleine in der Kneipe – gerade abends ist es hier meist voll –, und es fühlt sich daher nicht wie Touri-Folklore an, sondern wie ein Besuch im Museum oder an einem Filmset. Die Gegenwärtigkeit Schwejks wird stilvoll inszeniert, es ist ein ganzjähriges Fest der Literatur, mal laut, mal leise.

Am Abend bin ich mit Filip Nerad, einem Prager Radiojournalisten und Bierkenner, bei *U Pinkasů* verabredet, jener von Jakob Pinkas im Jahr 1843 – also schon ein Jahr nach Erfindung des »Pilsner Urquells« – eröffneten Kneipe, in der seit mehr als hundertachtzig Jahren ausschließlich das eine Bier ausgeschenkt wird. Hier soll es das bestgezapfte »Pilsner« der Stadt geben, sagen viele, doch als das erste Glas serviert wird, fehlen mir für dieses Urteil die Maßstäbe. Es sieht aus und schmeckt wie so viele »Urquell«-Krüge, die ich in Prag vom Fass getrunken habe. Vor uns steht ein angenehm kühles, goldfarbenes Bier mit mittlerer Kohlensäure unter dickem sahnigen Schaum. Wie kann man sagen, dass es bei *U Pinkasů* besonders gut gezapft wird?

Filip: »Das ist rein eine Frage der Erfahrung, die jeder Biertrinker in Prag individuell beantwortet. Darüber wird viel gestritten. Viele sagen, dass es das beste ›Pilsner Urquell‹ bei *U Zlatého tygra* (›Zum goldenen Tiger‹) gibt, andere schwören auf das ›Pilsner‹ bei *U Baštů* und so weiter. Man kann es nicht messen. Vielleicht ist die Anzahl der Gäste ein Anhaltspunkt. Bei *U Pinkasů* jedenfalls ist es fast immer voll.«

Zum zweiten Glas »Pilsner Urquell« (37) bestellt Filip Griebenaufstrich, *škvarková pomazánka*, der mich geschmacklich und von der Konsistenz her an den Gerupften im *Spezial* in Bamberg erinnert, obwohl beide ganz unterschiedlich zusammengesetzt sind. Im Griebenaufstrich werden ausgelassene Speckstücke mit gekochter Kartoffel, Knoblauch und Zwiebeln vermischt, nur der Paprika findet sich auch im Gerupften wieder. Überraschend, wie gut sich das »Urquell« mit seinen nur 4,4 Volumenprozent Alkohol gegen den geschmeidigen Fettfilm des Aufstrichs behauptet. Die entstehende Cremigkeit entschädigt für die Abmilderung des Biergeschmacks.

Filip findet, dass »Pilsner Urquell« zu fast jedem Essen passt. Tatsächlich setzt es sich auch gegen die sauer eingelegten Snacks in den Prager Lokalen durch, die die Tschechen zum Bier so lieben. Mir schmeckt es am besten zu einem einfachen Käsebrot, das den im Bier angelegten Karamellgeschmack hervorkitzelt. Hans Wächtler favorisiert »Urquell« zum Kalbsgulasch. Erstaunlich, welch unterschiedliche Geschmäcker dieses Bier bedient.

Filip, der ein Buch über belgisches Bier geschrieben hat, gibt einen Überblick über den tschechischen Biermarkt:

»In Tschechien findet man heute kaum regionale Bierstile, wie man sie in Belgien und auch in Deutschland noch in großer Zahl antrifft. Im Sozialismus wurden die vielen tschechischen Familien- und Kleinbrauereien mit ihren individuellen Bieren einfach zerstört. Im Jahr 1989, nach der Samtenen Revolution, gab es dann zunächst nur Großbrauereien, die mit Ausnahme von *Budweiser* privatisiert wurden. In der Folgezeit entstanden zwar auch Klein- und Craftbrauereien, doch die Großen begannen durch ihren Vorsprung bald schon den Markt zu dominieren. Diese Situation hat sich bis heute nicht geändert: Der Anteil der Biere von Großbrauereien liegt in Tschechien bei mehr als fünfundneunzig, der Anteil des Lagers bei mehr als neunzig Prozent. Wobei es kurios ist, dass »Pilsner Urquell« inzwischen in Tschechien so teuer ist wie ein Craft-Lager – der Preis liegt bei ungefähr siebzig Kronen (umgerechnet etwa drei Euro) für das Halbliter-Krügerl.

Doch haben Craftbiere zweifellos neue Energie und Geschmäcker in die tschechische Brauwelt gebracht, ich empfehle zum Beispiel die Biere von *Wild Creatures*, *Zichovec* und *Sibeeria*. Sie sind hauptsächlich bei jüngeren Leuten beliebt und haben den Tschechen gezeigt, dass ein gutes Bier nicht zwingend ein goldenes Lager mit dickem weißen Schaum sein muss. Viele große Brauereien mussten darauf reagieren und produzieren jetzt auch verschiedene Ales, Sauer- oder Fruchtbiere.

Inzwischen gibt es wieder mehr als fünfhundert Brauereien in Tschechien, doch an der Spitze stehen klar die Plzeňské pivovary, die Pilsner Brauereien, zu denen neben *Pilsner Urquell* noch die Marken *Gambrinus*, *Kozel* und *Radegast* gehören. Auf den nächsten Plätzen folgen *Staropramen* sowie die zum *Heineken*-Konzern gehörenden *Starobrno* und *Krušovice*. Erst dann kommt *Budweiser*.«

Dass die aktuelle tschechische Bierkultur nicht durch Sortenvielfalt geprägt ist, sondern durch ein besonders inniges Verhältnis zum Lagerbier und vor allem zum Pils, ist in Prag unübersehbar. Bei *U Pinkasů* wird das »Urquell« recht schnell getrunken, jedenfalls nicht übertrieben genossen, als gehe es mehr um die Aufrechterhaltung eines vertrauten Grundgefühls, um eine Versicherung dafür, dass das Leben doch im Grunde höchsten Ansprüchen genügt. Und der Pilsner-Stil ist ja auch der größte Welterfolg, den das Bier je hervorgebracht hat, wobei die Tschechen an der Quelle sitzen. Mit ihrem Konsum von fast hundertvierzig Litern Bier pro Person im Jahr sind sie Weltspitze.

Betritt man später am Abend noch die ebenfalls für ihr »Pilsner Urquell« bekannte Kneipe *U Jelínků* (»Zum kleinen Hirschen«), ist es, als vollziehe man einen Zeitsprung in die Vergangenheit. Im hinteren Raum fühlt man sich fast wie in einer Wohnküche: Ausschließlich Einheimische stehen an der Bar und sitzen an den wenigen Tischen. Der Wirt greift meine gestenreiche Bierbestellung auf, tut so, als hätte ich mit meinem aufrechten Zeigefinger auf das Jenseits verweisen wollen, und schaut fromm nach oben, was ziemlich lustig ist. Ausgesprochen freundlich ist die Kellnerin, die köstliche Biersnacks serviert – *utopenci* (»Wasserleichen« oder »Ertrunkene«) etwa, wie die sauer eingelegten geräucherten Brühwürste heißen – und mit der ich später minutenlang überlege, wie man denn nun die tschechischen Kronen in Euro umrechnet.

Jaroslav Rudiš hat mir die Kneipe empfohlen, er sagte: »In den Wänden, in der Luft hängt noch die Geschichte. Manchmal habe ich das Gefühl, die Wirte in den authentischen Prager Kneipen waren schon vor fünfzig Jahren hinter ihren Zapfsäulen.«

Er erzählte mir von einem Freund, der im *U Jelínků* einmal am Tresen ein Bier bestellte, woraufihn der Wirt angeschaut und ihm ins Gesicht gesagt habe: »Du, ich kriege langsam keine Lust mehr.« Auch Tschechen können sich in den Prager Kneipen zuweilen unwillkommen fühlen. »Es ist eine Art Selbstrettung«, sagt Jaroslav Rudiš, »die Wirte wollen es sich eigentlich gemütlich machen, sie wollen keinen Ärger, sie wollen nicht, dass jemand mit einem Bier in der Hand vor dem Lokal auf dem Bürgersteig steht, sie haben keine Lust auf angetrunkene Touristen, die nach der Sperrstunde um zweiundzwanzig oder dreiundzwanzig Uhr noch nach einem Bier verlangen.«

Gespannt bin ich am nächsten Tag auf *U Zlatého tygra*, die Stammkneipe des hochverehrten tschechischen Dichters und Bierliebhabers Bohumil Hrabal, in der es ebenfalls »Pilsner Urquell« gibt. Die Theke befindet sich hinter dem Eingang direkt links. An diesem Abend kommt man kaum an den Stammgästen vorbei, die die Zapfsäule umlagern, auf der sich ein goldener Tiger ausruht. Der Schankwirt trägt ein weißes Hemd und nimmt eine besondere Stellung ein, das sieht man gleich. Selbstbewusst steht er da, gelegentlich witzelnd und gestikulierend, wie ein DJ hinter dem Plattenspieler, »wie ein Zeremonienmeister, wie einer, der seine Festung beschützt«, sagt Jaroslav Rudiš, der ebenfalls gerne hier einkehrt. »Er hat das Sagen, er ist wie ein Priester in der Kirche – Hrabal hat das gelegentlich in seinen Büchern so beschrieben.«

Anders als in der Kirche gibt es im *U Zlatého tygra* mehr Stammgäste als Plätze, man kann froh sein, wenn irgendwo gerade eine Lücke frei wird.

Jaroslav Rudiš: »Am *U Zlatého tygra* mag ich, dass es ein altes Lokal ist. Es gibt auch neue Lokale, die gutes Bier haben, oder solche, die Altes mit Neuem zu verbinden versuchen, aber dort gibt es nicht diese besondere Atmosphäre. Die Tische im *Goldenen Tiger* sind so alt, dass man sagen kann: Hier saß Hrabal, der große tschechische Literaturmeister, hier saßen alle. Auch das Essen ist toll, besonders die ›Wasserleichen‹ und das legendäre Schnitzel im Kartoffelpufferteig. Außerdem liebe ich es, dem Schankwirt bei der Arbeit zuzusehen. Jeder hat seine eigene Technik. Der eine zapft in einem Zug – mit dem Zapfhahn unter der Oberfläche zieht er das Bier hoch –, der andere macht zuerst die Innenseite des Glases mit dem Schaum nass und lässt das Bier dann kreisend am Rand hineingleiten. Und das bei mehreren Hundert Bieren am Abend.

Am besten kommt man zum *Goldenen Tiger* schon vor Beginn der Öffnungszeiten, es gibt viele, die dann schon Schlange stehen. Ein guter Zeitpunkt ist auch um halb zehn am Abend, dann gehen die Ersten und man hat noch Zeit für zwei, drei Biere. Denn um Viertel vor elf gibt es die letzte Runde, und anschließend wird ein Tuch über die Zapfsäule gehängt – auch das hat etwas Kirchliches. Dann ist Schluss, und manchmal verabschiedet sich der Wirt noch von den Stammgästen. Gesprochen wird in einer tschechischen Kneipe über alles Mögliche, gerne über das Bier selbst, über die Bierqualität oder Preissteigerungen.

Neulich saß ich neben einem Pärchen, da sagte der Mann zu mir, leicht betrunken: ›Meine Frau mag eigentlich kein Bier, aber hier trinkt sie immer zehn.‹ Es ist erstaunlich, wie die Zeit in einer guten Kneipe stehen bleibt, vielleicht auch schnell vergeht, man verliert sich in der Zeit. Ich bin immer überrascht, wie schnell zwei, drei Stunden verstreichen.«

Als ungemein nützliche Einrichtung in Prag erweist sich am nächsten Morgen die Straßenbahnlinie 22. Sie verbindet einzigartige Sehenswürdigkeiten mit bestem Bier, führt an der Prager Burg und dem Hradschin vorbei zum Kloster Strahov, das eine sechshundertjährige Brautradition hat. Kenner schätzen vor allem die Spezialbiere. Nächste Station ist Kloster Břevnov, die älteste Braustätte des Landes – wohl auf das 10. Jahrhundert zurückgehend –, die 2012 nach längerer Auszeit wiedereröffnet wurde. Einige sagen, das helle Lager der *Břevnovský Klásterní Pivovar*, das »Benedict 12°« (die Zahl bezieht sich auf den Stammwürzegehalt↗), sei sogar besser als das »Urquell«. Zunehmend werden *Břevnov*-Biere in Prager Kneipen ausgeschenkt.

Die barocke Klosteranlage Břevnov ist ein Gesamtkunstwerk – auch hier war, wie in der Klosterkirche Weltenburg, der Maler und Architekt Cosmas Damian Asam am Werk. Die Klosterschenke oberhalb des Brauereigebäudes ist betont rustikal, drinnen riecht es angenehm nach gegrilltem Fleisch, der Service ist sehr aufmerksam.

Das ausgewogene »Benedict 12°« trinke ich solo. Zum dunklen »Benedict 11°« (38) hat mir Filip Nerad gegrilltes Fleisch mit Roquefortsauce empfohlen. Wie ich mag er dunkle, malzige Biere in Kombination mit ausdrucksstarkem Käse. Die Rechnung geht auf: ein großes, süß-umamisattes, nur leicht bitteres Geschmacksspektrum breitet sich aus, die Röstaromen harmonieren großartig. Außerdem gibt es in der Schenke noch ein »Benedict IPA 15°« vom Fass – Ähnliches findet man in deutschen Klosterschänken kaum. Den Ausflug nach Břevnov sollte man nicht versäumen.

Mit der Straßenbahn geht es zurück nach Prag. Das nächste Ziel hat auch schon mehr als fünfhundert Jahre Bierhistorie auf dem Buckel. Seit dem 18. Jahrhundert heißt die Brauereigaststätte in der Křemencova-Straße, nicht weit entfernt von der Moldau, *U Fleků* (»Bei den Fleks«). Die Webseite verweist auf zwei Kanonenkugeln in der Wand, die noch an den Dreißigjährigen Krieg erinnern sollen. Ich vergesse jedes Mal, danach zu fragen.

Vieles erinnert hier an Bamberg, das mit Prag ja fast auf einer Höhe liegt. Zudem gab es über Jahrhunderte hinweg zahlreiche kulturelle Verbindungslinien zwischen Böhmen und Franken. Durch eine Schwemme mit Kiosk wird man in dem immer gut besuchten Gasthof auf die verschiedenen, wie im *Schlenkerla* altertümlich gestalteten Säle verteilt, die zum Teil so kuriose Namen wie »Leberwurst« oder »Koffer« tragen. Ich weiß nicht, ob es im »Rittersaal« oder in der »Akademie« war, aber im *U Fleků* haben sich meine Eltern Ende der Sechzigerjahre verlobt, bei Schmalzbroten und Bier. Daher habe ich eine besondere Beziehung zu dem Haus, das die Prager wegen der vielen Touristen eher meiden, zumal diese, wie sie sagen, bevorzugt würden. Doch der Stellenwert des Biers – es gibt ein Helles und ein dunkles Lagerbier – ist unbestritten.

Das Treiben im *U Fleků* ist sehr geschäftsmäßig, nicht nur an diesem Abend. Durchschnittlich zweitausend Gläser Bier werden hier täglich gezapft, nur wenig findet den Weg in Flaschen nach draußen. So richtig störend sind eigentlich nur die besonders aufdringlichen Kellner mit den Tabletts voller Likör und Schnaps. Viele Touristen halten die Gläschen für Begrüßungsschlucke, bevor sie sie auf der Abschlussrechnung wiederfinden. In der Regel kommt man im *U Fleků* auf kleinen altertümlichen Stühlen an langen Tafeln zu sitzen, und es ist gut möglich, dass einem hier Landsleute aus Thüringen zuprosten, denn in der DDR war die Gaststätte ein beliebter Treffpunkt für junge Oppositionelle und hat für viele Ostdeutsche daher eine besondere Bedeutung.

Einmal, im Jahr 1982, war auch ein Reporter der *New York Times* unter den Besuchern und wunderte sich darüber, wie gut die Gäste das dreizehnprozentige Bier wegsteckten. Er hatte jedoch den Alkohol- mit dem Stammwürzegehalt verwechselt, der für Tschechen ein wichtiger

Ein »Perfekte Schluck« mit Dunklem Böhmischen Lager und Hermelin-Käse im *U Fleků*.

Bezugspunkt ist. Rechnet man diesen auf den Alkoholgehalt um, ist das Bier im *U Fleků* mit fünf Volumenprozent Alkohol aber ein normal starkes Bier.

Das angenehm hopfige Helle Lager trinke ich solo, um den Appetit anzuregen.

Zum Dunklen Böhmischen Lager von *U Fleků* (39) bestelle ich ein Gericht mit dem schönen Namen *nakládaný hermelín* (Hermelin-Käse), ein mit Paprika, Chili, Schalotten und viel Knoblauch gefüllter, in Öl eingelegter tschechischer Weißschimmelkäse. Und wieder spielt sich ein lang anhaltendes Harmonieempfinden im Mund ab, ähnlich dem in der Klosterschenke Břevnov. Man kann gar nicht so viel von dem köstlichen Käse essen, wie man zu dem großartigen Bier pairen möchte. Dafür würde ich selbst die größte Touristenhölle ertragen.

In die Pilsner Experience, das interaktive Biererlebnismuseum im Süden der Prager Altstadt, habe ich es noch nicht geschafft. Dafür durfte ich auf der letzten Winterreise eine andere Biererfahrung ganz in der Nähe machen. Im *U Medvídků* (»Bei den Bärchen«), einem gut gelegenen Hotel mit großer Bierstube und kleiner Brauerei – das Gebäude enthielt früher das erste Kabarett Prags, Hašek soll gelegentlich als Gast dort gewesen sein –, hatte ich über Silvester 2022 ein Zimmer mit Zapfanlage und eigenem Kleinfässchen neben der Kupferbadewanne gemietet. Das Angebot hatte ich zufällig gesehen und war neugierig darauf, wie sich die Dauerpräsenz von frisch gezapftem Bier anfühlt.

Vielversprechend war auch, dass das *Medvídků*-Bier – mit Wurzeln im 15. Jahrhundert – seit 2004 wieder traditionell mit kleinem Kühlschiff, offener Gärung, Eichenholzbottichen und hölzernen Lagerfässern betont handwerklich, fast mittelalterlich hergestellt wird.

Das Fässchen in meinem Zimmer ist dann mit dem hauseigenen »Blondgott« gefüllt. Beim ersten Betätigen der Zapfanlage rinnt es zunächst nur als reiner Schaum ins Glas, so fein und geschmeidig, wie ich es noch selten erlebt habe. Die leicht buttrige Note des naturtrüben »Blondgott«, das ansonsten brotige Aromen aufweist, zeigt das böhmische Pils an. Der kleine Krug, der bereitsteht, leert sich erschreckend schnell, auch der zweite und dritte. Doch dann kommt die unabweisbare Einsicht hoch, dass Prag einfach zu schön ist, um einen Abend mit seinem eigenen Fässchen auf dem Zimmer zu verbringen – und auch, dass wir in Sachen Zapftechnik noch einiges zu lernen haben. Niemand konnte mir genau sagen, worin das Geheimnis derselben besteht. Vielleicht bringt sie gerade aus diesem Grund Tag für Tag so viele Menschen zusammen.

Bieralltag

Wie verlässlich ist das Mindesthaltbarkeitsdatum?

Fragen an Fritz Briem, einen der versiertesten deutschen Brauwissenschaftler.

Ist das Mindesthaltbarkeitsdatum für Bier in Deutschland unter aromatischen Aspekten nicht zu großzügig?

Viel zu großzügig. Für die Brauerei ist vor allem wichtig: Wenn der Verbraucher auf das Bier draufschaut, muss es visuell dem entsprechen, was er gewöhnt ist. Die Farbe muss stimmen und, wenn es ein filtriertes Bier ist, die Klarheit. Auf diese Parameter ist das Mindesthaltbarkeitsdatum abgestimmt. Nicht aber auf die Sensorik, die Aromatik und den Geschmack.

Ein normales Pils hat in Deutschland um die fünfundzwanzig Bittereinheiten. Wie viele hat es unter widrigen Umständen nach sechs Monaten noch?

Dazu gibt es Studien, das kann man tatsächlich messen. Bier ist ganz extrem temperaturabhängig. Der starke Abbau der Bitteren tritt ein bei mehr als fünfundzwanzig bis dreißig Grad. Da können sich dann die Bittereinheiten innerhalb von wenigen Wochen signifikant reduzieren. Es kann durchaus sein, dass ein Pils, das im Sommer einen Monat lang im Supermarkt steht, nur noch zwanzig Bittereinheiten hat oder achtzehn. In einem Raum unter zwanzig Grad ist die Veränderung bei den messbaren Bittereinheiten nicht signifikant – die Sensorik aber verändert sich schon.

Was wäre ein vernünftiges Mindesthaltbarkeitsdatum unter sensorischen Aspekten?

Auch das hängt wieder von der Lagertemperatur ab. Wenn ich gewährleisten kann, dass ein Bier permanent unter zehn Grad Celsius steht, habe ich bei sechs oder neun Monaten überhaupt kein Problem. Wenn auf zwanzig Grad hochgegangen wird, gerät man schon nach sechs Monaten in Schwierigkeiten, bei mehr als dreißig Grad können, so weit würde ich gehen, oft schon drei Monate zu viel sein. Das ist das Problem, das wir in Deutschland haben. Das Mindesthaltbarkeitsdatum ist vereinheitlicht auf sechs, neun, zwölf Monate, was auch immer. Als Verbraucher geht man davon aus, dass das Bier innerhalb dieser Zeit gleich schmeckt, das ist aber ein Trugschluss. Das Bier bleibt zwar verkehrsfähig, es wird nicht schädlich, das Geschmacksprofil verändert sich aber erheblich.

Davon müsste man auf jeden Fall die Minimalforderung ableiten: Im Sommer möglichst frisches Bier kaufen und unbedingt aufs Mindesthaltbarkeitsdatum achten.

Ja, diese Aussage stimmt generell. Oder man weiß, dass der Vertreiber einen Kühlraum hat. Aber das ist in unseren Breiten unüblich.

Was Bier dem Wein voraus hat

Im Grunde ist *Der Firmling* von Karl Valentin eine Moritat: In wenigen Szenen wird vorgeführt, wie gefährlich es werden kann, wenn man einen Biertrinker ins Weinlokal zwangsumsiedelt, wenn man einem alles in allem rechtschaffenen Menschen sein Festtagsbier vorenthält.

Bevor Valentins »einfacher Mittelständler« ins Delirium tremens verfällt, hat er vergeblich den Käse im Affentaler gesucht, mehr aus Verlegenheit eine Flasche *Sankt Emmeram* geleert, hat sein Kind geschlagen, Einrichtungsgegenstände zerstört und ist, allerdings viel zu spät, zu der Einsicht gelangt: »Siehst, Pepperl, deswegen soll man nie in so ein feines Weinlokal gehen.«

Auf die klassenkämpferischen Anklänge, die der Wein bei Karl Valentin hervorruft (»Ich bin keiner von der Bourgeoisie, der wo 's Geld zum Ärmel rausfallen lasst«), wollen wir an dieser Stelle nicht näher eingehen. Zumal die meisten der rund achtzigtausend deutschen Winzer bescheidene und rechtschaffene Menschen und ihre Erzeugnisse aller Ehren wert sind. Aber es gibt doch einiges, was Bier dem Wein voraus hat, das sollte nicht verschwiegen werden:

- Als Weintrinker öffnet man in der Regel nur eine Flasche am Abend. Das ist langweilig. Bei Biertrinkern können es durchaus zwei und mehr sein: ein frisches, hopfiges Pils zum Aperitif, ein Helles zur Vorspeise, ein Export zum Hauptgericht, ein Bock zur Nachspeise. Die ganze Vielfalt gibt es in sehr guter Qualität in jedem besseren Getränkemarkt.
- Man muss Bier nicht dekantieren.
- Man kann Bier in Ausnahmefällen aus der Flasche trinken.

- Bier kann nicht nach Korken schmecken und keine Rotweinflecken verursachen.
- Bier schmeckt, das ist das traditionelle Geschäft des Brauers, in der Regel immer gleich gut, es gibt keine schwachen Jahrgänge.
- Bier kann man alkoholfrei durchaus in Erwägung ziehen.
- Bier hat Schaum, der das Getränk kühl hält und für Abwechslung im Mund sorgt.
- Bier in der Topkategorie ist um einiges günstiger als Wein. Es verleitet nicht zum Angeben.
- Brauereibesuche führen meist mitten in die Städte hinein – und nicht in die monokulturelle Weinperipherie.
- Bier hat mehr und schönere Farben als Wein.
- Es gibt weniger Bier- als Weinköniginnen.
- Bier braucht nicht viel Sonne, man kann es in fast allen Breitengraden brauen.
- Winzer sind Mystiker, Brauer Analytiker.
- Bier kann man auf fast jedem deutschen Flecken vom Fass trinken.
- Bier enthält kein Schwefeldioxid.
- Bier fällt im Glas nicht so leicht um.
- Bier ist demokratischer. Im Hinblick auf die vielen großen und kleinen deutschen Bierkriege, die es schon gab, ist es auch revolutionärer. Wenn es dabei auch meist ums Bier selbst ging.

Diese Unterschiede vorausgeschickt, ist am Ende aber doch dem Schriftsteller und Philosophen Thomas Kapielski recht zu geben, der in seinem Buch *Weltgunst* schrieb: »Ein Tag ohne Bier ist wie ein Tag ohne Wein.«

Was verrät der Schaum übers Bier?

In Deutschland ist die Schaumkrone ein Muss. Aber spricht sie auch für besondere Qualität, verbessert sie das Aroma? Gespräch mit Christoph Neugrodda, der über Bierschaum promoviert.

Können Sie die Sorte eines Biers am Schaum erkennen?

Es ist möglich, anhand der Farbe des Bierschaums zwischen hellen und dunklen Bieren zu unterscheiden. Auch kann die Schaumtextur oder die Blasengrößenverteilung helfen. Eine weitere Möglichkeit ist, von der Stabilität des Schaumes Rückschlüsse auf die Sorte zu ziehen – ein Pils-Bier sollte aufgrund der chemischen Zusammensetzung einen besonders stabilen Schaum haben.

Während die meisten Hellen schneller in sich zusammenfallen.

Das ist nicht gesagt. Ich habe schon sehr viele Biere analysiert, und es ist nicht generell so. Aber man kann sagen, dass obergärige Biere höhere Schaumwerte erreichen als untergärige.

Was ist Bierschaum eigentlich genau?

Hochwissenschaftlich betrachtet ist Bierschaum ein viskoelastisch-plastisches Yield-stress-Fluid aus dem Bereich der weichen Materie. Aber verständlicher und ebenfalls richtig ausgedrückt ist Bierschaum ein Dispergens, also eine flüssige Phase – das Bier –, in dem eine disperse Phase – ein Gas, zum Beispiel CO_2 – feinverteilt ist.

Einfach gesagt, wird das Gas von der Flüssigkeit umschlossen, und so entsteht die Schaumblase.

Wieso prägt sich beim Schaum diese charakteristische Struktur aus?

Das hängt mit der Entstehung des Schaumes und auch mit seinem Zerfall zusammen. Wenn Sie sich ein Bier einschenken, haben Sie zuunterst immer den sogenannten Kugelschaum mit relativ runden Blasen. Dieser Schaum hat einen hohen Flüssigkeitsanteil. Durch den Schaumzerfall läuft infolge der Drainage die Flüssigkeit ab, und dadurch trocknet der Schaum aus. Der trockene Schaum ist dann eher polyederförmig. Das kann jeder auch leicht selbst beobachten.

Wie kommt die Farbe des Schaums zustande?

Durch Lichtbrechungen im Flüssigkeitsfilm um die Gasblasen. Im Bier befinden sich oberflächenaktive Stoffe, hauptsächlich Proteine, aber auch Hopfeninhaltsstoffe. Die stabilisieren die Gasblasenstruktur. Der Flüssigkeitsfilm, der Lamelle heißt, trennt die einzelnen Gasblasen voneinander, die Lamellen können aber auch miteinander verschmelzen. Der Flüssigkeitsfilm ist nichts anderes als das Bier. Je nachdem, wie dick die Lamellen sind und welche Farbe das Bier hat, entsteht die Schaumfarbe. Je nasser der Schaum ist, umso mehr Bier ist enthalten und umso biertypischer wird der Schaum.

Gekonnter Schaum in Schwejks Stammkneipe.

Welche Rolle spielt die Hefe beim Schaum?

Die Hefe hat einen großen Einfluss auf die Stabilität. Ein extremes Beispiel: Wenn Hefe zu lange auf dem Bier lagert und in die Autolyse übergeht, bildet sich ein bestimmtes Enzym, die Proteinase A. Sie kann nur ein einziges Substrat abbauen, das ist das LTP 1, ein sehr schaumpositives Protein. Wenn Brauer echte Schaumprobleme haben, liegt es meistens an der Gärung, an der Hefequalität.

Ich habe kürzlich ein *Pilsner Urquell*-Tankbier getrunken, nicht pasteurisiert, ohne Zugabe von CO_2 gezapft. Der Schaum war unglaublich cremig, mit dem aus der Flasche nicht zu vergleichen. Wie ist das zu erklären?

Ja, das ist ein interessantes Phänomen. Wenn Sie nur natürlich gebundene Kohlensäure haben, ist der Schaum irgendwie stabiler. Wenn Sie hingegen Biere herstellen, die vor dem Füllen noch mal aufkarbonisiert werden, haben Sie unter Umständen eine schlechtere Schaumstabilität als vorher beim Tank. Die Bindung des CO_2 in der Flüssigkeit ist einfach lockerer.

Kann man sagen: Superschaum gleich gutes Bier?

Für den deutschen Biertrinker ist ein stabiler, feinporiger Schaum Zeichen für eine hohe Qualität. Das ist aber eine subjektive Bewertung. Es gibt Untersuchungen darüber, wie sehr die Bewertung des Schaums länder- und sogar geschlechterspezifisch ist.

Was bewirkt Schaum in der Wahrnehmung?

Der Bierschaum wirkt als sogenannte Diffusionsbarriere. Ein Bier mit Schaum wird länger spritzig bleiben als eines ohne. Die Freisetzung von Gasen und Aromastoffen wird durch die Schaumkrone gehemmt. Daher wird bei professionellen Verkostungen auch immer schaumfrei eingeschenkt. Außerdem hat unser Forschungsprojekt gezeigt, dass sich bestimmte Aromastoffe im Bierschaum bevorzugt anreichern. Wenn Sie den Schaum mit der Flüssigkeit trinken, bekommen Sie eine Art Aromaboost, wie ich das mal nennen möchte. In der retronasalen Wahrnehmung, im Mund-Rachen-Raum, haben Sie verstärkt diese Freisetzung von gebundenen Stoffen, wobei die Hopfenaromastoffe eine besondere Rolle spielen. Auch ergibt ein cremiger Schaum ein ganz anderes Mundgefühl.

Der größte Feind des Bierschaums im Glas ist wohl das Fett.

Ja, und Spülmittelreste, Klarspüler. Alles, was die Oberflächenspannung herabsetzt, sorgt dafür, dass Schaum schneller abgebaut wird und sich weniger Schaum bildet. Daher sollte man Biergläser vor dem Einschenken immer mit klarem Wasser ausspülen, auch um die Oberfläche innen zu glätten, um keine zusätzliche Schaumbildung zu erzeugen. Schlimm sind ja die sogenannten Blasenpelze im Bierglas, wenn an einer Stelle sich ganz viele Blasen bilden. In diesem Fall ist das Glas nicht richtig ausgespült worden, und im Glas befinden sich noch Staubreste.

Auch wenn das Bier sehr kalt ist, entwickelt sich der Schaum oft träge, oder?

Ja, aus dem gleichen Grund schäumt im Sommer warmes Bier so gerne. Die Löslichkeit von Gasen in Flüssigkeiten ist abhängig von der Temperatur. Bei einem kalten Bier ist die Bindung des CO_2 in der Flüssigkeit stabiler, es entsteht weniger Schaum.

In Ihrer Dissertation beschäftigen Sie sich mit der Frage, wie Bierschaum verbessert werden kann. Wer braucht noch Nachhilfe? Die etablierten Brauer werden doch mit ihrem Schaum zufrieden sein, oder?

Da auch die etablierten Brauer Rohstoffe nutzen, die natürlichen Schwankungen unterliegen, ist das Wissen um den Bierschaum essenziell wichtig, um das Alleinstellungsmerkmal des Bieres zu erhalten und wenn nötig zu verbessern. Es wäre schade, wenn mein hopfengestopftes, hocharomatisches Bier keinen Schaum hätte und das Aroma schnell ausgasen würde.

Was könnte die Zukunft noch bringen? Welche möglichen Schäume haben wir noch nicht gesehen?

Was in Zukunft kommen könnte: unter Schwarzlicht leuchtende Schäume vielleicht. Auch wenn diese nicht dem Reinheitsgebot gemäß wären. Und Sie können natürlich mit verschiedenen Gasen wie Stickstoff und Mischungsverhältnissen arbeiten. Vielleicht gibt es auch irgendwann den ultrastabilen Bierschaum.

Belgien

Das Bier der Mönche und Bastler

Die belgische Bierkultur, die 2016 UNESCO-Weihen erhielt, hat die amerikanische Craft-Bewegung inspiriert wie keine zweite. Vergessen wird, wie stark sie selbst beeinflusst wurde.

Von Frank Geeraers

Die bekanntesten belgischen Biere sind wohl die Trappistenbiere. Die Trappistenbrauereien bilden einen exklusiven Club von momentan fünf Zisterzienserklöstern »der strikten Observanz« in Belgien: *Chimay*, *Orval*, *Rochefort*, *Westmalle* und *Westvleteren* – weltweit sind es derzeit zehn. Der Orden war nach der Französischen Revolution aus der Normandie ausgewandert, und die einzelnen Klöster hatten sich zuerst in der Peripherie von Belgien angesiedelt, in der Hoffnung, zum Ende der Säkularisierungswelle zurückkehren zu können. Stattdessen sind sie geblieben und haben sich den Gegebenheiten des Gastlandes angepasst, nicht Wein, sondern Bier zur Mahlzeit zu trinken.

Daneben gibt es in Belgien Aberdutzende von Abteibieren, die ursprünglich mal von Benediktinern und Norbertinern gestiftet wurden, deren Markenrechte aber wie bei *Affligem*, *Grimbergen* oder *Leffe* inzwischen meist in der Hand von größeren Konglomeraten liegen. *Leffe* gehört zum Beispiel zur internationalen Unternehmensgruppe *Anheuser-Busch InBev*, *Grimbergen* zu *Carlsberg* und *Heineken*. Die Trappisten sind eine Ausnahme, sie haben ihre Brauereien auf dem Klostergelände halten können. Das ist auch eine der Voraussetzungen dafür, ein Bier Trappistenbier nennen zu dürfen. Eine weitere ist, dass die Gewinne teilweise für gute Zwecke oder Entwicklungshilfe gespendet werden und sonst nur zur Unterstützung der eigenen Lebenshaltung, der Bezahlung des Laienpersonals und der Instandhaltung des eigenen Klosters benutzt werden dürfen.

Anfänglich hatten die Trappisten wenig Interesse am kommerziellen Bierbrauen. Sie stellten für sich das sogenannte »Patersbier«↗ her, ein einfaches Bier zur Mahlzeit, das sich außer in den Refektorien dieser Abteien oder angrenzenden Gaststätten nicht als Bierstil durchgesetzt hat. Nach den beiden Weltkriegen mit der Zerstörung von Bauten und den Beschlagnahmungen der Kupferkessel mussten sich auch die Trappisten etwas einfallen lassen. Die Abtei von *Westmalle* bei Antwerpen hatte bereits 1926 das »Dubbel«↗ (gesprochen »Döbbel«) erfunden. Das war eine Bezeichnung für »doppelte Stärke, doppelte Malzmenge«, anfänglich mit Doppel-x markiert, und wohl das erste kommerzielle Bier mit Flaschennachgärung↗, das von Trappisten in Belgien vertrieben wurde.

Westmalle hat dann die anderen Klöster beeinflusst. So ist zum Beispiel gut überliefert, wie die Hefe von *Westmalle* über Brauereien der Ordensbrüder weitervererbt wurde. In Laboren der Universität Löwen wurde erforscht, wie sich die Wanderungen dieser Hefekulturen vollzogen haben. Etwas aus der Art geschlagen ist das Bier vom Kloster *Orval*. Wenn man in Belgien sagt »We gaan een trappist drinken«, bedeutet das meist so viel wie: Wir setzen uns eine halbe Stunde gemütlich hin und genießen eines dieser meist dunklen und oft schweren, alkoholsüßen Biere. »Orval« hingegen ist weder dunkel noch besonders stark, es hat nur 6,2 Volumenprozent Alkohol. Das Besondere an ihm ist außerdem: Man konnte es in Belgien auch schon vor der Craftbierwelle in verschiedenen Altersstufen bestellen, wodurch ein jeweils anderes Geschmacksbild entsteht.

Inzwischen hat »Orval« trotz seiner Exportbeschränkung auch im Ausland viele Wiederentdeckungen erlebt und gilt als Einstiegsbier in die bunte Welt der wilden Brettanomyces-Biere. Es ist eine tolle Metapher dafür, wie Belgien als Pufferstaat zwischen den Großmächten gewachsen ist und nach der Französischen Revolution und dem Ersten Weltkrieg unterschiedlichste Kultureinflüsse in sich aufgesogen hat. Das Bier, etwa 1931 kreiert, besteht fast ausschließlich aus französischer

Gerste, die in Belgien hell vermälzt wird. An Hopfensorten kommen der englische East Kent Goldings, slowenischer Styrian Golding und Strisselspalt aus dem Elsass zum Einsatz.

Der erste Braumeister war ein Bayer namens Pappenheimer, der wohl ein dem Lager-Bier verwandtes Rezept versuchte durchzusetzen. Zu der Zeit gab es in Orval aber auch einen Brauer aus Ostflandern, der seine Lehrzeit in England absolviert hatte und typische englische Brautechniken wie das *dry hopping*, die Kalthopfung↗ im Lagertank, sowie eine gewisse Toleranz für den wilden britischen Bierpilz Brettanomyces mitbrachte. Die Flaschengärung in Wärmekammern geschieht bis heute bewusst mit einem zweiten wilden Brettanomyces-Hefestamm, der die wenigen restlichen Malzzucker von innen »konsumiert« und das Bier trocken und dann säuerlich ausvergären lässt.

Im Grunde war »Orval« also eine Art Gemeinschaftssud. Das ist etwas, was bei vielen belgischen Bieren herauskommt: eine sehr pragmatische Lösung auf der Grundlage verschiedener europäischer Einflüsse. Im Fall »Orval« verwundert, wie, all diese unterschiedlichen Anregungen zusammengenommen, dann doch eine Art wallonisches Saison-Bier↗ entstehen konnte, das nach Einschätzung englischer Bierhistoriker dem Pale Ale des 19. Jahrhunderts ziemlich nahekommt.

Abt Manu van Hecke in der Trappistenbrauerei *Westvleteren*.

Um »Westvleteren«, ein weiteres berühmtes Trappistenbier, ist im Lauf der Jahre ein richtiger Kult entstanden, der in verschiedenen Wellen verlief. Um 2012/2013 stieg zunächst die Nachfrage in den Vereinigten Staaten, nachdem die *New York Times* die Jahresbestenlisten der Bierbewertungsplattform ratebeer.com veröffentlicht hatte und das »Westvleteren 12« zum »Best Beer of the World« avancierte. Damals haben die Pater, um sich ein Nebengebäude leisten zu können, einmalig für den Exportmarkt einen edlen Karton in Backsteinoptik mit zwei Pokalen und sechs Flaschen herausgebracht. Die Pakete waren nach einer halben Woche ausverkauft und wurden auf dem Schwarzmarkt hoch gehandelt. Das hat den Hype beflügelt.

In der typischen »Westvleteren«-Folklore geht es darum, wie schwer dieses Bier zu bekommen ist, weil die Pater kein Interesse daran haben, große Gewinne damit einzuheimsen. Zuletzt musste man sich als Interessent zu bestimmten Zeiten auf der Homepage des Klosters einwählen und konnte nur auf ein begrenztes Kontingent an Flaschen oder Kisten zugreifen, das man wiederum zu einem anderen Termin persönlich abholen musste (die Modalitäten wechseln gelegentlich). Seit Neuestem gibt es auch die Möglichkeit, einen Lieferservice wahrzunehmen, dieser ist jedoch nur für registrierte Kunden mit belgischer Adresse zugänglich.

Die Verknappung hat sicherlich zum besonderen Ruf dieses Biers beigetragen, wobei »Ora et labora« für die Trappistenmönche auch heute noch kein Marketingspruch ist. Die Regel wird in den Klöstern gewissenhaft eingehalten. Man kann sie auch nicht direkt besuchen, meist gibt es einen vorgelagerten Degustationsraum. Besucher von *Westmalle*, *Rochefort* oder *Westvleteren* sind oft enttäuscht, weil dort so bitter wenig zu sehen und zu schmecken ist. Nur bei *Chimay* gibt es das volle Programm, wir kommen später darauf zurück.

Eine ebenfalls sehr typische belgische Biergeschichte ist – wir wenden uns jetzt den Nicht-Trappisten zu – die von »Saison Dupont«. Das erfolgreichste Bier der *Brasserie Dupont* war eigentlich sehr lange das »Moinette«, ein gewürztes, starkes blondes Bier mit 8,5 Volumenprozent Alkohol, das im Grunde viel besser den wallonischen Geschmack zusammenfasst als das puristische »Saison Dupont«. Letzteres war lange nur mit zehn bis fünfzehn Prozent im Sortiment vertreten – bis

ein amerikanischer Importeur unter Einfluss der Bücher des britischen Bierautors Michael Jackson beschloss, das Bier stärker zu promoten und den eher bitteren Geschmack der IPA-Welle in Amerika zu bedienen. Das war zu Beginn der 2000er-Jahre. Für die belgische Familienbrauerei, die wie viele andere oft zu zwischen vierzig und siebzig Prozent vom Export lebt, war das natürlich ein Argument. Und tatsächlich wurde »Saison Dupont« zum Export-Flaggschiff in den Vereinigten Staaten. In Belgien ist es bei Weitem nicht so flächendeckend vertreten wie »Duvel« oder die Biere von *Rodenbach*. Und doch gilt es nicht nur bei amerikanischen Craftbrauern als Goldstandard für den Saison-Stil.

Das ultimative belgische Bier ist für mich das von *Rodenbach.* Nicht nur wegen der faszinierenden Geschichte der gleichnamigen Familie – der Gründervater aus Andernach bei Koblenz war als Militärarzt unter den Habsburgern in Flandern versackt, seine Nachfahren haben eine wichtige Rolle in der flämisch- und französischsprachigen Literatur sowie in der Unabhängigkeitsbewegung des Landes gespielt – ist es leicht, nostalgisch zu werden bei diesem Bier. Das einzigartige Vlaams Roodbruin↗, das Flämische Rotbraune, ist von gemischter Gärung: Nach der ersten Obergärung findet in riesigen stehenden Eichenholztonnen, den *foeders,* eine wilde Gärung mithilfe von natürlich auftretenden Milchsäurebakterien statt.

Bei *Rodenbach* kommt wieder das belgische Pufferstaat-Phänomen zum Tragen. Die Brauerei liegt im westflämischen Roeselare am linken Ufer der Schelde, wo bis ins späte Mittelalter hinein nicht mit Hopfen, sondern mit Grut, einer Bierkräutermischung, gebraut wurde. Gleichzeitig wurde Bier auf dieser nicht-germanischen Seite des fränkischen Reichs verschnitten, um es haltbarer zu machen – ein Jungbier, das noch eine gewisse Süße hatte, wurde mit einem älteren Bier gemischt, das lange im Eichenfass gelagert und kontrolliert sauer gemacht worden war. Diese Technik hat man beibehalten, auch zu Zeiten, in denen sich der Hopfen aus dem Osten Belgiens schon längst durchgesetzt hatte.

Westflandern war immer schon die erste Andockstelle für englische Brauer und auch für flämische, die sich in England das Ale-Brauen abschauten. Es gab einen regen Austausch. Die Engländer machten schon länger Verschnittbiere und Old Ales, um in ihrem Weltreich Biere exportieren zu können. In Westflandern ist eine Art Amalgam aus diesen verschiedenen Lagerungspraktiken entstanden. Interessant ist auch, dass *Rodenbach* lange mit dem Spruch »*C'est du vin/'t is Wijn!*« warb. Hier zeigt sich die Nähe zur französischen Grenze und die Konkurrenzsituation zum Wein als gastronomischem Produkt. Für Belgier ist »Rodenbach« das Feinschmeckerbier schlechthin. Früher wurde nur das Basisbier vermarktet. Seit der Craftbierwelle und der Übernahme durch die *Palm*-Gruppe bietet man auch deutlich ältere und sauer schmeckende Cuvées an. Das Basisbier »Classic« ist neuerdings ziemlich süß, aber das »Grand Cru« entspricht mit einem pH-Wert von um die 3,5 etwa dem eines badischen Spätburgunders.

Ein besonderes Trinkerlebnis ist auch das »Tripel Karmeliet« der Brauerei *Bosteels*. Tripel↗ ist ebenfalls einer der Bierstile, die alt erscheinen, aber erst in der Zeit nach dem Ersten Weltkrieg kreiert wurden. Der hochvergorene blonde Ale-Stil wurde erstmals in den 1930ern von den Trappisten aus *Westmalle* angeboten; das Rezept von *Bosteels*' »Tripel Karmeliet« wurde sogar erst 1996 umgesetzt. Erstaunlich: Diese Brauerei hat ihren kommerziellen Aufstieg in den letzten Jahrzehnten auf zwei Biere gestützt, die eigentlich beide pseudohistorisch sind. Da kommt wieder der typische belgische Pragmatismus zum Tragen und ein Sinn fürs Marketing. »Tripel Karmeliet« beruft sich auf ein Rezept der Karmeliter, angeblich aus dem 17. Jahrhundert, in dem verschiedene Getreide verwendet werden – es ist also ein Mehrkornbier.

Laut einer deutschen Braubibel von 1831 war es typisch für die belgische Braukunst – im Gegensatz zur »bairischen« –, dass sowohl vermälzte als auch unvermälzte Getreidesorten verwendet wurden, mit unterschiedlichen Methoden. So kommen beim »Tripel Karmeliet« neben Gerste auch Hafer und Weizen zum Einsatz – vermälzt und unvermälzt –, was dazu führt, dass das Bier trotz seiner mehr als acht Volumenprozent Alkohol nicht so massig wirkt, wie es ein deutsches Bockbier nach dem Reinheitsgebot tun würde. Durch die spätere Zugabe von Brauzucker wird die Zweitgärung angekurbelt, die in den Flaschen weitere typisch belgische Aromenprofile zwischen fruchtigen Estern und würzigen Phenolen entstehen lässt. Und doch bleibt das »Karmeliet« fast süffig rund. Bei den Franzosen mit ihrem fruchtigeren Biergeschmack ist es unheimlich beliebt und läuft dort in besseren Bierbars mittlerweile *Leffe* den Rang ab.

Die urbelgische Sorte Geuze↗ lernt man am besten in einem sehr lebendigen Museum kennen, das zugleich Brauerei ist. Mit ihm beginnen wir im nächsten Kapitel unsere Verkostungsreise.

Kulinarische Bierreise durch Belgien

Uwe Ebbinghaus: Um in die belgische Biervielfalt einzusteigen, fängt man am besten in Brüssel an. Dort gibt es nicht nur seit dem Sommer 2023 die Belgian Beer World, ein großes Biermuseum gleich im Zentrum der Stadt, dort steht auch die legendäre Brauerei *Cantillon* ganz in der Nähe vom Südbahnhof Bruxelles-Midi, die sich zugleich als Musée Bruxellois de la Gueuze bezeichnet.

Während man beim *Cantillon*-Besuch eine im Jahr 1900 gegründete Brauerei erlebt, die ihr von Kennern in aller Welt geschätztes Sauerbier noch auf dieselbe Weise erzeugt wie im letzten Jahrhundert, fehlt in der Belgian Beer World fast jeder originale historische Braugegenstand – die Aussteller in der für mehr als achtzig Millionen Euro renovierten alten Börse ganz in der Nähe der Grand-Place haben sich für eine komplett durchgestylte Erlebniswelt entschieden, die auf die Macht von bewegten Bildern auf Displays setzt.

So gibt es eine plastisch in den Raum ragende Belgien-Karte, auf der wie auf einer Leinwand die Geschichte der prägenden belgischen Bierstile vom Klosterbier über das Lambic, das flämische Oud Bruin und das Saison bis zum Special Belge zusammengefasst wird. Ein weiterer Raum heißt »Im Kopf des Brauers«, in seiner Mitte steht ein riesiger fahler KI-Schädel, umringt von einem halben Dutzend sensorischer Bildschirme, auf denen man spielerisch die unzähligen Entscheidungen mitvollziehen kann, die ein Brauer treffen muss. Welche Hefe, welchen Hopfen wählt er für sein Bier, will er ihm – die Belgier dürfen das ja – auch Früchte oder Gewürze zugeben, welche Regeln und Naturgesetze beschränken ihn? Das erworbene Wissen kann man anschließend in einem Raum mit virtuellen Braukesseln verfeinern.

Vorbei an computerisierten Kellnern, die einem das passende belgische Bier für die eigenen Vorlieben und die momentane Stimmung empfehlen wollen, erreicht man die Bar auf dem Dach der Börse mit einem atemraubenden Blick auf Brüssel. Hier gibt es ein Freibier nach Wahl, für das man sich, wenn man nach Durchlaufen der Ausstellung die *belgitude* wirklich verstanden hat, mindestens eine halbe Stunde Zeit nehmen müsste. Von 18.30 bis 22.30 Uhr stand die Aussichtsfläche zuletzt auch der Öffentlichkeit zur Verfügung.

Ein Zeitsprung hundertdreiundzwanzig Jahre zurück: *Cantillon*. Die Stärke des Gesamtkunstwerks aus Brauerei und Gueuze-Museum liegt im Haptischen, authentisch Sinnlichen. Schon kurz nach Betreten des unscheinbaren Gebäudekomplexes in der Rue Gheude atmet der Besucher den erfrischenden, an Apfelwein erinnernden Duft des belgischen Sauerbiers ein. Im Erdgeschoss der auf mehreren Etagen sich ausbreitenden Brauerei muss er dann aufpassen, sich an der selbst gebastelten Abdeckplatte des Maischebottichs nicht den Kopf zu stoßen. Und im dritten Geschoss, unter dem ungedämmten Dach, dort, wo in den Monaten November bis März bei dauerhaften Temperaturen unter zehn Grad Celsius die Bierwürze in einem großen offenen Kupferkühlschiff über fünfzehn Stunden hinweg den wilden Hefen der

Kult der Handarbeit: Reinigung von Bierfässern in der legendären Brauerei *Cantillon*.

Umgebung ausgesetzt wird, riecht es nach käsigem Hopfen, der gezielt erst mit einem Alter von mehreren Jahren den Weg ins Bier findet. Zusammen mit den verstreuten Hefen aus dem Pajottenland südwestlich von Brüssel und einem hohen Anteil an rohem Weizen im Biersud entsteht daraus später das typische Gueuze-Aroma zwischen Fruchtigkeit und Bauernhof.

»Man muss verrückt sein, so zu brauen«, sagt der unterhaltsame Führer bei *Cantillon*, und der Besucher spürt deutlich die Hingabe, die den Brauern in diesen beengten Räumlichkeiten abverlangt wird, in denen selbst die Spinnweben ihren Zweck erfüllen; auf ihnen nämlich setzen sich die wilden Hefen besonders gerne ab. Der urbelgische Braustil des Improvisierens und Gewährenlassens hinterlässt einen bleibenden Eindruck in diesem Biermuseum. Und ebenso verhält es sich im Verkostungsraum mit dem überraschend trockenen Geschmack der nur 5,5 Volumenprozent Alkohol enthaltenden »Cantillon Gueuze«, die aus den Lambics, also den Sauerbieren verschiedener Jahrgänge, verschnitten wird. Am komplexesten aber sind die Aromen des »Kriek«, für das dem Lambic große Mengen Sauerkirschen beigefügt werden.

Die Brauerei als Ökosystem – das ist wieder ein sehr zeitgemäßer Gedanke. *Cantillon* gibt dem Besucher das Gefühl, als gehöre die Brauerei im Grunde der Öffentlichkeit. Die Gastfreundschaft ist so echt, dass man die Rue Gheude als eine Art Mitstreiter verlässt. Niemand geht, ohne eine der begehrten Dreiviertelliterflaschen als Erinnerung mitzunehmen, die so viel wie ein guter Wein kosten.

* * *

Frank Geeraers: Eine kurze Begriffsklärung. Im Flämischen spricht man von Lambiek und Geuze, im Französischen von Lambic und Gueuze. Lambiek/Lambic ist ein bodenständiges, ja bäuerliches Bier – Geuze/Gueuze seine städtische Erhebung, lebhaft, champagnerhaft-brizzelnd. Das Pajottenland ist als Brabanter Umland von Brüssel niederländischsprachig, aber alle *brouwers/brasseurs* und Cafés benutzen die Begriffe fröhlich durcheinander. Bierkneipen heißen in beiden Sprachen aber einfach »Cafés«.

Wer möglichst effizient die Geschmackswelt der Gueuze von *Cantillon* (40) und anderen aus der Weltbierliteratur bekannten belgischen Sauerbier-Größen wie *Boon* in Lembeek kennenlernen möchte, kann in Brüssel in die auf halbem Fußweg zwischen dem Bahnhof Zuid/Midi und der Grand-Place/Grote Markt gelegene moderne Bierbar *Moeder Lambic* ziehen, von deren etwa vierzig Zapfhähnen immer mehrere für wechselnde Jahrgänge von *Cantillons* Fruchtlambics reserviert sind, die man sonst nur selten vom Fass bekommt.

In den Lambic-Cafés am südwestlichen Rand der Stadt isst man zum Sauerbier entweder eine ordentliche Portion Halbhartkäse aus einer belgischen Abtei, Comté aus dem Jura oder zwei Brotscheiben mit *pottekeis*: Brüsseler Stinkkäse, abgemildert mit Frischkäse, Frühlingszwiebeln und einem Klecks Lambic zum sämigen Verrühren.

Wer auf Brüsseler Boden eine gastroreligiöse Erfahrung machen möchte, bestellt in einem der unzähligen Muschelrestaurants, wie zum Beispiel im *Le Zinneke*, aus mehr als fünfzig Zubereitungsarten die lokale Option Moules-frites Bruxelloises/à la Gueuze. Im Muschelsud mit Sellerie, Petersilie, Pfeffer und Butter macht sich eine ungewöhnliche, wild-erdige emulsive Größe breit, die alle Aromen verknüpft und die man nur als den Gott des Lambic-Terroirs – gedacht als Einheit von Brautradition und lokalen Trinkerwartungen – bezeichnen kann.

Im Sommer bietet sich in und zu den Muscheln übrigens auch ein klassisches Witbier↗ von *Hoegaarden* oder ein »Blanche de Namur« von der *Brasserie du Bocq* an. Auch sämiger Weizen, Orangenschale und Koriandersamen, die in der großniederländischen Kolonialzeit ihren Weg in das Witbier-Rezept gefunden haben, ergänzen auf wunderbare Weise diese Nordsee-Bouillabaisse, in die man seine letzte Fritte tunkt und es anschließend genießt, die Brühe bis zum Boden auszulöffeln.

Ein einmaliges Erlebnis ist auch ein Fußmarsch oder eine kurze Pilgerfahrt mit dem Bus oder dem Fahrrad in die Pajottenländische Lambiek-Oase *In de Verzekering tegen de Grote Dorst* (übersetzt: »In der

Versicherung gegen den großen Durst«) im Dörfchen Eizeringen, zwanzig Kilometer westlich von Brüssel in Vlaams-Brabant. Das kleine Volkscafé gegenüber der Dorfkirche öffnet nur am Sonntag nach der Messe seine Türen, wird es doch von einem lokalen Überzeugungstäter unter Mithilfe seiner bejahrten Eltern und – bei Andrang – unterstützt von der nachfolgenden Generation hobbymäßig betrieben. Im Keller beherbergt es fast alle Traditionslambieks im offenen Ausschank.

Zum Vergleich der unterschiedlichen Spielarten von Geuze und Fruchtlambiek muss man etwas Zeit und Geduld mitbringen. Die Biere werden gepflegt aus den Kellerreserven geholt, nach den Regeln der Kunst in einem Weidenkörbchen geköpft und würdevoll präsentiert. Dazu bestellt man Abteihartkäse, eine gut abgehangene *droge* (trockene) *worst* oder Bierpaté mit leichtem Bauernbrot – und nimmt sich die Zeit, die das Bier braucht.

Hinweis-Cartoon zum Kühlschiff in der Brauerei *Cantillon.*

Möchte man im Brüsseler Speckgürtel ausprobieren, welches Lambiek und welche Geuze am besten zu welchem Grill-, Wild- oder Fischgericht passt, wird man bestens im weiträumigen Restaurant *Boelekewis* in Beersel mit seiner gehobenen internationalen Grillküche beraten, die durchsetzt ist von lokalen Brabanter Schlemmerakzenten.

Erwähnt werden muss an dieser Stelle auch die feierlich-kräftige Ausnahme-Geuze von der Brauerei *Boon* aus Lembeek, etwas südlich von Brüssel, die Oude Geuze »Mariage Parfait«. Sie basiert auf einem länger gereiften Lambiek, das verschnitten in der Flasche auf gastronomisch willkommene acht Prozent gebracht wird und in Ruhe ausreifen darf. Das typisch *malse* (zartweiche) *Boon*-Profil von käsigem Stall und muskatsüßer Weintraube, Käserinde und Zitronenschale verlangt in seiner starken Version nach einer umamigesättigten Geschmacksbombe, etwa auf Basis von körnigem Senf, Speck, Tomatensauce, roter Bete oder fettem Halbweichkäse.

Noch ein Tipp: Die mit einer ungewöhnlich hohen Dosis von frischen Sauerkirschen (vierhundert Gramm auf einen Liter) kräftig eingebraute Lambic-Variante »Kriek Mariage Parfait« (41) hebt ein bodenständiges Brüsseler Leibgericht in ungeahnte gastronomische Höhen: *bloempanch*, eine dicke Scheibe gebratene Blutwurst, mit *stoemp*, Kartoffelstampf. Die wild-erdige Geschmacksexplosion, die sich daraus ergibt, schmeckt umso besser in einem der etwas chaotischen *bruine cafés*, einer der urgemütlichen, holzgetäftelten Bierkneipen wie dem *La Brocante* im Brüsseler Volksviertel der Marollen, idealerweise mit Blick auf das Flohmarkttreiben. Und noch eine Empfehlung: »Kriek« zu dunkler Mousse au Chocolat auf der Basis von belgischer Zartbitterschokolade!

Beste Orte für die ortlosen Trappistenbiere

»Trappist« ist kein Bierstil, sondern eine geschützte Herkunft, die nur auf eine geringe Anzahl von Bieren zutrifft. Diese können sowohl blond als auch dunkel, sowohl ober- als auch untergärig, sowohl leicht als auch schwer im Alkoholgehalt sein. Die Skala reicht vom Blonde↗ über das Dubbel bis zum Quadrupel↗.

Das »einfache« Refektoriumsbier der Mönche, das bis vor Kurzem kaum zum Verkauf angeboten wurde, ist das schon erwähnte blonde Pater oder Single↗. Inzwischen gibt es in gut sortierten Geschäften zumindest das »Westmalle Trappist Extra« mit einer ordentlichen Hopfenbittere (4,8 Volumenprozent Alkohol) und das »Chimay Dorée« (4,8 Volumenprozent), ein kupferfarbenes »Durchtrink«-Bier. Das »Westvleteren Blond«, ebenfalls ein kräftig gehopftes schlankes Ale, trinkt man am besten frisch an der Quelle bei *In de Vrede* unmittelbar neben der Abtei, mitten in der belgischen Hopfenregion um Poperinge, wo es auch ein liebevoll gemachtes Hopfenmuseum gibt.

Dubbel ist ein zwischen 6,5 und 8,5 Volumenprozent Alkohol enthaltendes, trockenes dunkles Bier, das mit Dunkelmalz und Zuckerzugabe ausvergoren und erdig-grasig gehopft wurde. Dubbels sind perfekte Speisebegleiter und sollten zum klassischen *stoofvlees*, dem belgischen Gulasch, probiert werden. Ein Klassiker ist dieses Rinder- oder Wildschmorfleisch in Kombination mit dem »Westmalle Dubbel« (42), ein Pairing, das man am besten im *Café Trappisten* in Westmalle genießt (*wildstoofpotje met knolselderpuree*), um sofort einen Anhaltspunkt dafür zu bekommen, was »cuisine à la bière« zu leisten vermag.

Das Tripel, die dritte typische Trappistensorte, ist wieder blond, hefeexpressiv und erreicht mehr als acht Volumenprozent Alkohol – zu den Pairingempfehlungen kommen wir später.

Ein sogenanntes Quadrupel, ein schweres dunkles Abtei-Ale mit etwa zehn Volumenprozent Alkohol wie das »Rochefort 10« (43), gebietet in seinem elegant geschwungenen Kelch eine ausgedehnte Audienz in entspannter Umgebung, bevor es wärmend seine tief befriedigenden Karamellaromen von Dattel, würzigem Spekulatius und Schokoladenkrokant preisgibt. Das rare »Westvleteren 12« (44) ist ähnlich wuchtig in seinen Trockenobsttönen, aber hopfiger mit leicht phenolischer Rauchkante und insgesamt ein imponierendes Kunstwerk der Komplexität, die man durch Flaschengärung erzeugen kann.

Uwe Ebbinghaus: Überraschend war das Ergebnis einer privaten »Westvleteren 12«-Verkostung in Bamberg mit Hans Wächtler. Wir probierten das großartige Bier zur Blutwurst, zur Leberpastete und zum Zwetschgenbames. Es passte alles ganz gut, rief aber keine Begeisterung hervor. Da kam Hans Wächtler auf die Idee, es mit einer einfachen Tomatenscheibe vom Tellerrand zu versuchen – und diese Kombination erwies sich als Offenbarung. Die Leberpastete hatte das

Bier bitterer dastehen lassen, der salzhaltige Zwetschgenbames richtig süß. Erst die Tomate machte es rund.

Frank Geeraers: Quadrupels lassen sich am besten ohne oder mit nur häppchenweiser Speisebegleitung entdecken, weil sie das gesamte Sensorium für sich beanspruchen. Für die winterlich-regnerische Jahreszeit, die in Belgien auch mal länger anhalten kann, sind Quadrupels wie »Chimay Bleue« aber durchaus auch beliebte Allzweckwaffen in und zu Schmorgerichten mit stark reduzierten Saucen, wie etwa der Entenbrust mit Wurzelgemüse.

Uwe Ebbinghaus: Und auch die klösterlichen Quadrupel oder ihre im Lauf der Zeit weltlich gewordenen Stiefbrüder wie das »St. Bernardus Abt 12« (45) ergeben als Träger der Schmorsauce ein unbeschreiblich zartes *stoofvlees*, wie im Restaurant der *Brouwerij St. Bernardus* in Watou mitten in den Hopfenfeldern zu erleben ist. Die Brauerei produzierte von den Vierzigerjahren an bis 1992 unter Lizenz das Bier für die nahe gelegene Abtei Westvleteren. Dann trennte man sich, und die Mönche nahmen ihr Bier wieder unter die eigenen Fittiche. Doch *St. Bernardus* blieb den monastischen Bierstilen treu und verfügt nach eigener Aussage noch immer über die ursprüngliche Westvleteren-Hefe. All das wird im vorbildlichen Brauereimuseum ausführlich erzählt. Worin sich das »Westvleteren 12« und das »St. Bernardus Abt 12« heute genau unterscheiden, und ob Letzteres wegen der Hefe möglicherweise näher am ursprünglichen »Westvleteren 12« liegt als das seit den Neunzigerjahren wieder unter Aufsicht der Mönche gebraute Bier, das ist eine bisher nicht restlos geklärte Frage.

Frank Geeraers: Einen besonderen Überblick über das Trappistenbier-Spektrum ermöglicht die privat betriebene *L'Auberge de Poteaupré* in Chimay. Vom »Dorée« bis zum »Chimay Bleue« (46) – mit neun Prozent Alkohol aus dem Rum Barrique – können alle Biere in kleinen Tastinggläsern mit jeweils passendem Chimay-Käse kennengelernt und verglichen werden. Das süße, aber dezente Karamellmalz und die würzig-pfeffrigen Hefenoten der Biere ergänzen sich trefflich mit den nussig-cremigen Halbweichkäsen. In einer solchen Verkostung merkt man schnell, wie gezielt die Abteibiere insgesamt zur gastronomischen Begleitung konzipiert wurden.

Belgischer Botschafter: die Geheimwunderwaffe »Orval«

In Belgien kann man selbst in entlegenen Dörfern die Bierklassiker des Landes mit zum Teil einfachen, aber treffsicheren Pairings erleben, nur wenige Biere sind derart regional gebunden, wie es in Deutschland oft der Fall ist. Ein gutes Beispiel dafür ist das Trappistenbier »Orval« (47), das in allen sich selbst respektierenden Biercafés des Landes auf der Karte zu finden ist. In seiner Heimatprovinz Luxembourg wird es sogar von einigen *fritures* (was man mit »Frittenbude« vollkommen unzureichend übersetzen würde) angeboten, wo die Einheimischen es auch mal bodenständig aus der Flasche trinken.

Am besten aber besorgt man sich im Internet die aktuelle Jahreskarte der sogenannten »›Orval‹-Ambassadeure«. Die dort verzeichneten Cafés bieten immer mindestens drei Reifegrade dieses Bieres an, von frisch bis »mehrere Jahre im Keller gelagert«. Die besten »Orval«-Ambassadeure stellen neben den angestammten Jugendstilpokal, in dem das Bier alle seine Aromen entfalten kann, sogar noch einen charmanten Miniaturkelch für das sonst klassischerweise in der Flasche verbleibende Hefedepot, das man jetzt nachgießen oder stehen lassen kann.

Der Klassiker »Orval« ist höchst vielseitig einsetzbar.

Die gastronomischen Spielarten mit »Orval« sind endlos, sie reichen vom knochentrockenen Apéritif mit einer größeren Geschmackskomplexität als Champagner bis zur Begleitung von Sardinen, die in Olivenöl gegrillt wurden.

Orvaliflette ist die Spezialität im klosternahen und oft überfüllten Besucherrestaurant *À l'Ange Gardien*: ein herzhafter Kartoffelauflauf mit »Orval«-Käse und in den Ardennen unumgänglichen Speckwürfeln. Die erdig-kräuterige Komponente des Biers passt aber auch perfekt zum Champignon-Omelette mit »Orval«-Käse sowie zum Wild- oder Kalbsbraten mit Champignonsauce, wie man ihn in dem neuen, vorgelagerten Restaurant *À la nouvelle Hostellerie d'Orval*, aber auch in vielen Cafés im ganzen Land bekommt.

Drei Mal Tripel in Brügge und Gent

Zentral, aber etwas versteckt im westflämischen Brügge liegt in einer mittelalterlichen Kopfsteinpflastersackgasse das engste Biercafé der Stadt: *Staminee De Garre*. Hier kann man Bekanntschaft mit dem besonders starken Vertreter eines der beliebtesten Degustationsbierstile des Landes machen: dem Tripel. Das »De Garre Tripel« (48) ist mit elf Volumenprozent Alkohol selbst für belgische Verhältnisse ein wuchtiges Starkbier. Es entsteht nach einem aufwendigen Brauverfahren binnen sechs Monaten mit verschiedenen Gär-, Warmlager- und Reifungsphasen, in denen unter anderem ein Verschnitt aus zwei Basisstarkbieren mit einer stressresistenten Weinhefe für höhere Alkohole vergoren wird, nochmals nachreift und lagert.

Typischerweise mit einer kleinen Schale Oud-Brugge-Käsewürfel serviert, leuchtet es im stämmigen Pokal tiefgold mit festem Schaum. Der erste Schluck verführt und warnt zugleich: Das cremige, reichhaltige blonde Malzbett will sich überhaupt nicht im Mund breitmachen, sondern fließt auf einem mit gelben Steinfrüchten ausgelegten Zuckerkaramellbett flott die Kehle herunter, und nach jedem Schluck spürt man ein wärmendes Britzeln der Alkoholprozente.

Das *Staminee De Garre* verordnet für sein Hausbier (und nur für dieses) ein Maximumlimit von drei Gläsern pro Kunde. Dafür müsste man schon eine Weile auf demselben gemütlichen Flecken verharren, denn es wäre nichts Besonderes, eine kleine Stunde an so einem Pokal herumzusüffeln. Ist man auf den Geschmack gekommen, bestellt man nach Leerung der winzigen Snackschale entweder eine Extraportion Käsewürfel mit Senf oder gleich einen großen gemischten Charcuterieteller.

Auch das »Westmalle Tripel« (48) macht sich gut als langsames Degustationsbier, während man durchs Fenster eines gemütlichen Biercafés das Treiben auf dem Marktplatz beobachtet. »Westmalle Tripel«, das die Blaupause für diesen Bierstil geliefert hat, leuchtet je nach Reifung von hellblond bis orangefarben in seinem Kelch. Mit jedem bedachtsamen Schluck bleibt der satte schneeweiße Schaumdeckel als »Brüsseler Spitze« an der Kelchwand zurück.

In der Nase mag das »Westmalle Tripel« zunächst wie ein Hefeweizen auf Steroiden wirken: Es ist würzig mit pfeffrigen Kräuteraromen, erinnert an reife, vielleicht etwas karamellisierte Banane und Birnenkompott. Der erste Schluck ist dann samtig-getreidig, blonder Karamellzucker kommt angenehm durch. Für herb-trockene Balance und zusätzlich erdige Würze sorgt eine kräftige Dosis (ungefähr vierzig Bittereinheiten) der klassischen europäischen Hopfensorten Saazer, Tettnanger und Styrian Golding im Abgang.

Die 9,5 Volumenprozent Alkohol machen sich nur schleichend bemerkbar, nicht als Spritdampf in der Nase, sondern in Mundraum und Kehle, die sich langsam erwärmen. Die Flaschengärung sorgt für eine lebhafte bis kräftige Karbonisierung, die jeden neuen Schluck belebend an den Gaumen projiziert. Wegen seiner durch reichliche Zuckerzugabe leicht verdaulich ausvergorenen Malzbasis ist das Bier ein dankbarer Begleiter in der traditionell butter-, saucen- und fleischlastigen belgischen Cuisine.

Etwas fruchtiger (Birne, Pfirsichgelee) als seine beiden Vorgänger ist das »Tripel Karmeliet« (48) mit seinen moderaten 8,4 Volumenprozent Alkohol. Es ist hoch ausvergoren, daher trocken, mit subtilen, fast rauchigen Phenolen, die mit dem Hafergetreide harmonieren, aber durch die Weizenbeigabe auch wieder sämiger als manch andere Tripels.

Im *Waterhuis aan de Bierkant* in der ostflämischen Hauptstadt Gent kann man die folgende Erfahrung machen: Zum Tripel bestellt man am besten eine gemischte Brotzeitplatte mit Klosterkäse und *kop*, üppigen Würfeln von grober Schweinekopfsülze mit Tierenteyn Mosterd – dem schärfsten Senf, den man außerhalb des Rheinlands kosten kann. Und es wird sich eine erdige Sinfonie im Mundraum entfalten, die einen begreifen lässt, dass Brueghels Paradies nur ein irdisches sein konnte.

»Saison Dupont« – die wilde Feldblume erobert die Provinzen

»Saison Dupont«, knochentrocken mit einem Anklang von Zuckerkaramell, geprägt durch expressive Kräuterphenole (weißer Pfeffer, Thymian) und sich geduldig öffnende Fruchtester, ist eine wilde Feldblume von Bier, die in jede Saison, zu fast jeder Gelegenheit und zur traditionellen wie zur exotischen Küche gleichermaßen passt. Öliger, festfleischiger Fisch findet in dem Bier eine ebenso gute Ergänzung wie ein Pfeffersteak oder Kalbskotelett, gereifter Hart- und Rotschimmelkäse genauso wie scharfes mexikanisches Essen oder Thai-Gerichte. Ein Glücksfall, dass es sich nicht nur im Ausland, sondern in den letzten zehn Jahren auch in sämtlichen belgischen Provinzen als Klassiker auf der Bierkarte durchgesetzt hat und dass die *Brasserie Dupont* auch eigenen Käse herstellt, den sie im Hausbier reifen lässt.

Nicht verpassen sollte man von *Dupont* das »Saison Avec Les Bons Vœux«, einst Neujahrssud für gute Kunden der Brauerei, seit einiger Zeit ganzjährig gebraut und landesweit beliebt. Dieses Bier ist einer der wunderlichsten (und gefährlichsten) Beweise dafür, dass ein belgisches Ale mit 9,5 Volumenprozent und Geschmacksaromen von Knäckebrot, Honig und Zitrus feierlich komplex und durchtrinkbar zugleich sein kann. Cremig vom Fass bekommt man es zum Beispiel im *Gorgées – Bar à boire* in Verviers oder im *Paters Vaetje* in Antwerpen.

Rodenbach an der Küste

Rodenbach war schon immer das Hausbier der gesamten, fünfundsechzig Kilometer langen belgischen Nordseeküste. Von Nieuwpoort an der französischen bis Knokke an der niederländischen Grenze kann man es in den Restaurants auf den windgeschützten Terrassen der Küstenpromenaden trinken. Auf halber Nordseestrecke unweit der Ostender »Fischtreppe« bekommt man *Rodenbach* (49) als »Classic« oder »Grand Cru« auch vom Fass und darf dort seine vier Handvoll Nordseekrabben zum Selberpulen auf manche Caféterrasse mitbringen. Das erfrischend süß-saure Wechselspiel von dezentem Balsamico, grünem Apfel und unterliegendem Karamell harmoniert wunderbar mit der delikaten Süße in jedem neuen Miniaturbissen Krabbenfleisch. Ein perfektes gastronomisches Pairing ist *Rodenbach* auch zu hausgemachten *garnaalkroketten* (Nordseekrabbenkroketten), zum Beispiel im *Café-Restaurant Botteltje* in Ostende.

Das gefällige »Rodenbach Classic« aus zwei Dritteln restsüßem Braunbier und einem Drittel balsamico-ähnlichem Foederbier kann man auch zu jedem sommerlichen Salat- oder Grillgericht mit weißem Fleisch (Huhn, Pute, Kalbsfrikassee) empfehlen. Das aus einem Drittel Jungbier und zwei Dritteln altem Foederbier verschnittene »Rodenbach Grand Cru« bringt herbere pH-Werte von Weißwein auf den Tisch und führt die vertrauten Röstaromen von Steak, Grillfleisch oder Schokolade in ungeahnte Geschmacksdimensionen.

Der allgegenwärtige Teufel

Leicht kann man dieses Bier an seiner beeindruckenden weißen Krone in der geschwungenen Riesentulpe auf kurzem Fuß erkennen, in der sich der ansprechende Schaum behutsam zu einem geradezu religiösen Kunstwerk aufbauen lässt: das »Duvel« (50). Mit hellem Pilsner Malz, tschechischem Saazer und slowenischem Styrian-Golding-Hopfen eingebraut, obergärig mit einem ursprünglich schottischen Ale-Hefestamm unter Zuckerzugabe vergoren, zwei Wochen kaltgelagert, filtriert und dann noch mal in dickwandigen Steinie-Flaschen vier Wochen in warmen Kellern nachvergoren, entsteht seine typische hohe Kohlensäuresättigung bei feinster Perlage.

In der Nase nimmt man bei diesem Musterbeispiel eines Strong Blond↗ delikate Fruchtester wahr, die an die edle Birnensorte Poire Williams erinnern, im Antrunk eine feine Würze auf crackerdünnem Malzbett, auf der Zunge ein hochtouriges Prickeln, das man von Champagner, Schaumwein oder Crémant kennt, während die Hopfenbittere im Abgang an ein deutsches edelgehopftes Pilsener erinnert.

Beim Pairing nimmt »Duvel« es genauso leicht mit Prosciutto oder Räucherlachshäppchen auf wie mit delikaten Fischgerichten an sahnigen Saucen. Und selbst in den *frietkoten* des flämischen Flachlands hilft »Duvels« trockenbittere Perlung dabei, das dicht saturierte Frittensoßenfett stilvoll vom Gaumen zu lösen. Was wäre Belgien ohne dieses Bier?

Foodpairing

Bier richtig wahrnehmen und zum Essen kombinieren

Biertrinken kann so einfach sein. Dieses Kapitel ist als Einladung zum intensivierten Genuss gedacht und orientiert sich an Empfehlungen der Pairing-Spezialisten Thomas Vilgis und Hans Wächtler.

Es gibt viele künstlerische Ausdrucksformen, die mit Nahrung verglichen werden. Ein guter Flamenco, heißt es zum Beispiel, erinnere an den Geschmack der Zitrone, des Meersalzes und des Olivenöls. Umgekehrt werden alkoholhaltige Getränke zuweilen mit Kunst in Verbindung gebracht. So hat der bekannte amerikanische Brauer und Sachbuchautor Garrett Oliver gutes Bier einmal mit einer Kurzgeschichte verglichen: »Es sollte einen Anfang, einen Mittelteil und ein Ende haben. Und es sollte dabei stets interessant bleiben.«

Das ist insofern nicht weit hergeholt, als dem Bier in der Regel ein stark kontrollierter Prozess zugrunde liegt – anders als dem Wein, der den Launen der Natur stärker ausgesetzt ist, der im Keller länger sich selbst überlassen bleibt und daher in jedem Jahr anders schmeckt. Bier hingegen hat sich von jeher besonders nah am Menschen und in enger Abstimmung mit ihm entwickelt.

Zahlreiche Parallelen zwischen dem Bier und einer guten Geschichte (oder einem gelungenen Leben) lassen sich erkennen. So beginnt der Biergenuss mit einem verheißungsvollen Geruch, einem Vorgeschmack, der sich zunächst unter dämpfendem Schaum befindet. Der Antrunk, das, was man als Erstes im Mundraum wahrnimmt, sollte frisch und der Stimmung angemessen prickelnd sein. Im Antrunk zeigt sich, wie gut die – Aromen nach oben treibende – Kohlensäure eingebunden ist. Dann breiten sich im Haupttrunk, jenem Stadium, in dem das Bier bewusst im Mundraum hin- und hergeschoben wird, auf der Zunge Geschmäcker von süß, sauer, bitter, salzig und umami in unterschiedlicher Intensität aus. Hinzu kommt das Mundgefühl, dem zu entnehmen ist, wie die Flüssigkeit über den Geschmack hinaus beschaffen ist. Ist das Bier schlank und *straight* oder mastig und breit? Welche Viskosität, welche Fließgeschwindigkeit, welche Entschiedenheit im Alkoholgehalt verrät es?

Beim aufmerksamen Runterschlucken und anschließenden Ausatmen – ein Genussmoment par excellence – verbinden sich all diese Eindrücke dann mit verspielten, flüchtigen Aromen, die sozusagen auf dem Bier liegen und plötzlich retronasal, also durch die Mundhöhle über den Rachenraum zu den Riechzellen gelangen. In diesem Stadium befindet sich die Wahrnehmung in einem faszinierenden Übergangsbereich von Geruch und Geschmack, den man im englischen Sprachraum mit dem Begriff *flavour* zu fassen versucht.

Der Nach- oder Abtrunk schließlich ist idealerweise von langer Dauer – entweder harmonisch, fordernd oder irgendetwas dazwischen. Bei den meisten Bieren beantwortet sich dabei eine entscheidende Frage: Wie gut wurde die Bittere des Hopfens eingebunden?

Nicht erwähnt wurde bisher der Sehsinn, der das Schauspiel permanent begleitet. Da wäre zunächst der Anblick des frisch gezapften oder eingeschenkten Biers im Glas, das klar oder trüb sein kann und eine Farbe zwischen Hellblond über Rot und Braun bis Schwarz aufweist. Wenn man das Glas gegen das Licht oder in die Sonne hält, beginnt das Bier wie ein Halbedelstein oder ein Bernstein zu funkeln.

Allein hinter diesem äußeren Erscheinungsbild verbirgt sich ganz viel Kulturtechnik. So konnte es zu der großen Farbpalette des Biers (und der damit verbundenen Aromenvielfalt) erst mit einer über Jahrhunderte hinweg verfeinerten Mälztechnik kommen, die verschiedene Röststufen hervorbrachte, welche wiederum im Brauprozess unterschiedlich ausgewaschen werden können. Parallel dazu wurde die Filtration↗ von Bier immer weiter verfeinert, sodass man sich überhaupt erst ab dem 19. Jahrhundert entscheiden konnte, ob man ein klares oder ein trübes Bier erzeugen will.

Auch hinter einer stabilen weißen oder ins Beige-Bräunliche gehenden Schaumkrone, die auf der farbigen Flüssigkeit sitzt, verbergen sich zahlreiche Entwicklungsschritte des Brauwesens wie die Einführung des Hopfens oder der gezielte Einsatz von Reinzuchthefe.

Beim Bier kann der Schaum fein- oder grobporig, dicht, cremig, stabil oder schnell zusammenfallend sein – und vieles mehr. Erwarten die Tschechen von ihrem Bier, dass es Ringe am Glasrand hinterlässt, bildet der Schaum vieler belgischer Biere Muster, die tatsächlich an die Brüsseler Spitze erinnern. Dabei spielt natürlich auch die Form des verwendeten Glases, das vor dem Einschenken immer mit kaltem Wasser ausgespült werden sollte, eine große Rolle.

Bevorzugt England traditionell den flachen Bierschaum, steht Deutschland auf die Schaumkrone. Wobei dem Schaum bei auffällig vielen Nationalgetränken eine große Bedeutung zukommt – vom Cappuccino über den marokkanischen Minztee bis zum türkischen Ayran. Nur wenn der Schaum steht, gilt das jeweilige Getränk als wirklich gelungen.

Und natürlich spielt auch die Psychologie in die Wahrnehmung von Bier hinein: Kennt man den Entstehungsort eines Biers oder die Region? War der Weg vom Tank ins Glas kurz oder lang? Man betrachtet ein Bier anders, wenn man weiß, dass es nicht pasteurisiert, sondern handwerklich schonend und nach einem alten Rezept gebraut wurde. Erzählt es, wie die Biere von *Cantillon*, *Schlenkerla* oder *Schneider*, eine Geschichte, die mit einer langen Tradition verbunden ist? Oder hat es eine neue, noch junge Tradition begründet, wie das von *Sierra Nevada* in den USA oder von *Lemke* und selbst schon von *Giesinger* in Deutschland?

Noch komplexer, aber auch faszinierender wird das Bier durch die Möglichkeit, den ersten Geschmackseindruck durch die Kombination mit bestimmten Speisen zu verändern. Wie kreiert man verlässlich besondere kulinarische Momente mit Bier in einer bestimmten sozialen Situation – diese Frage hat sich in diesem Buch an vielen Stellen von selbst beantwortet. Im Folgenden wollen wir einige systematische Ansätze zum gelungenen Foodpairing vorstellen.

Denkt man die Kombination von Bier und Essen von Ersterem her, muss man zunächst seine Geschmacks- und Aromakomponenten bestimmen und anschließend entscheiden, welchen Effekt man im Verbund mit der Speise erzeugen will: Soll eine Harmonie durch Entsprechung entstehen, ein Ausgleich durch spannende Kontraste?

Was die Geschmacksbestimmung angeht – zu den Aromen kommen wir später –, herrscht über die Grundlagen weitgehende Einigkeit. Unterscheiden lassen sich die Richtungen süß, sauer, salzig, bitter und umami. Die individuelle Zugehörigkeit eines Biers zu diesen Geschmäckern muss nun mit geeigneten Speisen und deren Geschmacksprofilen in eine möglichst stimmige Verbindung gebracht werden.

Einige dieser Verbindungen gelten als klassisch: So sagt man der Kombination süß-sauer ein anregendes Spannungsverhältnis nach, bitter-süß ein zuweilen auch der Maskierung dienendes In-Schach-Halten, salzig-sauer eine gegenseitige Wahrnehmungssteigerung (Tequila-Effekt). Wobei interessant ist, dass die letzten beiden Kombinationen schon in vielen Bieren selbst angelegt sind: Pils-Biere und IPAs suchen die Balance zwischen bitter und süß, die Gose etwa zwischen salzig und sauer.

Der Umami-Geschmack, der, so der Lebensmittelforscher Thomas Vilgis, in vielen Bieren zumindest unterschwellig angelegt ist, lässt sich besonders umfassend kombinieren. Aus Vilgis' Sicht wird Umami, das sehr gut zu Süßem, aber auch zu sonst allen Geschmacksrichtungen außer einer extremen Bittere passt, beim Bier unterschätzt. Umgekehrt kann man süßes Bier gut mit umamigeprägten Käsen kombinieren.

Die Zuordnungen, die sich bisher aus rein geschmacklicher Sicht in der Kombination Bier/Essen ergeben haben, sind noch etwas grob, hinzunehmen kann man eine Reihe von Einschränkungen. So gelten die Kombinationen sauer-bitter und bitter-salzig als unpassend. Geschmackliche Entsprechungen hingegen, wie süß-süß oder sauer-sauer, ergeben zwar nützliche punktuelle Korrespondenzen, rein gleichgerichtete Kombinationen wirken aber meist langweilig, ein Erlebnis entsteht so nicht. (Die Kombination salzig-salzig wiederum kann man, da Bier in der Regel nicht sehr salzig ist, vernachlässigen.)

Vorsicht ist bei der Kombination bitter-bitter angeraten, wie sie zum Beispiel in der Zusammenstellung eines stark gehopften Biers

»Arbeitsessen« zum Foodpairing mit Hans Wächtler.

mit einem Käse, der eine prägnante Schimmelrinde besitzt, entsteht. Denn hierbei kann sich die Bitter-Wahrnehmung ins Unangenehme verstärken. Dieser Umstand kann auch, wie Thomas Vilgis zu bedenken gibt, negativen Einfluss auf eine angestrebte bitter-süße Gesamtkombination haben. Reicht man zum stark gehopften bitteren IPA einen Schokoladenkuchen, drohe eine »geschmackliche Katastrophe« – wenn der Kuchen zwar süß, die verwendete Schokolade aber zartbitter ist und ein Hochschaukeln der Bitterwahrnehmung bewirkt. Sehr bittere Biere wollen beim Foodpairing besonders wohlüberlegt eingesetzt werden, sagt auch Hans Wächtler. Süße Biere hingegen werden als Essensbegleiter oft noch unterschätzt, wie umgekehrt auch süße Speisen zu einem passenden Bier.

Zu berücksichtigen ist immer auch der Alkoholgehalt des Biers und der Fettgehalt einer Speise. Ist ein Bier eher schwach, kommt es gegen fette Speisen nicht an und geht unter. So hat die Berliner Weiße wegen ihrer angestammten Säuerlichkeit theoretisch zwar viele Kombinationsmöglichkeiten, aufgrund des meist geringen Alkoholgehalts aber schrumpft die Auswahl. Dunkle, starke Biere passen hingegen zu sehr vielen, auch fetten Speisen, was zum Beispiel Böcke im Foodpairing so attraktiv macht.

Einfluss auf die Geschmackswahrnehmung haben außerdem kulturell geprägte Gewohnheiten. So kann ein süß-saures Bier-Essen-Pairing noch so stimmig kreiert sein – wenn jemand kein Sauerbier mag, wird er es ablehnen. Die beim Pairing wirksamen Muster müssen immer auch durch Erfahrung und Ausprobieren verfeinert werden. Denn – das formuliert Thomas Vilgis als goldene Regel, die Hans Wächtler unterstützt –: »Bei einem guten Foodpairing muss zuallererst eine geschmackliche, auf Ausgewogenheit abzielende Harmonie hergestellt werden. Mit den Aromen kann man dann auch mal spielen und ungewöhnliche Kontraste erzeugen.«

Nimmt man jetzt noch die Aromen hinzu, gewinnt die Kunst des Foodpairings weiter an Komplexität, zumal es mehrere Möglichkeiten gibt, die Aromen von Bier und Essen zu bestimmen. Unterscheiden lassen sich zwei Ansätze.

Der eine, vertreten unter anderem von Hans Wächtler, zielt darauf, möglichst prägnante Aromengruppen zu bilden, denen Biere und Speisen mit unterschiedlichen Abstufungsgraden zugeordnet werden können. Diese Gruppen werden oft in Aromarädern dargestellt und enthalten meist einige oder alle der folgenden Unterscheidungsmerkmale: Abgesetzt von fruchtigen Aromen werden blumige und vegetative/vegetabile Gerüche, würzige Noten stehen neben der Gruppe der holzigen, erdigen, rauchigen und röstigen Aromen – balsamische, schwere Düfte (wie Weihrauch oder Lavendel) werden unterschieden von animalischen (Brettanomyces) und mikrobiologischen Aromen (wie sie durch Milchsäure hervorgerufen werden). Abgrenzungen wie die zwischen balsamisch und zum Beispiel holzig-erdig sind dabei nicht immer leicht vorzunehmen, bei vielen Gruppen sind die Übergänge fließend, woraus gleichfalls folgt, dass sich die auf dem Rad nebeneinanderliegenden Aromen gut kombinieren lassen, während weit voneinander entfernte oder gar gegenüberliegende so eingesetzt werden können, dass sie einen besonders spannenden Kontrast, einen »Kick« ergeben.

Der zweite Ansatz versucht, Aromafamilien systematisch aus den klassischen Bestandteilen des Biers – Hopfen, Malz und Hefe – zu entwickeln. Hans Wächtler hat diesen Ansatz in seinem Bier-Aromabaum umgesetzt.

Thomas Vilgis, der den Aromabaum als »wunderbare Idee« bezeichnet, verfolgt einen ähnlichen Ansatz. Er hat fürs Bier acht Aromagruppen entwickelt, die sich den Hauptbestandteilen des Bieres und ihren chemischen Grundlagen zuordnen und auch auf alle übrigen Nahrungsmittel und Speisen übertragen lassen. Im Gespräch fasst er die – in seinem Buch *Beer-Pairing: Aroma und Geschmack* ausführlich beschriebenen – Gruppen wie folgt zusammen:

»Zunächst haben wir die grünen Gerüche (Gruppe 1), die man von der gemähten Wiese her kennt oder vom Stielansatz der Tomate. Sie zeichnen sich durch eine wachsige Fettigkeit aus. Und tatsächlich beruhen sie auf Fetten, die Pflanzen erzeugen.

Die nächste Familie wird durch einen Geruch von Schwefel (Gruppe 2) geprägt, man kann auch an Kohl denken. Die ersten beiden Gruppen werden vorwiegend von der Hefe bestimmt.

Es folgen drei Aromafamilien, die vom Hopfen dominiert werden. Da sind zunächst die Blütendüfte (Gruppe 3), Gerüche von Geranie oder Rose etwa.

Dann gibt es die Zitrusdüfte (Gruppe 4), die bei vielen Hopfensorten eine stark wahrnehmbare Rolle spielen.

In einer Familie zusammenfassen lassen sich auch die schweren harzigen und die kräuterigen Geruchsstoffe (Gruppe 5): Oregano oder Rosmarin, das sind die harzig riechenden Terpene.

Zwei weitere Gruppen werden hauptsächlich vom Malz bedient. Das sind zum einen die sehr aromatischen, benzolartigen Geruchsstoffe (Gruppe 6), wie wir sie von der Mandel oder der Vanille her kennen, die Aromaten.

Zu unterscheiden sind sie von Aromen, die durch die Röstung von Malz entstehen. Hierbei handelt es sich um schwere röstige, karamellartige Duftstoffe (Gruppe 8).«

Die jetzt noch fehlende Geruchsfamilie, die Gruppe 7, stellt bei den meisten Bieren eine Lücke dar. Biere besetzen fast alle Aromagruppen – bis auf die der stark würzigen, schweren Duftstoffe, die von der Gewürznelke, der Petersilie oder der Muskatnuss her bekannt sind. Diese

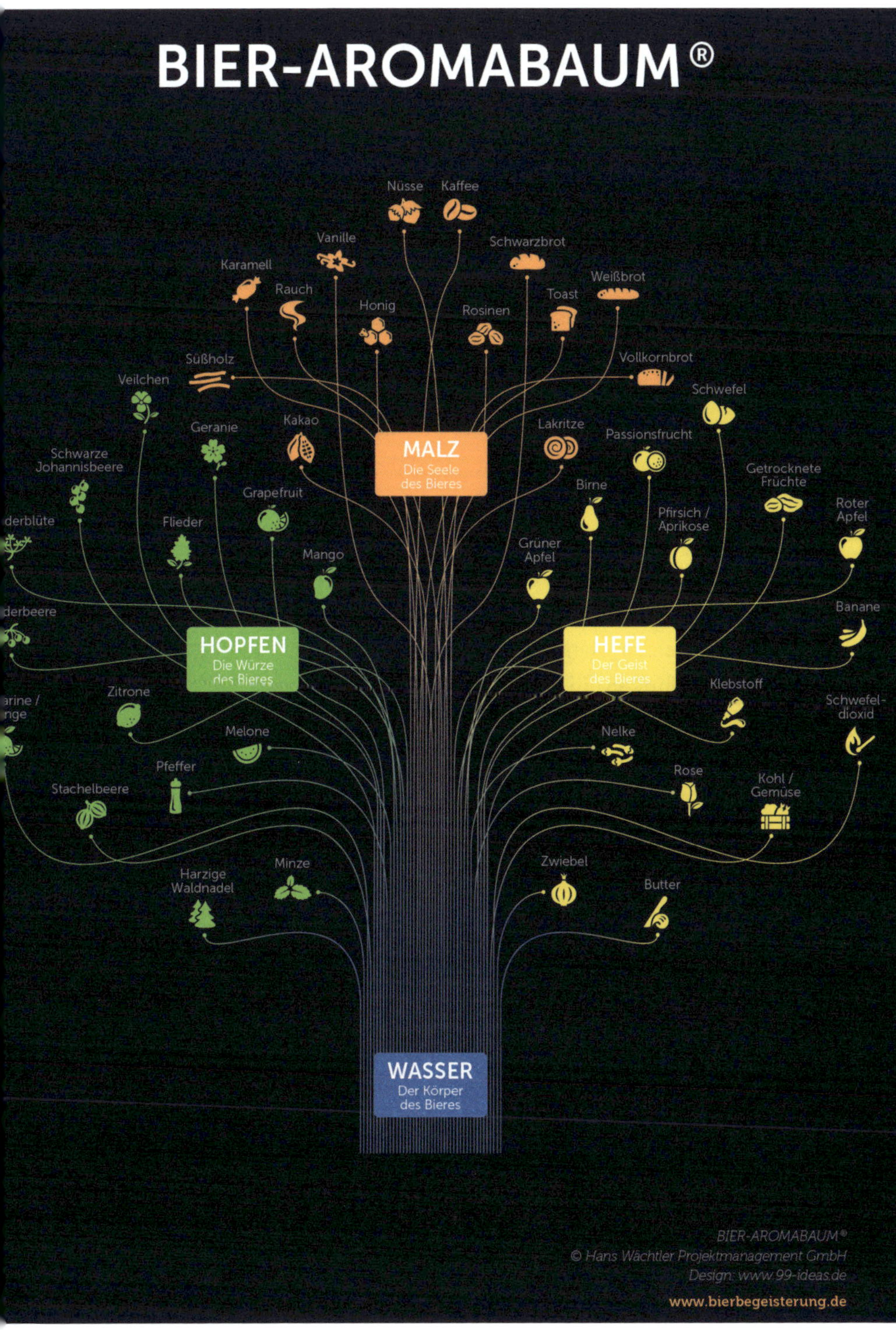
BIER-AROMABAUM®
Nüsse
Kaffee
Vanille
Schwarzbrot
Karamell
Rauch
Weißbrot
Toast
Honig
Rosinen
Süßholz
Vollkornbrot
Veilchen
Schwefel
Geranie
Kakao
Lakritze
Passionsfrucht
MALZ
Die Seele des Bieres
Schwarze Johannisbeere
Getrocknete Früchte
Birne
Grapefruit
Pfirsich / Aprikose
Roter Apfel
derblüte
Flieder
Mango
Grüner Apfel
derbeere
Banane
HOPFEN
Die Würze des Bieres
HEFE
Der Geist des Bieres
Klebstoff
arine / nge
Zitrone
Schwefel-dioxid
Melone
Nelke
Pfeffer
Rose
Kohl / Gemüse
Stachelbeere
Minze
Zwiebel
Harzige Waldnadel
Butter
WASSER
Der Körper des Bieres
BIER-AROMABAUM®
© Hans Wächtler Projektmanagement GmbH
Design: www.99-ideas.de
www.bierbegeisterung.de

Gerüche können, so Vilgis weiter, »weder über das Malz noch über die Hefe und schon gar nicht über den Hopfen ins Spiel« kommen. Lediglich Biere, die im Barrique (im kleinen Holzfass) gelagert oder mit Rauchmalz hergestellt wurden, könnten entsprechende Geruchsnoten ausprägen.

Vilgis hebt hervor, dass die stark würzigen Duftstoffe auch nicht im Weizenbier angelegt sind, von dem häufig gesagt wird, es weise Noten von Gewürznelke auf. Es riecht aber eher »in Richtung von aromatischem Speck- oder Rauchschinken, wacholderartig«, wie Vilgis bei einer Weizenbierverkostung in seinem Mainzer Institut überzeugend demonstriert.

Für Pairings sei das Phänomen der Bierlücke, so Vilgis, keinesfalls ein Nachteil, da man mit entsprechenden Speisen effektvoll in sie »hineinspringen« und somit eine Wahrnehmung von harmonischer Ergänzung erzeugen könne. Ein solcher Lückenschluss, eine solche Erzeugung von Wechselspiel sei aber auch bei allen anderen im jeweiligen Bier schwach oder nicht vertretenen Aromagruppen möglich.

Das zeigt auch ein eher ungewöhnliches Experiment: Trinkt man zum Räucherschinken ein Helles, so passt das leidlich gut. Reibt man aber ganz fein ein Gewürz aus der Gruppe 7 darüber, Muskatnuss oder Tonkabohne zum Beispiel, entsteht plötzlich ein – gemessen am kleinen Eingriff – erstaunlich intensives Gefühl von Ergänzung und Abrundung.

In diesem Buch haben wir mehr als fünfzig teils etablierte, teils von mehreren Testern als angenehm empfundene Genussempfehlungen vorgestellt. Begrüßenswert wäre, wenn in der Gastronomie, vor allem in der vegetarischen und veganen Küche, noch viele weitere kreiert würden.

Auf der Suche nach dem perfekten Schluck: 50 Genuss- und Pairingempfehlungen

BAMBERG (Karte S. 17)

1 **Spezial Lager**
Zum Gerupften im Brauereigasthof

2 **Schlenkerla Märzen**
Mit Leberkäs von Liebold im Kümmelweckla zum Frühschoppen im Gasthof in der Dominikanerstraße

3 **Schlenkerla Eiche**
Zum Zwetschgenbames mit Gewürzbrot im Stammhaus

4 **Schlenkerla Erle**
Zur Käsestange von der Bäckerei Seel zum Frühschoppen

5 **Spezial Bock**
Zu kaltem Braten oder geräucherter Forelle auf dem *Spezial-Keller*

6 **Greifenklau-Bock**
Mit Knöchla in der Brauereigaststätte am Laurenziplatz

7 **Sternla Märzen**
Mit geschnittenen Klößen im Brauhaus

8 **Keesmann Josefi-Bock**
Mit sauren Nieren im Brauereigasthof

BAMBERGER UMLAND, BAYREUTH (Karte S. 39)

9 **Büttner Vollbier**
Zum Hackepeter mit rohem Ei oder Gerupftem in der Brauereigaststätte in Untergreuth

10 **Sauer Braunbier**
Zur gebackenen Leber mit Röstzwiebeln im Brauereigasthof in Roßdorf

11 **Metzgerbräu Lagerbier**
Zum hausgemachten Schinken im Uetzinger Brauhaus

12 **Nothelfer Export Dunkel**
Zur Hausmacherplatte im Bräustüberl oder Biergarten in Vierzehnheiligen

13 **Huppendorfer Vollbier**
Zum Spinatknödel mit Parmesan in der Huppendorfer Braugaststätte

14 **Mönchsambacher Lager**
Zu einer Wurstauswahl von der Metzgerei Dorn oder im Brauereigasthof zu geräuchertem Saibling oder der hausgemachten Sülze mit selbst gebackenem Sauerteigbrot

15 **Maisel's Weisse Original**
Zum Vorspeisenteller bei *Liebesbier*

16 **Maisel & Friends IPA**
Zum Burger im Restaurant

KLÖSTER (Karte S. 69)

17 **Weltenburger Asam Bock**
Zum Obstkuchen im Weltenburger Klosterbiergarten/der Klosterschenke

18 **Andechser Doppelbock**
Zum Apfelstrudel mit Vanillesauce oder Vanilleeis im *Bräustüberl* Andechs

DÜSSELDORF – KÖLN – EINBECK (Karten S. 89, 95)

19 **Braunschweiger Mumme von Freigeist Bierkultur**
Zu Gewürzkuchen, Lebkuchen und allgemein zu Gebäck mit Schokolade, Orange, Nelke, Zimt

20 **Uerige Alt / Schlüssel Alt**
Zum Röggelchen mit Gouda in der Düsseldorfer Altstadt

21 **Uerige Sticke**
Zum Krüstchen (paprika-pikantes Gulasch) im Brauereigasthof

22 **Päffgen Kölsch**
Zu jungen dicken Bohnen mit gekochtem Speck und Salzkartoffeln im Stammhaus in der Friesenstraße

23 **Ainpöckisch 1378 oder Ur-Bock Hell von Einbecker**
Zu einem kompletten Menü zu Hause: als Aperitif mit Aperol, zum Salat mit Orangendressing, zur Ente à l 'Orange, zur Crème brulée

HAMBURG (Karte S. 105)

24 **Die Alkoholfreien von Kehrwieder**
Zum Obstsalat und zum Fischbrötchen an der *Strandperle* in Övelgönne

25 **Matrosenschluck von Ratsherrn**
Zum Franzbrötchen im *Alten Mädchen* oder vor dem Craftbiershop von *Ratsherrn*

26 **Die Ales von ÜberQuell**
Zu den neapolitanischen Pizzen im Brauereigasthof (oder Biergarten) *ÜberQuell*

DUBLIN (Karte S. 123)

27 **Guinness Stout**
Zu gebratenen Nieren am Bloomsday vor dem James Joyce Centre

28 **Guinness Dublin Porter oder O'Hara's Pale Ale**
Zum Gorgonzolasandwich mit Senfflöckchen bei *Davy Byrnes*

MÜNCHEN (Karte S. 143)

29 **Schneider Weisse Original**
Zu Weißwürsten mit einer Breze und süßem Senf im *Weissen Bräuhaus* in Kelheim

30 **Schneider Aventinus**
Zur Kronfleischküche (mit noblen Innereien) im *Schneider Bräuhaus* München

31 **Schneider Aventinus Eisbock**
Zum Kaiserschmarrn mit Zwetschgenröster im *Weissen Bräuhaus* Kelheim

32 **Augustiner Edelstoff**
Zur gebackenen Milzwurst mit Kartoffelsalat und Remoulade in der *Augustiner Bräustuben*

33 **Giesinger Erhellung**
Zum Wirtshausbrettl im *Giesinger Bräustüberl*

34 **Paulaner Barnabas Dunkel**
Zu den Spareribs oder einem anderen Grillgericht im *Paulaner am Nockherberg*

BERLIN (Karte S. 153)

35 **Budike Weiße von Lemke**
Zur Currywurst in *Das Lemke*

36 **Marlene von Schneeeule**
Zum Obstsalat mit Mango, Banane und Ananas

PRAG (Karte S. 175)

37 **Pilsner Urquell**
Zum Griebenaufstrich bei *U Pinkasů*, zu den »Wasserleichen« bei *U Jelínků*, zum Schnitzel im Kartoffelpuffer bei *U Zlatého tygra*

38 **Benedict 11 der Klosterbrauerei Břevnov**
Zum gegrillten Fleisch mit Roquefortsauce in der Klosterschenke Břevnov

39 **Dunkles böhmisches Lager von U Fleků**
Zum Hermelin-Käse im Brauereigasthof

BELGIEN (Karte S. 193)

40 **Cantillon Gueuze**
Zu *pottekeis* (zwei Brotscheiben, dick beschmiert mit Brüsseler Stinkkäse) in einem Lambiek-Café der Hauptstadt oder zu Moules-frites Bruxelloises/à la Gueuze bei *Le Zinneke* in Schaerbeek

41 **Kriek Mariage Parfait von Boon**
Zu *bloempanch met stoemp* (eine dicke Scheibe gebratene Blutwurst mit Kartoffelstampf) im *La Brocante* in Brüssel oder zu dunklem Mousse au Chocolat auf Basis belgischer Zartbitterschokolade

42 **Westmalle Dubbel**
Zum *wildstoofpotje met knolselderpuree* im *Café Trappisten* in Westmalle

43 **Rochefort 10**
Zu winterlichem Chicon au gratin in einem Landgasthof in den Ardennen

44 **Westvleteren 12**
Zu einer mit Salz und etwas grobem Pfeffer bestreuten Tomate überall in der Welt

45 **St. Bernardus Abt 12**
Zum *stoofvlees* in der zur Brauerei gehörenden *Bar Bernard* in Watou

46 **Chimay Bleue**
Mit dem passenden Chimay-Klosterkäse in der *Auberge de Poteaupré* in Chimay

47 **Orval**
Mit *orvaliflette*, einem herzhaften Kartoffelauflauf mit Orval-Käse und Speckwürfeln, im klosternahen Restaurant *L'Ange Gardien*

48 **Tripel von De Garre und Westmalle sowie Tripel Karmeliet**
Mit einer kleinen Schale Oud-Brugge-Käsewürfel im *De Garre* in Brügge oder zur gemischten Brotzeitplatte mit Klosterkäse und *kop* (üppigen Würfeln von grober Schweinekopfsülze mit Tierenteyn-mosterd) im *Waterhuis aan de Bierkant* in Gent

49 **Rodenbach Classic oder Grand Cru**
Mit Nordseekrabben zum Selberpulen auf der Ostender »Fischtreppe« oder hausgemachten *garnaalkroketten* (Nordseekrabbenkroketten) im *Café-Restaurant Botteltje*

50 **Duvel**
Mit belgischen Pommes in einer guten *frietkote* des Landes

Nachwort

»Leut, versaufts net euer ganzes Geld,
kaufts euch lieber a Bier dafür.«
Karl Valentin

Wie die Geschichte des Biers weitergehen wird, ist schwer vorherzusagen. Zwei Langzeitentwicklungen werden sich wohl fortsetzen: Der Bierkonsum im engeren Sinn wird weiter abnehmen, alkoholfreie oder 0,0-prozentige Biere hingegen werden immer beliebter. Vieles spricht dafür, dass sich der Markt der Alkoholfreien weiter ausdifferenzieren wird. Man darf gespannt sein, ob das Leichtbier – also Bier mit zwei oder drei Volumenprozent Alkohol – einen geschmacklich überzeugenden Durchbruch schafft. Der Markt für klimaneutrales und Bio-Bier, der heute noch klein ist, wird mit großer Wahrscheinlichkeit wachsen.

Vor dem Hintergrund des Klimawandels wird Energiesparen für Brauereien mit hohem Heiz- und Kühlbedarf zur Herausforderung. Der Anspruch maximaler Energieeffizienz könnte dabei zu einer Rückbesinnung auf alte Brautechniken und die Wiederanpassung an natürliche Gegebenheiten führen: die Nutzung kühler Keller zum Beispiel, das Kaltmaischen oder das Brauen nur zu bestimmten Jahreszeiten, wie es *Cantillon* seit mehr als hundert Jahren praktiziert. Kommt vielleicht sogar das Gemeinschaftsbrauen wieder in Mode oder das Heimbrauen mit angebackenem Brot nach jungsteinzeitlichem Vorbild?

Vielversprechend sind die Versuche von *BrewDog* oder *Knärzje*, beim Brauen Brotreste als teilweisen Malzersatz zu verwenden. Nachdem sich der Biersprudler von Sodastream auf Extraktbasis nicht durchsetzen konnte, bleibt abzuwarten, was aus Innovationen wie dem – vorerst noch alkoholfreien – Bierpulver zum Aufschäumen aus der *Klosterbrauerei Neuzelle* wird.

Wünschenswert wäre, dass die Supermärkte ihr Biersortiment künftig systematischer ausbauten. Billigbier gibt es dort zuhauf, während ausländische Spezialbiere seltener werden. Dabei könnte man sich, um bei diesen schwerer verkäuflichen Produkten nicht in Nöte mit dem Mindesthaltbarkeitsdatum zu geraten, auf solche Bierstile konzentrieren, die ihren Geschmack länger bewahren und mit zunehmendem Alter sogar komplexer werden – Stark- oder Sauerbiere zum Beispiel. Darüber hinaus könnten mit gezielten Aktionen Bierstile stärker ins Bewusstsein gerückt werden, die etwa zum Grillen weit besser passen als deutsches Pils: Export, Märzen, Dunkel, Rauchbier, Schwarzbier, Dubbel. Jeder merkt im Vergleichstest sofort, welche Bereicherung das ist.

Schon jetzt zeichnet sich ab, dass kleinere Gebinde beim Bier – siehe den Erfolg der 0,33-Liter-Euroflasche – an Beliebtheit gewinnen. Wobei es sicher kein Nachteil wäre, wenn die Kunden weniger, dafür besseres und gerechter bezahltes Bier tränken. Das wäre fast schon ein Konsum im Geiste der Trappisten.

Auch in der Gastronomie gibt es noch viel ungenutztes Potenzial für den Einsatz von Bier. Bedauerlich ist, dass asiatische oder mexikanische Restaurants (wie auch viele deutsche) oft durch eine Brauereibindung davon abgehalten werden, zum Beispiel Pale Ales oder IPAs auf die Karte zu setzen, die hervorragend zu scharfen Speisen passen. Mehr Offenheit für die Kombination und das Kochen mit Bier, wie es schon bei den Kelten üblich war, würde man sich gleichfalls in der gehobenen und der Spitzengastronomie wünschen.

Vieles gibt es von den Belgiern zu lernen. Wer einmal ein mit Quadrupel abgelöschtes Gulasch oder mit Sauerbier zubereitete Muscheln probiert hat, versteht sofort, dass das Bier dem Wein bei vielen Speisen in nichts nachsteht.

Den oben zitierten Ratschlag von Karl Valentin könnte man noch verlängern: Leut, kaufts Bier, und zwar möglichst hochwertiges. Nicht zuletzt, weil es einen fast zwangsläufig mit zufriedenen Menschen zusammenbringt. Es ist die Stärke des Biers, sich über Jahrtausende hinweg nah an den menschlichen Bedürfnissen entwickelt zu haben. Dass die Auswahl heute so groß ist, ist eine kulturelle Errungenschaft, ein Grund zum Reisen, zum Kommunizieren, zum Genießen – und zur alten mesopotamischen Freude.

Glossar

Braubegriffe – Bierstile – Trinkempfehlungen

Bier kann viel, wenig oder keinen Hopfen enthalten. In ihm kann Malz in unterschiedlicher Trocknung, Röstung oder Räucherung und Wasser verschiedener Härtegrade Verwendung finden. All das verändert seinen Charakter. Klassisch ist die Einteilung von Bierstilen nach der verwendeten Hefe, die untergärig, obergärig, eine Ale-Hefe oder wild sein kann.

Malz
Getreide, das durch Einweichen künstlich zum Keimen gebracht und anschließend getrocknet (↖**gedarrt)** wurde, kann entweder den Basismalzen (↖**Pilsner Malz**, Pale-Ale-Malz, Wiener Malz, Münchner Malz, Weizenmalz) oder den Spezialmalzen zugeordnet werden. Während Erstere vor allem enzymatischen Prozessen bei der Bierherstellung dienen, bestimmen Letztere die Farbe, den Geschmack und das Aroma des Biers. ↖**Karamellmalz**, ↖**Röstmalz** und ↖**Rauchmalz** tragen ihr Aromenprofil schon im Namen. Röstmalz wird darüber hinaus zur Farbgebung eingesetzt.

Im Brauprozess: Nachdem das Malz geschrotet wurde, beginnt das ↖**Einmaischen/Maischen.** Es wird jetzt in einem großen Kessel (der Maischpfanne) mit Wasser etwa zwei Stunden von 40 °C auf bis zu 78 °C stufenweise erhitzt. Dabei wird die Stärke in Zucker umgewandelt. Nach dem Maischen wird die entstandene Extraktlösung in den ↖**Läuterbottich** gepumpt, die unlöslichen Bestandteile des Getreidekorns, vor allem die ↖**Spelzen**, werden von den löslichen getrennt. Was im Läuterbottich zurückbleibt, nennt man ↖**Treber**. Das so gewonnene zuckerhaltige Substrat, die ↖**Würze**, wird nun in der Würzepfanne ein bis zwei Stunden lang gekocht. Dabei wird im ↖**Sud** die Stammwürze (s. u.) eingestellt und Hopfen zugegeben.

Hopfen

Hopfen wird beim Brauen in Bitter- und Aromahopfen unterschieden, wobei die Abgrenzung im Einzelfall schwierig ist. Beim Bitterhopfen steht ein hoher Alphasäuregehalt im Vordergrund, der die Haltbarkeit des Biers verbessert, während mit dem ↖**Aromahopfen** eher ein bestimmtes Geschmacks- und Aromenprofil angestrebt wird. Hopfen wird dem Bier nur noch selten in Form von getrockneten ↖**Dolden** (den zapfenartigen Blüten der Hopfenpflanze) beigegeben, meist werden Pellets oder auch Hopfenextrakt verwendet. Wird Aromahopfen in das bereits abgekühlte Bier gegeben, zum Beispiel im Lagertank, spricht man von ↖**Kalthopfung** oder Hopfenstopfen.

Im Brauprozess: Nach der oder den ↖**Hopfengaben** beim Kochen werden im Whirlpool durch die Erzeugung eines Wirbels Hopfentreber und Eiweißgerbstoffe von der Würze getrennt, die sich im Gefäß absetzen. Anschließend wird die Würze abgekühlt, da die für die Gärung notwendige Hefe, die im nächsten Schritt zugesetzt wird, hohe Temperaturen nicht verträgt. Während der ↖**Gärung** (oder ↖**Fermentation**), die je nach Bier drei bis acht Tage dauert, wird der in der Würze enthaltene Zucker in Alkohol, Kohlensäure und Wärme umgewandelt.

Hefe

Die **obergärige Hefe** (*Saccharomyces cerevisiae*) steigt bei der Fermentation nach oben und bevorzugt Temperaturen zwischen 17 °C und 25 °C, die **untergärige Hefe** (*Saccharomyces carlsbergensis* oder *pastorianus*) setzt sich bei der Fermentation am Boden des Gärbehälters ab und ist auf Temperaturen von 7 °C bis 12 °C abgestimmt. Andere Mikroorganismen, wie zum Beispiel wilde Hefen, waren bis zur Entwicklung der Reinzuchthefe in vielen Bieren enthalten. Heute werden sie fast nur noch in der ↖**Spontangärung** bei Sauerbieren eingesetzt.

Im Brauprozess: Nach der Hefegabe und der anschließenden Gärung, die zwischen fünf und vierzehn Tagen dauert, reift das ↖**Jungbier**, welches noch trüb von Hefezellen und Gerbstoffen ist, in der Regel zwischen zwei und acht Wochen zur Klärung im Lagertank. Bei der ↖**Filtration** – soweit sie eingesetzt wird und das Bier nicht naturtrüb bleiben soll – werden die letzten Hefezellen und Trübungsstoffe aus dem Bier entnommen. Das Bier ist nun fertig und kann in Fässer oder Flaschen abgefüllt werden. Bei manchen Bieren findet eine ↖**Nachgärung** durch Zugabe von Speise (zuckerhaltige Flüssigkeit) statt, wodurch sich Alkohol- und Kohlensäuregehalt erhöhen.

***

Alkoholgehalt
Nach dem Alkohol- bzw. Stammwürzegehalt werden Biere in ↖**alkoholfreie** (weniger als 0,5 Volumenprozent Alkohol), Leichtbiere oder ↖**Schankbiere** (Stammwürzegehalt zwischen 7 und unter 11 %), ↖**Vollbiere** (Stammwürzegehalt zwischen 11 % – also etwa 4,5 Volumenprozent Alkohol – und 16 %) und ↖**Starkbiere** (Stammwürzegehalt von mehr als 16 %, also etwa 6,5 Volumenprozent Alkohol) unterschieden.

↖Stammwürzegehalt
Die ↖**Stammwürze** wird in Grad Plato oder Prozent angegeben und bemisst den Anteil der (vor der Gärung) aus dem Malz gelösten Stoffe. Dabei steht der Malzzucker im Vordergrund. Je höher der ↖**Stammwürzegehalt**, desto stärker das Bier.

Bittere
IBU (International Bitterness Unit) ist die internationale Maßeinheit zur Bestimmung der ↖**Bittere** oder Bitterkeit von Bier. Die Skala reicht von 4 IBU (Berliner Weiße, Gose) bis 110 IBU (Imperial IPA).

Bierfarbe
Mit dem Wert **EBC** (European Brewery Convention) wird die Farbe von Bier bestimmt. Während Witbier einen EBC-Wert von 4 erreicht, kommt ein Imperial Stout auf bis zu 80.

Bierstile – Biergattungen

↖**Ale**
ist der englische Begriff für ein mit obergäriger Hefe gebrautes Bier.

↖**Alkoholfreies**
ist ein Bier mit weniger als 0,5 Volumenprozent Alkohol, das unter- oder obergärig sein und sehr kalt (mit deutlich unter 5 °C) getrunken werden sollte.
Trinkempfehlungen: »Road Runner«, »ü.NN«, »Coconut Grove« von *Kehrwieder*, »Maisel & Friends Alkoholfrei«, »Atlantik-Ale Alkoholfrei« von *Störtebeker*, »Giesinger Freiheit«

↖**Alt** (Bittere: 20–90 IBU, empfohlene Trinktemperatur: 7–9 °C)
ist ein eher dunkles obergäriges Bier auf Gerstenmalzbasis, das in seiner Düsseldorfer Variante ein breites Spektrum an Hopfenbittere abdeckt sowie ausgeprägte Röstaromen und einen betont trockenen Abgang aufweist. Zur ausführlichen Stilbeschreibung siehe das Düsseldorf-Kapitel. Die Westfälische Interpretation des Alt ist heller und weniger bitter. Der Begriff »Alt« entwickelte sich wohl in Abgrenzung zu den verstärkt im 19. Jahrhundert aufkommenden »neuen«, eher hellen untergärigen Bieren.
Trinkempfehlungen Düsseldorf: *Uerige, Schlüssel, Schumacher, Füchschen*
Trinkempfehlungen Alt-Starkbier: »Sticke« und »Doppelsticke« von *Uerige*, »Stike« von *Schlüssel*, »Latzen« von *Schumacher*, »Weihnachtsbier« von *Füchschen*
Trinkempfehlung Münstersch Alt: »Original Pinkus Alt«

↖**Berliner Weiße** (4–6 IBU, 5 °C)
ist ein in der Regel hellgelbes Sauerbier, bei dessen Herstellung Milchsäurebakterien und, in seiner ursprünglichen Form, Brettanomyces-Hefe eingesetzt werden. Es wird mit Weizen- und Gerstenmalz gebraut, teilweise werden auch Früchte, Kräuter oder deren Aromen hinzugefügt. Meist wird es als Schankbier serviert, es gibt aber auch eine Starkbiervariante (zum Beispiel »Luise« von *Lemke*). Zur Geschichte und Verbreitung des Bierstils siehe das Berlin-Kapitel.

Trinkempfehlungen: »Budike«, »Eiche« und »Luise« von *Lemke*, »Marlene« und »Kennedy« von *Schneeeule*, »Berliner Berg Weiße«

↖**Blond/Blonde** (15–30 IBU, 6–8 °C)
ist ein hell- bis dunkelgoldener belgischer obergäriger Bierstil, der neben einer mittleren Hopfenbittere dezente würzige Hefenoten und leichte Brot-, Karamell- und Fruchtnoten zeigt.
Trinkempfehlungen: »Westvleteren Blond«, »Chouffe Blonde«, »Brugse Zot« von *Halve Maan*

↖**Bock** (20–35 IBU, 9–15 °C)
ist ein helles oder dunkles untergäriges Starkbier, das häufig bei traditionellen Bockbieranstichen ausgeschenkt wird. Die helle Variante ist der Maibock, meist mit blumigem Aroma und deutlicher Bittere. Eine dunkle Ausprägung ist der Winterbock oder Weihnachtsbock, der sich durch eine merkliche Süße sowie Aromen von frischem Brot, Waldhonig und Schokolade auszeichnet, wobei die Gesamtwahrnehmung oft in eine Kaffeebittere mündet. Zum Ursprung des Bierstils siehe das Einbeck-Kapitel.
Untergärige Trinkempfehlungen: »Ainpöckisch 1378«, »Ur-Bock« und »Winter-Bock« von *Einbecker*, die Böcke von *Spezial*, *Greifenklau*, *Kaiser* und *Keesmann*

↖**Böhmisches Pils**
s. ↖Pils

↖**Braunbier**
s. ↖Rotbier

↖**Doppelbock** (15–30 IBU, 10–15 °C)
ist ein helles oder dunkles untergäriges, meist mahagonifarbenes Starkbier (ab 18 % Stammwürzegehalt), das oft eine trockene Bittere und Aromen von »Rumtopf«, Pflaume, Aprikose, Schokolade und Espresso aufweist. Der Doppelbock soll von den in München angesiedelten Mönchen des Paulanerordens als Fastenbier erfunden worden sein. Der ursprüngliche Name »Sank-Vaters-Bier« soll sich im Lauf der Zeit zu »Salvator« gewandelt haben, was inzwischen ein Markenname ist.

In Anlehnung an dieses Referenzbier tragen die deutschen untergärigen Doppelbockbiere heute zur besseren Unterscheidung oft Namen, die auf »-ator« enden.
Untergärige Trinkempfehlungen: »Salvator« von *Paulaner*, »Celebrator« von *Ayinger*, »Weltenburger Asam Bock«, »Andechser Doppelbock«, »Eiche« von *Schlenkerla*, »EKU 28«, »Ator« von *Riegele*

↖**Dubbel** (15–25 IBU, 8–14 °C)
ist ein dunkler obergäriger belgischer Bierstil, der seine schlanke Stärke der Zugabe von karamellisiertem Zucker verdankt (siehe hierzu das Belgien-Kapitel).
Trinkempfehlungen: »Westmalle Dubbel«, »Prior 8« von *St. Bernardus*, »Chimay Rouge«, »Dulcis 12« von *Riegele*

↖**Dunkel** (18–25 IBU, 9 °C)
ist ein dunkelbraunes, vollmundig-weiches untergäriges Bier, das sich vor allem in Bayern seit dem 16. Jahrhundert größter Beliebtheit erfreute. Es weist komplexe Röstaromen von Kaffee, Karamell und Schokolade auf. Das Böhmische Dunkel ist oft dunkler und süßer als das deutsche und hat eine leichte Butternote.
Trinkempfehlungen: »Barock Dunkel« von *Weltenburger*, »Dunkel« von *Augustiner*, »Barnabas« von *Paulaner*, »Schwarzviertler« von *Faust*; böhmisch: *U Fleků*, »Benedict 11º« von der *Klosterbrauerei Břevnov*

↖**Eisbock** (25–35 IBU, 10–15 °C)
ist ein durch Wasserreduktion nach vorheriger Vereisung konzentriertes Doppelbockbier, das unter- oder obergärig sein kann.
Trinkempfehlungen: »Kulmbacher Eisbock«, »Holzfassgereifter Eisbock« von *Faust*

↖**Export/Dortmunder** (8–30 IBU, 5 °C)
kann grob als »Helles mit etwas mehr Hopfen und Malz« bezeichnet werden, obwohl es auch dunklere Varianten dieses untergärigen Stils gibt. Dieses meist klare Bier ist rund, leicht süßlich, in seinem Hopfen-Malz-Verhältnis ausgewogen, ohne Ecken und Kanten. Aromatisch ist oft eine leichte Zitrusnote wahrnehmbar.

Erfunden wurde der Stil, inspiriert von den damals aufkommenden hellen Bieren nach Pilsner Brauart, von der Familie Wenker 1843 in Dortmund. Im Zuge der Industrialisierung wurde der Stil zu einem der erfolgreichsten in Deutschland. Durch den Aufstieg der Pilsbiere aus dem Sauerland ebbte die Nachfrage von den 1970er-Jahren an ab. In den letzten Jahren wurde der Stil jedoch wiederentdeckt.
Trinkempfehlungen: *Dortmunder Union*, »Edelstoff« von *Augustiner*, »Export« von *Zehendner* (Mönchsambach) und *Sternla*, »Kiez Keule« von *BrewDog*

↸**Geuze/Gueuze** (8 °C)
wird aus den Lambics↗ verschiedener Jahrgänge verschnitten. In der Flasche erfolgt eine bis zu einjährige Nachgärung mit zusätzlicher Kohlensäureentwicklung. Zur ausführlichen Charakterisierung dieses Sauerbierstils siehe das Belgien-Kapitel.
Trinkempfehlungen: diverse Biere von *Cantillon* und der *Brouwerij Boon*, die auch die starke Variante »Mariage Parfait« braut

↸**Gose** (5–12 IBU, 6–8 °C)
ist ein unter Zusatz von Milchsäure, Koriander und Salz (manchmal auch Früchten) gebrautes Sauerbier mit geringer Bittere. Seinen Ursprung hat der Stil in Goslar, der Name leitet sich vom Fluss Gose ab.
Trinkempfehlungen: »Leipziger Gose« von *Bayerischer Bahnhof*, die Gosen von *Brauhaus Goslar*, »Baltic Gose« von *Insel*

↸**Gru(i)tbier**
ist ein Bier, das statt mit Hopfen mit einer Kräutermischung gewürzt und haltbar gemacht wird. Zur Geschichte und Verbreitung des Stils siehe das Kapitel zur Bierhistorie.
Trinkempfehlung: das Grutbier der *Lahnsteiner Brauerei*

↸**Helles** (15–25 IBU, 5 °C)
war ursprünglich die bayerische Interpretation des Biers »nach Pilsener Brauart« (siehe das Kapitel zur Bierhistorie). Das Aroma dieses untergärigen Biers ist geprägt von einer leichten Schwefelnote sowie Anklängen an Heu und Biskuit.

Trinkempfehlungen: *Spaten, Augustiner, Hofbräuhaus,* »Helles Lager« von *Schlenkerla,* »Erhellung« von *Giesinger,* »Hell New Bavarian Lager« von *Maisel & Friends,* »Hosen Hell« von *Uerige*

↖**IPA (India Pale Ale)** (40–70 IBU, 5–10 °C)
ist ein starkes Ale, das eine ausgeprägte Bittere mit einer spürbaren Süße verbindet. Biere dieses Stils konnten bis in die äußersten Kolonien des British Empire verschifft werden. IPA gibt es in einer leichten (Session IPA), einer naturtrüben (Hazy IPA) und vielen weiteren Varianten (New England, Single Hop etc.). Besonders starke Ausprägungen werden durch ein »Imperial« gekennzeichnet.
Trinkempfehlungen: »Torpedo« und »Hazy Little Thing« von *Sierra Nevada,* »Punk IPA« und »Hazy Jane« von *BrewDog,* IPA von *Stone,* »Supadupa« von *ÜberQuell,* IPA von *Maisel & Friends,* »Überseehopfen« von *Insel,* »Progusta« von *Braufactum,* »Küsten IPA« von *Ratsherrn,* »Drunken Sailor« von *Crew Republic,* »Camba Black Shark« (Imperial Black), »Heidenpeters IPA«, »Kramah« von *Bevog,* »ü.NN« von *Kehrwieder* (alkoholfrei)

↖**Kellerbier/Zwick(e)l/Zoigl/Kräusen** (20–30 IBU, 5–7 °C)
wird naturtrübes Bier genannt, das sich, hellgelb bis bernsteinfarben, zumindest grob klassischen untergärigen Bierstilen wie Pils, Helles, Export oder Märzen zuordnen lässt. Zoigl, eine Spezialität der Oberpfalz, wird in Kommunbrauhäusern gesotten, anschließend häuslich vergoren und gelagert. In Franken sind die meisten Kellerbiere un- oder schwachgespundet (s. Ungespundetes↗).
Trinkempfehlungen: »Kellerbier« von *Klosterbräu* (Bamberg) und *Griess,* »Kräusen« von *Schlenkerla,* »Kiez Keule« von *BrewDog*

↖**Kölsch** (15–25 IBU, weniger als 5 °C)
ist ein schlankes strohgelbes, mehr oder weniger hopfenbetontes klares obergäriges Bier. Welches Bier sich Kölsch nennen darf, legt die Kölsch-Konvention von 1985 fest. Das »Wiess« entspricht einem unfiltrierten Kölsch. Zur Geschichte und Verbreitung des Bierstils siehe das Köln-Kapitel.
Trinkempfehlungen: *Päffgen, Malzmühle, Früh, Schreckenskammer, Gaffel;* Wiess: »Helios« von *Braustelle*

↖**Kräusen**
s. ↖Kellerpils

↖**Kriek**
s. ↖Lambiek/Lambic

↖**Lager** oder **Lagerbier**
ist der Oberbegriff für untergäriges, historisch gesehen in kühlen Kellern gereiftes Bier, das grob in helles und dunkles unterteilt werden kann. Der Begriff bezieht sich auf alle untergärigen Stile vom Alkoholfreien bis zum Doppelbock.

↖**Lambiek/Lambic** (10–14 °C)
ist ein hellgelbes bis bernsteinfarbenes belgisches Sauerbier mit einem typischen Aroma von Milchsäure und Brettanomyces. Gebraut wird mit einem hohen Anteil an Weizenmalz/Rohfrucht sowie altem Hopfen mit schon käsigen Aromen. Das Bier reift im Holzfass, bei Fruchtlambics wie Kriek (Sauerkirsche) oder Framboise (Himbeere) werden Früchte in größeren Mengen zugefügt, wobei die Fruchtzucker weitgehend vergoren werden.
Trinkempfehlungen Lambic und Kriek: *Cantillon* und *Boon*

↖**Märzen** (20–40 IBU, 7–9 °C)
bezeichnet ein bernsteinfarbenes Lagerbier, das in Zeiten des sommerlichen Brauverbots – in Bayern galt es seit dem 16. Jahrhundert wegen erhöhter Brandgefahr zwischen Georgi (23. April) und Michaeli (29. September) – im Frühjahr etwas stärker eingebraut wurde und daher länger haltbar war. Es konnte noch im Herbst ausgeschenkt werden, ist der Ursprung des Oktoberfestbiers und eng mit dem Wiener Lager verwandt.
Trinkempfehlungen: Märzen von *Schlenkerla*, *Spezial*, *Sternla*, *Greifenklau*, »Anno 1050« von *Weltenburger*, »Schwechater Wiener Lager«

↖**Obergäriges Bier**
ist ein Bier, das mit obergäriger Hefe gebraut wird.

↖**Pale Ale** (20–50 IBU, 6–12 °C)
gibt es sowohl im klassischen englischen Stil mit Aromahopfensorten, die grün-grasige oder kräuterige Noten aufweisen, als auch im modernen, von der Craftbierbewegung geprägten Stil mit internationalen Hopfensorten, deren Aromen in eine harzige, blumige und stark fruchtige Richtung gehen. Das »Pale« im Namen täuscht etwas, denn das Farbspektrum des Stils reicht von gold- bis bernstein- und kupferfarben.
Trinkempfehlungen: *Sierra Nevada*, *BRLO*, »Palim Palim« von *Über-Quell*, »New England Pale Ale« von Hoppebräu, »Atlantik Ale« von *Störtebeker*, *Maisel & Friends*

↖**Patersbier/Pater/Single**
ist das klassische Refektoriumsbier für die Selbstversorgung der Trappistenmönche, das seit einiger Zeit teilweise auch im Handel erhältlich ist. Stilistisch ist es nicht festgelegt und unterscheidet sich von Kloster zu Kloster.
Trinkempfehlungen: »Westmalle Trappist Extra«, »Chimay Dorée«

↖**Pils, deutsches** (25–50 IBU, 5 °C)
ist ein leicht perlendes, schlankes untergäriges Bier von hellgelber Farbe, das in der Regel einen kräftigen Schaum entwickelt. In der Wahrnehmung dominieren Bittere und Hopfenaromen, die, je nach Sorte, an grünes Gras, Heu, blumige Noten oder Kräuter erinnern. Nordische Pilsbiere sind meist bitterer und schlanker als bayerische. »Kellerpils« bezeichnet naturtrübe, »Imperial Pilsner« besonders starke Varianten. Das ↖**böhmische Pils** hat eine leicht buttrige Note und ist oft etwas dunkler als deutsches Pils. Zu den Ursprüngen des Biers »nach Pilsener Brauart« siehe das Tschechien-Kapitel.
Trinkempfehlungen: *Pilsner Urquell* (böhmisch), »Gold-Pils« von *Fässla*, »Herren Pils« von *Keesmann*, »Augsburger Herrenpils« und »Amaris 50« (Imperial Pilsener) von *Riegele*, »Schönramer Pils« und »Grünhopfen Pils« von *Schönramer*, »Brauherren Pils« von *Einbecker*, »Diplom-Pils« von *Waldhaus*, »Skills in Pils« von *Freigeist*

↖**Porter** (20–40 IBU, 10 °C)
ist ein malzbetontes tiefdunkles Ale, das im 18. Jahrhundert bevorzugt von den englischen Hafenarbeitern getrunken wurde, im 20. Jahrhundert aber stark an Beliebtheit verlor. Porter gibt es auch in einer starken Version (Imperial oder Strong Porter mit bis zu 7 Volumenprozent Alkohol und 60 Bittereinheiten). Das Baltic Porter ist eine untergärige Variante des Stils.
Trinkempfehlungen: »Fullers London Porter«, »Guinness Dublin Porter«

↖**Quadrupel** (20–35 IBU, 12–15 °C)
ist ein dunkler belgischer obergäriger Starkbierstil, der Aromen von Sherry oder Portwein aufweist (siehe auch Belgien-Kapitel).
Trinkempfehlungen: »La Trappe Quadrupel«, »Rochefort 10«, »Westvleteren 12«, »Chimay Bleue«

↖**Rauchbier**
ist eine durch Rauchmalz geprägte Biergattung, die Stile unterschiedlicher Stärke und Gärung (Weizen, Märzen bis hin zum Doppelbock) umfasst.
Trinkempfehlungen: diverse Biere von *Schlenkerla* und *Spezial*, »Räuschla« von *Knoblach*, »Posthörnla« von *Hönig*, »Weiherer Rauch« von *Weiherer*, »Smoky George« von *Rittmayer*

↖**Rotbier**
bezeichnet – historisch gesehen – obergärige, später auch untergärige dunkle Biere, die im Mittelalter (vorwiegend) mit Gerstenmalz gebraut wurden. Hochburgen des Rotbiers waren Hamburg und Nürnberg. Der Übergang zum ↖**Braunbier** und zum Dunkel war fließend.
Trinkempfehlungen: »Weichsel« von *Schlenkerla*, »Altonaer Rotbier« von *Ratsherrn*, »Rotbier« von *Schanzenbräu*; Braunbier: von *Klosterbräu* und *Sauer*

↖**Saison** (20–55 IBU, 6–10 °C)
Für diesen rustikal-ländlichen belgischen Bierstil, der sowohl säuerliche als auch stärker gehopfte Varianten umfasst, immer aber einen

trockenen Abgang und eine kräftige Schaumkrone aufweist, ist das »Saison Dupont« das anerkannte Referenzbier (siehe Belgien-Kapitel).
Trinkempfehlungen: »Saison« und »Saison Avec Les Bons Vœux« von *Dupont*

↖ Schankbier
ist ein Bier mit einer Stammwürze von 7 bis unter 11 %, es kann unter- oder obergärig sein und zum Beispiel als Berliner Weiße auch wilde Hefen enthalten.
Trinkempfehlungen: »Trumer Hopfenspiel« von *Trumer*, »Glaab's Hopfenlust« von *Glaabsbräu*, »Leichte Weisse« von *Schneider*, »Leicht« von *Maisel*

↖Schwarzbier (20–30 IBU, 7 °C)
zeichnet sich im Vergleich zum Dunkel durch größere Schlankheit sowie einen bitteren Abgang aus. Geschmacklich ähnelt es dem Pils. Dieser untergärige Stil, dessen Ursprung nicht geklärt ist, hat sich vor allem in Ostdeutschland bewahrt, auch in Oberfranken war er bekannt.
Trinkempfehlungen: Schwarzbier von *Köstritzer* und *Störtebeker*, »Erle« von *Schlenkerla*, »Schwärzla« von *Klosterbräu* (Bamberg)

↖Single
s. ↖Patersbier

↖Starkbier
ist ein Bier mit einem Stammwürzegehalt von mehr als 16 %.

↖(Irish) Stout (25–60 IBU, 8–10 °C)
ist eine von Arthur Guinness im 18. Jahrhundert geprägte tiefschwarze stärkere Variante des Porter-Stils mit Aromen von Kaffee bis zu Lakritz. Am beliebtesten ist heute das »Draught« von *Guinness*, es gibt aber auch Imperial-, Chocolate-, Coffee-, Milk-, Oatmeal oder Oyster-Varianten. Zur Geschichte und Verbreitung des Bierstils siehe das Dublin-Kapitel.

Trinkempfehlungen: Stout von *Guinness*, *BrewDog*, »Festland Tonka Stout« von *Kuehn Kunz Rosen*

↖**Strong Blond(e)** (20–40 IBU, 5 °C)
ist ein starkes, hochvergorenes ↖Blonde mit kräftiger Schaumkrone. Referenzbier für diesen Starkbierstil ist das »Duvel« der Brauerei *Moortgat* (siehe Belgien-Kapitel).
Trinkempfehlungen: »Duvel« von *Moortgat*, »Delirium Tremens« von *Huyghe*, »Omer« von *Omer Vander Ghinste*

↖**Trappistenbier**
darf sich ausschließlich ein Bier nennen, das aus einer der anerkannten Trappistenbrauereien stammt – in Belgien waren es Anfang 2024 fünf. Diese Braustätten müssen sich auf dem Klostergelände oder in unmittelbarer Nähe befinden und von den Mönchen, wenn sie nicht selbst in der Produktion tätig sind, geleitet werden. Die Gewinne dienen zur Deckung der Lebenshaltungskosten. Überschüsse fließen wohltätigen Zwecken zu. Die wichtigsten Trappistenbiersorten sind ↖Patersbier, ↖Dubbel, ↖Tripel und ↖Quadrupel. Das berühmte Bier aus dem Kloster Orval entzieht sich den üblichen Kategorien.

↖**Tripel** (20–50 IBU, 6–12 °C)
ist ein heller hopfenbetont-bitterer obergäriger belgischer Starkbierstil, der fruchtige Hefearomen betont (siehe Belgien-Kapitel).
Trinkempfehlungen: »Westmalle Tripel«, »De Garre Tripel«, »Tripel Karmeliet«

↖**Ungespundetes**
ist die Bezeichnung für ein untergäriges Bier, das ohne Gegendruck (mit offenem Spundloch) gelagert wird und daher wenig oder keine Kohlensäure enthält.
Trinkempfehlungen: »a U« von *Mahrs Bräu*, »Ungespundetes« von *Spezial*

↖**Untergäriges Bier**
ist ein Bier, das mit untergäriger Hefe gebraut wird.

↖**Vlaams Roodbruin** (10–25 IBU, 8–12 °C)
ist ein rotbraunes Bier aus Flandern, bei dem eine doppelte Gärung vorgenommen wird. Nach einer ersten Fermentation mit obergäriger Hefe findet in großen offenen Eichenholzfässern eine zweite wilde Gärung statt, bei der vorhandene Milchsäurebakterien genutzt werden.
Trinkempfehlungen: diverse Biere von *Rodenbach*, »Duchesse de Bourgogne« von *Verhaeghe*

↖**Vollbier**
ist ein Bier mit einem Stammwürzegehalt zwischen 11 und 16 %. Die meisten (deutschen) Biere entsprechen dieser Kategorie.

↖**Weizenbier** (10–45 IBU, 5–15 °C)
ist ein helles, orange-, bernsteinfarbenes oder dunkles bis fast schwarzes obergäriges Bier, das mit mindestens fünfzig Prozent Weizenmalz gebraut wird und im Glas trüb (Hefeweizen) oder klar (Kristallweizen) sein kann. Es gibt den Stil in allen Stärken von alkoholfrei über leicht bis hin zu Weizenbock-, Weizendoppelbock- und Eisbock-Varianten. Weizenbier ist spritzig mit ausgeprägter Schaumkrone, beim Aroma dominieren entweder würzige Noten oder fruchtige, vor allem bei dunkleren Weizenbieren sind auch Karamellnoten wahrnehmbar. Klassischerweise wird Weizenbier nur wenig gehopft, es gibt aber auch Sorten mit ausgeprägter Bittere wie das in Hamburg verbreitete Weizen-IPA oder die »Hopfenweisse« von *Schneider*. Zur Geschichte und Verbreitung siehe das Kapitel zur Bierhistorie und »Wie einmal das Weizenbier gerettet wurde«.
Trinkempfehlungen Weizen: von *Schneider*, *Maisel*, *Ayinger*, *Gutmann*, *Weihenstephaner*, *Erdinger*, das Bio-Weissbier mit Dinkel von *Apostelbräu*; Kristall: von *Schneider* und *Maisel*

↖**Weizenbock**
ist die Bock-Variante des ↖Weizenbiers.

Trinkempfehlungen: *Gutmann*, *Rittmayer*, »Vitus« von *Weihenstephaner*, »Festweisse« von *Schneider*, »Bajuwarus« von *Maisel*

↖Weizen-Doppelbock
ist die Doppelbock-Variante des ↖Weizenbiers.
Trinkempfehlungen: »Hopfenweisse« und »Aventinus« von *Schneider*, *Riegele*

↖Weizen-IPA
ist eine stark gehopfte Variante des ↖Weizenbiers.
Trinkempfehlungen: »Matrosenschluck« von *Ratsherrn*, »World White IPA« von *ÜberQuell*, »Weizheit« von *Landgang*

↖Witbier (8–20 IBU, 5 °C)
ist ein hellgelbes obergäriges belgisches Weizenbier mit cremiger Schaumkrone, das auch Gerstenmalz und unvermälzten Hafer enthalten kann und mit Koriander sowie Orangenschale gewürzt wird.
Trinkempfehlungen: *Hoegaarden*, »Blanche de Namur« von der *Brasserie de Bocq*

↖Zwick(e)l
s. ↖Kellerbier

Anhang

Autoren und Interviewpartner

Dr. Fritz Briem war jahrelang Dozent an der Hochschule Weihenstephan, er ist Geschäftsführer der Hefebank Weihenstephan und der Hopfen-Handelsfirma Lupex. Für Thailands größte Brauerei, *Boon Rawd*, firmiert er als Direktor für Technologie- und Produktentwicklung.

Frank Geeraers, aufgewachsen in Ostflandern, studierte Anglistik, Germanistik und Vergleichende Literaturwissenschaft in Gent, Salzburg und Tübingen. Er ist freier Übersetzer für europäische Unternehmen und tätig in der akademischen Recherche. Bierverkostungstagebuch auf ratebeer.com als »bartlebier« seit 2012: @bartlebeer.

Dr. Uwe Ebbinghaus studierte Germanistik, Philosophie und Kunstgeschichte in Bonn, Freiburg und den Vereinigten Staaten – eine Lebensphase, in der durch Reisen und vielfältige Erlebnisse mit Kommilitonen seine Neugier für die Kultur- und Alltagsgeschichte des Biers geweckt wurde. Seit 2006 ist er Redakteur bei der *F.A.Z.*, wo er in Blog-, Magazin- und Zeitungsbeiträgen seiner Faszination für das Thema Bier nachgeht. Für seine journalistischen Arbeiten erhielt er 2008 den Bayerischen Printmedienpreis sowie 2011 den Theodor-Wolff-Preis.

Dr. Mathias Hutzler ist seit 2009 Leiter der Abteilungen »Mikrobiologie und Hefezentrum« des Forschungszentrums Weihenstephan für Brau- und Lebensmittelqualität der TU München, seit Mai 2022 ist er auch stellvertretender Leiter des Zentrums.

Prof. Dr. Ludwig Narziß (1925–2022), der jahrzehntelang die Brautechnologie an der Technischen Universität München prägte – in jungen Jahren hatte er als Brauerlehrling begonnen –, war die überragende Identifikationsfigur des deutschen Biers. Wahrscheinlich steht noch heute in allen deutschen Brauereien sein *Abriss der Bierbrauerei*, auch ein Wissenschaftspreis ist nach ihm benannt.

Dr. Filip Nerad ist Historiker, Journalist und Bierliebhaber. Er ist ehemaliger Korrespondent in Berlin und Brüssel und heute Chef der Auslandsredaktion des tschechischen Rundfunks. Außer mit europäischer Politik beschäftigt er sich am liebsten mit der Bierkultur in Tschechien, Belgien und Deutschland. Sein in tschechischer Sprache verfasstes Buch über »Das Bierkönigreich von Belgien« wurde auch ins Englische übersetzt.

Christoph Neugrodda studierte Brauwesen und Getränketechnologie an der TU München. Seit 2012 ist er wissenschaftlicher Mitarbeiter am Lehrstuhl für Brau- und Getränketechnologie in Weihenstephan, seit 2018 Technischer Leiter der *Forschungsbrauerei Weihenstephan*.

Dr. Tillmann Neuscheler studierte Volkswirtschaftslehre in Regensburg, Tübingen, Freiburg und den Vereinigten Staaten. Dissertation über die Monopolregulierung von Flughäfen. Seit April 2007 ist er Wirtschaftsredakteur bei der *F.A.Z.*, wo er sich unter anderem um das Thema Brauereien kümmert.

Stanislav Procházka (1940–2020) arbeitete fast vier Jahrzehnte in der Brauereigruppe Staropramen in Prag, die letzten zwölf Jahre als CEO. In den Neunzigerjahren war er Präsident des Tschechischen Brauerverbandes. Procházka schrieb mehrere Lehrbücher zur Brauereitechnologie.

Prof. Dr. Josef H. Reichholf war bis zum Jahr 2010 Leiter der Wirbeltierabteilung der Zoologischen Staatssammlung München und Honorarprofessor für Ökologie und Naturschutz an der Technischen Universität München. Für sein breites wissenschaftliches und publizistisches Werk erhielt er zahlreiche Auszeichnungen, darunter die Treviranus-Medaille und den Sigmund-Freud-Preis für wissenschaftliche Prosa der Deutschen Akademie für Sprache und Dichtung.

Jaroslav Rudiš ist mehrfach ausgezeichneter tschechischer Schriftsteller und Dramatiker, der auf Tschechisch und Deutsch schreibt. Das Bier spielt in seinen Werken eine zentrale Rolle. Er lebt in Berlin und Lomnice nad Popelkou. Zu seinen jüngsten Veröffentlichungen zählen *Winterbergs letzte Reise* und *Gebrauchsanweisung fürs Zugreisen*.

Sebastian Sauer absolvierte nach dem Abitur eine kaufmännische Lehre, war anschließend Restaurantleiter in der *Braustelle Köln-Ehrenfeld* und rief im Jahr 2009 das Brauprojekt Freigeist Bierkultur ins Leben. Dieses folgt einem Gypsy-Brewing-Konzept und zeichnet sich durch nomadenhaftes Reisen und Brauen in der ganzen Welt aus, wobei gewonnene Eindrücke und Zutaten in Bieren ausgedrückt werden.

Prof. Dr. Thomas A. Vilgis forscht an der Universität Mainz und am Max-Planck-Institut für Polymerforschung an Lebensmitteln. Zu seinen zahlreichen Veröffentlichungen zählen, zusammen mit Thomas Vierich, *Aroma, die Kunst des Würzens* und, zum Thema Bier, zusammen mit Rolf Cavierzel, *Beerpairing. Aroma und Geschmack*. Er ist Mitherausgeber des *Journal Culinaire*.

Hans Wächtler absolvierte eine Lehre zum Brauer und Mälzer mit anschließender Meisterprüfung. Danach Studium zum staatlich geprüften Getränketechniker. Nach fünfunddreißig Jahren in diversen Bereichen der Bierbranche wurde er 2012 selbstständiger Projektmanager. Unter dem Label »Bierbegeisterung« veranstaltet er Vorträge und Verkostungen, außerdem ist er Dozent bei der Bierbotschafterausbildung (IHK).

Dr. Martin Zarnkow ist Leiter der Abteilung »Technik und Entwicklung« am Forschungszentrum Weihenstephan für Brau- und Lebensmittelqualität der TU München.

Literaturverzeichnis

Brücklmeier, Jan: *Bier verstehen. Sorten, Verkostung, Rezepte*. Verlag Eugen Ulmer, Stuttgart 2021.

Cocktailian: *Bier & Craft Beer*. Tre Torri Verlag, Wiesbaden 2014.

Grossman, Ken: *Beyond The Pale. The Story of Sierra Nevada Brewing Co.* John Wiley & Sons, Hoboken (New Jersey) 2013.

Hales, Steven D. (Hg.): *Beer & Philosophy. The Unexamined Beer Isn't Worth Drinking*. Blackwell Publishing Ltd., Malden (Massachusetts) 2007.

Hirschfelder, Gunther/Trummer, Manuel: *Bier. Eine Geschichte von der Steinzeit bis heute*. Conrad Theiss Verlag/WBG, Darmstadt 2016.

Manger, Hans J./Annemüller, Gerolf/Lietz, Peter: *Die Berliner Weiße – ein Stück Berliner Geschichte*. Versuchs- und Lehranstalt für Brauerei, Berlin 2008.

Michael Jackson's Beer Companion: The World's Great Beer Styles, Gastronomy, and Traditions. Courage Books, Philadelphia (Pennsylvania) 2000.

Meußdoerffer, Franz/Zarnkow, Martin: *Das Bier. Eine Geschichte von Hopfen und Malz* (Becksche Reihe 2792). C.H. Beck, München 2014.

Nerad, Filip: *The Beer Kingdom of Belgium. Beer and more, through the eyes of a Czech Radio foreign correspondent*. Radioservis, Prag 2019.

Nicolaysen, Sünje: *Der ultimative Bier-Guide. Zum Kenner in 222 Grafiken*. Heyne Verlag, München 2018.

Oliver, Garrett: *The Brewmaster's Table. Discovering the Pleasures of Real Beer with Real Food*. Harper Collins, New York 2010.

Oliver, Garrett (Hg.): *The Oxford Companion to Beer*. Oxford University Press Inc., Oxford 2011.

Schmidjell, Christine/Polt-Heinzl, Evelyne (Hgg.): *Bier. Eine kulinarische Anthologie*. Reclam, Ditzingen bei Stuttgart 2016.

Seidl, Conrad: *Noch ein Bier. Reisen zu den Stätten europäischer Braukunst*. Deuticke Verlag, Wien 1993.

St. Bernardus. A brewery hidden in the hop fields. Borgerhoff & Lamberigts, Gent (Belgien) 2021.

Vilgis, Thomas/Caviezel, Rolf: *Bier-Pairing: Aroma und Geschmack*. FONA Verlag, Lenzburg (Schweiz) 2017.

Vilgis, Thomas/Wurzer-Berger, Martin (Hgg.): *Journal culinaire. Kultur und Wissenschaft des Essens. No. 29: Bier brauen*. Edition Wurzer & Vilgis, Münster 2019.

Vilgis, Thomas/Wurzer-Berger, Martin (Hgg.): *Journal culinaire. Kultur und Wissenschaft des Essens. No. 30: Bier trinken*. Edition Wurzer & Vilgis, Münster 2020.

Wesseloh, Oliver: *Bier leben: Die neue Braukultur*. Rowohlt, Reinbek bei Hamburg 2015.

Wiechmann, Ralf (Hg.): *Kein Bier ohne Alster. Hamburg – Brauhaus der Hanse.* Verlag der Stiftung Historische Museen Hamburg, 2016.

Willmann, Urs: *Bier. Das Buch*. Kampa Verlag, Zürich (Schweiz) 2019.

Register:

50 Genusstipps – 100 herausragende Brauereien – 200 Klassebiere

Danksagung

An erster Stelle möchte ich Jürgen Kaube und Mathias Müller von Blumencron danken, die bei der *F.A.Z.* mein Bier-Blog und eine Artikelreihe zum Thema »Bier« im Feuilleton ermöglichten. Ohne ihre Unterstützung wären die meisten Recherchen, die in dieses Buch eingegangen sind, nicht möglich gewesen. An zweiter Stelle möchte ich all denen danken, die mich mit ihrer Begeisterung fürs Bier zum Buchautor haben werden lassen. Das Thema fasziniert mich seit meiner Studienzeit, aber ohne die vielen außergewöhnlichen Gesprächspartner, die ich vor allem seit dem Jahr 2016 kennengelernt habe, hätte ich meine anfangs recht unspezifische Neugier niemals derart vertiefen können.

Am meisten danke ich Hans Wächtler, den ich bei einem Bierbotschafter-Seminar in Kulmbach kennenlernte, über das ich einen Artikel schrieb, und der seine Liebe für Bamberg auf mich übertrug. Er hat sich die Vermittlung von »Bierbegeisterung« auf die Fahne geschrieben, und das, was Hans Wächtler seit Jahrzehnten in seinen Kursen, Vorträgen und persönlichen Gesprächen leistet, ohne dass es jemals aufgesetzt oder ranschmeißerisch wirkt, ist genau das, gepaart mit einer großen Gastfreundschaft.

Sehr viel hat dieses Buch Uwe Steinmetz vom *Sternla* in Bamberg und seinem Organisations- wie Kommunikationsgeschick zu verdanken – er ist für mich die Idealform eines Wirts und war die perfekte Anlaufstelle in der Stadt. Aus Liebe zum Bier und seiner Region hat er mir viele Türen geöffnet. Sebastian Sauer bin ich zu großem Dank verpflichtet, weil er mir gerade in der Anfangszeit passgenaue Tipps gegeben und mich mit seinem sehr rationalen, unverstellten Blick auf die richtige Spur gesetzt hat.

Jaroslav Rudiš danke ich für die vielen Gespräche übers Bier, bei denen wir immer wieder zu dem Ergebnis kamen, dass das Bier und die Kneipe viel mehr sind als ein Getränk oder ein Raum zum Abhängen. Bier ist gesellschaftliches Schmiermittel, eine Lebensschule, eine Quelle der Literatur. Frank Geeraers, Filip Nerad und Thomas Vilgis danke ich dafür, dass sie unermüdlich ihre Insiderkenntnisse mit mir geteilt und mich mit jenen Bier-, Kneipen- und Genusstipps versorgt haben, die man nur als Privileg betrachten kann.

Am Schluss danke ich meinen inzwischen erwachsenen Söhnen dafür, dass ich mit ihnen so viele Bier-Pairings ausprobieren konnte. Ich hoffe, sie werden viele der in diesem Buch beschriebenen Brauereien und Kneipen noch in fünfundzwanzig Jahren besuchen können. Meiner Frau danke ich nicht nur für das Anhören vieler monothematischer Vorträge, sondern auch dafür, dass sie erkannt hat, was in dem Thema steckt. Auch ohne diese Grundübereinkunft wäre das vorliegende Buch nicht möglich gewesen.

Bildnachweis

S. 10 © picture alliance/dpa | Daniel Vogl, S. 14 © unsplash/Lukas D., S. 18 © Rainer Wohlfahrt, S. 21 © Tobias Schmitt, S. 24 © picture-alliance / DUMONT Bildarchiv | Kay Maeritz, S. 36 © Uwe Steinmetz, S. 40 © picture alliance / Robert B. Fishman | Robert B. Fishman, S. 43 © picture alliance / Xinhua News Agency | Li Zhenbei, S. 46 © picture alliance / Liszt Collection | Liszt Collection, S. 54 © picture-alliance/dpa | Frank Rumpenhorst, S. 72 © Uwe Ebbinghaus, S. 74 © Uwe Ebbinghaus, S. 82 © picture alliance / dpa | Monika Skolimowska, S. 84 © Uwe Ebbinghaus, S. 86 © picture alliance / imageBROKER | fotosol, S. 93 © picture alliance / Rainer Hackenberg | Rainer Hackenberg, S. 97 © picture alliance / Artcolor, S. 106 © Ratsherrn Brauerei GmbH, S. 111 © picture alliance / Schoening | Schoening, S. 112 © ÜberQuell, S. 114 © picture alliance / NurPhoto | Artur Widak, S. 117 © picture alliance / empics | Brian Lawless, S. 121 © picture alliance / Hans Lucas | Benoit Durand, S. 127 © picture alliance / R. Goldmann | Ralph Goldmann, S. 133 © Daniel Blum, S. 135 © Uwe Ebbinghaus, S. 142 © picture alliance / SZ Photo | Stephan Rumpf, S. 151 © picture alliance / akg-images | akg-images, S. 152 picture alliance / Rolf Kremming | Rolf Kremming, S. 155 © Beertrekker, S. 162 © picture alliance/dpa/CTK | Miroslav Chaloupka, S. 166 © Jaroslav Rudiš, S. 170, 171, 178, 185 © Uwe Ebbinghaus, S. 191 © picture alliance/dpa/BELGA | Kurt Desplenter, S. 197 © picture alliance / REUTERS | FRANCOIS LENOIR, S. 200 © Uwe Ebbinghaus, S. 204 © Frank Geeraers, S. 214 © Uwe Ebbinghaus, S. 217 © Hans Wächtler Projektmanagement GmbH

Der Autor

Uwe Ebbinghaus studierte Germanistik, Philosophie und Kunstgeschichte in Bonn, Freiburg und den Vereinigten Staaten. Seit 2006 ist er Redakteur bei der F.A.Z., wo er in Blog-, Magazin- und Zeitungsbeiträgen seiner Faszination für das Thema Bier nachgeht. Für seine journalistischen Arbeiten erhielt er 2008 den Bayerischen Printmedienpreis sowie 2011 den Theodor-Wolff-Preis.